GLOBAL MANNERS AND PERSONALITY

글로벌 매너와 인성

| 간순옥 박인선 공저 |

양 성 원

책을 내면서

인터넷은 전 세계를 하나로 묶어 지구촌 구석구석의 소식을 알리고 무료 전화나 메일을 주고 받으며 정보를 공유하고 있다.

이러한 편리와 효율성을 극대화한 IT 첨단 산업화시대에 살고 있는 우리에게 충족되지 않은 것은 무엇일까? 바로 행복과 인성이 아닐까 싶다.

티베트의 영적 지도자 달라이 라마와 정신과 의사 하워드 커틀러가 쓴 『당신은 행복한가』는 우리에게 '인간이 한 개인으로서, 그리고 공동체의 일원으로서 행복에 대해 생각하게 한다. 나의 행복은 타인에게 달려 있음을 일깨워주며, 내가 행복해지고 싶다면 먼저 다른 사람을 행복하게 만들어야 하는 것이다. 즉 개인과 사회의 진정한 행복은 함께 행복을 나누는 것으로 결속감과 공동체의식을 통해 세상을 변화시킬 수 있음을 알려준다.

또한 인간의 행복에 관한 종단연구〈하버드 대학교 인생성장 보고서－행복의 조건〉에 따르면 인간이 건강하고 행복하기 위한 최고의 조건 중 하나는 조화로운 '인간관계'라고 한다. 즉, 원만한 인간관계를 위해 적극적으로 노력하는 사람들은 행복한 삶을 만든다고 할 수 있다.

IT 첨단 산업화가 채우지 못한 행복과 인성은 우리 삶에 매우 중요하다. 인성은 공동의 가치를 최대화할 수 있고 조화와 협업능력을 향상시켜 성숙한 사회인이 됨으로써 자아실현을 이루고 행복한 삶을 살 수 있다. 이러한 인성을 외적으로 표현하는 것이 매너와 에티켓이며, 미래사회 학생들이 갖추어야 할 핵심능력은 매너있는 인성이라 할 수 있다.

따라서 본 교재는 세계화에 따라 시민의식을 갖춘 인재를 육성하기 위해 자기관리를 위한 수기(修己)와 대인관계 관리릉 위한 치인(治人), 그리고 대학생들이 사회에 진출하여 세계시민으로 살아가는데 필요한 공동체의식을 갖춘 인성을 다루었다.

본 교재는 크게 4부분으로 구성하였다. 글로벌 의식과 인성 · 예절에 대한 개관, 개인적 자기관리, 타인과 관련된 대인관리, 우리라는 공동체의식으로 분류하였다.

1부에서는 글로벌 의식과 인성 · 예절의 이해로 글로벌시대에 세계시민의식을 인식하고 건강한 사회인으로서 지켜야 할 인성과 예절을 이해하고 익히고자 개념을 정리하였다.

2부에서는 예절의 본질을 깨닫고 자신의 행동을 성찰하며 반성을 통해 정신적 건강과 성숙을 추구하는 개인에 대한 자기관리(修己)로 이미지 관리, 행동 및 인사매너, 복장매너, 언어예절, 자기관리를 위한 인성덕목으로 자신을 성찰하고 다듬도록 구성하였다.

3부에서는 타인과 원만한 인간관계 형성을 위한 대인관리로 존중과 배려를 통해 타인을 이해하고, 더불어 사는 사회에서 인간관계의 중요성을 인식하고, 직장 매너, 관계증진을 위한 사회생활 매너, 대인관계를 위한 차(茶)와 음주매너를 통해 글로벌 매너를 익히고 실생활에 적용하고자 하였다.

4부에서는 글로벌 시민의식과 공동체의식을 갖춘 건전한 인재 양성을 위해 팀웍 활동과 지역사회에 기여할 수 있는 실천 활동을 경험하도록 하였다.

공동목표를 성취하기 위해 상호협의하여 계획을 수립하고 결과에 대한 책임을 함께 감당하는 팀웍(Teamwork)활동과 토론 및 나눔공유 과정을 통해 연대감과 공동체의식을 높일 수 있는 실천중심교육이라 할 수 있겠다.

본 교재는 나, 너, 우리라는 인성영역으로 양심에 따른 자기관리와 타인에 대한 배려와 존중으로 원만한 대인관계를 형성하고, 책임있는 시민의식과 공동체의 협동능력을 함양할 수 있도록 전체적인 맥락이 구성되었다. 이론과 지식전달 중심에서 경험과 실천 중심의 인성교육이 되고자 다양한 교육방법으로 접근하였다.

'글로벌 매너'는 인종과 국적, 남녀노소, 상하 구분 없이 모두가 지켜야 할 기본적인 태도로 문화적 차이를 초월하여 전 세계에서 통용되는 것이므로 '글로벌 매너와 인성' 교육을 통해 대학생들이 졸업 후 사회에 나가 실질적인 도움이 될 수 있기를 바라며, 자신의 성장 가능성과 잠재력을 최대한 이끌어 내어 사회적 성숙과 삶의 가치를 추구하여 행복하기를 바란다.

본 과목을 6년여 강의하면서 지속적인 평가와 피드백을 통해 보완하면서 인성교육 자료를 찾았으나 인성(人性)이라는 넓은 분야를 깊이 있게 다루기에 짧은 경험과 식견으로 부족함을 느끼며 인성(人性)은 평생을 통해 다듬어야 할 과제가 아닌가 싶다. 부족함에 불구하고 대학생들의 올바른 인성함양을 위한 프로그램 개발에 노력할 것을 약속하며 글로벌 인재에 필요한 역량을 실천하는 방법들을 연구하고자 한다.

본 교재를 위해 아낌없는 성원과 도움을 주신 양성원 출판사 대표님과 목일수 부사장님, 그리고 편집을 해주신 직원분들께 깊은 감사를 드린다. 그리고 교재집필에 집중할 수 있도록 아낌없는 지원과 배려를 해준 가족들에게 고마운 마음을 전한다.

2020년 8월

간순옥, 박인선 드림

CHAPTER 01

글로벌 의식

학 · 습 · 목 · 표

- 교과목에 대한 수업목표와 개요를 이해할 수 있다.
- 글로벌시대에 적합한 성숙한 시민의식을 이해한다.
- 글로벌 인성 · 예절의 필요성을 설명할 수 있다.
- 글로벌 매너와 인성교육의 방향성을 이해하고 자신의 인성 · 예절을 실천하기 위한 계획을 세울 수 있다.

1 성숙한 사회를 위한 세계시민 의식

2000년대 이후 세계화는 과학기술과 지식산업의 급속한 발전으로 인하여 전 세계는 사회적, 경제적, 정치적, 문화적, 모든 부분들이 상호연관성을 갖게 되어 사회요소들을 공유하며 단일 네트워크 구성으로 세계화 · 정보화가 가속화되고 있다.

세계화는 지식과 기술의 발전으로 네트워크가 연결된 국가마다 서로 영향을 미치게 되어 정치적, 경제적, 문화적으로 상호연관성(interconnectedness)과 동질화(homogenization) 현상이 증가되어 가고 있다(김영화, 2006).

세계화의 영향으로 국가들 간 교역량이 증가하면서 국제적인 교류를 통해 '글로벌화(globalization)'가 되어감에 따라 국가와 민족 간의 경계가 희미해지고, 경제, 정치, 사회, 문화 등의 사회요소들이 서로 연관되고 자유롭게 공유함으로써, 전통적인 국가 중심의 사고와 정책으로는 범세계적인 문제에 대응, 대처하기에 역부족하게 되었다.

따라서 국제사회는 개별적인 국가 중심이 아닌 지구촌 중심의 인류공동체 관점에서 인류 발전을 위한 상생 방안을 모색하게 되었고, 개별국가에 기초한 국민이나 시민을 초월한 개념이 필요하게 되었으며, 연합체인 세계전체의 책임의식과 공통성에 기반한 '세계시민(global citizen)' 의 개념이 등장하게 되었다.

글로벌 시대에 성공적으로 살아가기 위해서는 전 세계와 연결된 연대감을 갖는 세계관과 더불어 공동의 책임의식을 갖는 성숙한 의식과 글로벌 인성이 필요하게 되었다.

현재 인류사회가 당면하고 있는 이슈들은 상호 긴밀하게 연결되어 있어 국가경계에 막힌 체계와 사고를 넘어 범세계적 차원에서 문제들을 이해하고 효과적으로 해결하려는 능력, 즉 세계시민의식이 점차 요구되고 있다(송민경, 2014).

세계시민의식은, 지역 및 국가 정체성을 넘어서 세계의 상호의존적 체제를 이해하고, 협력적 활동에 참여할 수 있는 스킬을 가지며, 세계적 수준에서 자신의 책임에 대한 태도를 인식하고 실천하는 것으로 정의하고 있다(Oxfam, 2015; 송민경, 2014).

세계시민의식은 다양한 소수민족, 인종, 사회, 문화, 계층과 만나, 서로 다른 정체성과 이해관계로 얽힌 관계에서 인류문화의 다양성과 상생발전의 의미를 깨닫고 바람직한 시민문화 안에서 효율적인 지식과 기능을 익혀 사람들이 문화적 정체성을 깨닫고 가치 부여하는 능력을 의미한다(Banks, 2015).

가보(D. Gabor)는 성숙한 사회란 '높은 수준의 물질문명과 공존하면서 정신적인 풍요와 생활의 질적 향상을 최우선 시 하는 평화롭고 자유로운 사회'라고 한다(D. Gabor, 1972). 따라서 사회도 성숙한 사회를 향해 전환해야 하며 양적인 확대보다 생활의 질과 정신적 가치를 소중히 여기는 성숙한 사회가 되어야 할 것이다.

인간이 한 사회의 구성원이 된다는 것은 그 사회에 이미 존재하는 상징체계를 습득하여 사용한다는 의미이며, 그 상징체계가 반영하고 있는 정신적 가치와 사회의 질서와 규범, 즉 생활양식을 따르는 것을 의미한다.

재산과 명예가 있으나 성품이 고약한 사람을 성숙한 사람이라고 부르지 않듯, 국력(國力)이 있으나 국격(國格), 시민의 품격, 문화적 품격이 없는 나라를 성숙한 사회라고 부르지 않는다. 즉, 성숙한 사회는 '품위 · 교양 · 예의가 있는 시민으로 구성된 사회이며, 긍정적인 상호작용과 공동체적 유대감으로 신뢰가 구축된 사회'라고 할 수 있다.

이러한 성숙한 사회를 이루기 위한 핵심 자질은 바람직한 인성이며 '바람직한 인성을 갖춘 사람' 또는 '성숙한 사람'은 도덕적 덕성과 시민적 덕성을 지닌 사람이라고 할 수 있다.

성숙한 사람은 세계시민으로서 책임감과 연대감으로 상호의존적 체제를 이해하고, 협력적 활동에 참여하며 자신과 사회에 대한 책임의식을 가지고 자신이 속한 공동체를 보다 건강하고 이롭게 변화시키고자 노력하는 사람이라고 할 수 있다.

우리가 추구하는 성숙한 사회를 이루기 위해 자신의 내면을 바르고 건강하게 가꾸고 끊임없이 성찰하며, 글로벌 매너와 인성역량을 갖추어야 할 것이다. 글로벌 매너와 인성은 사회생활과 인간관계의 기본이 되는 행동방식과 자세로 지구촌 시대의 갈등극복과 통합의 수단이 될 수 있으며 배려와 존중을 바탕으로 개인과 타인, 우리라는 공동체 의식을 형성 할 수 있다.

따라서 성숙한 사회를 만들기 위한 근간은 바람직한 인성과 글로벌 매너를 갖춘 세계시민임을 자각해야 할 것이다.

2 글로벌 인성교육의 필요성

'인성교육'이란 자신의 내면을 바르고 건전하게 가꾸고 타인 · 공동체 · 자연과 더불어 살아가는 데 필요한 인간다운 성품과 역량을 기르는 것을 목적으로 하는 교육을 말한다.

인성의 핵심 가치 · 덕목이란 인성교육의 목표가 되는 것으로 예(禮), 효(孝), 정직, 책임, 존중, 배려, 소통, 협동 등의 마음가짐이나 사람됨과 관련되는 핵심적인 가치 또는 덕목을 말한다(인성교육진흥법, 2019).

대학의 인성교육은 예(禮), 효(孝), 정직, 책임, 존중, 배려, 소통, 협동, 자기와 타자의 존중, 신의와 성실 등의 보편 가치뿐만 아니라 사회적 관계 맺음과 공동체의식, 가치를 실천하는데 필요한 지식과 소통능력, 갈등해결능력 등 통합된 인성을 개발, 습득하도록 가르치고 지도하는 교육 활동이라고 할 수 있다.

인성교육 활동을 통해 예비 사회인으로서 나와 타인, 사회와 국가, 나아가 인류의 차원으로까지 확대하여 사회적 책임감을 갖고 생활할 수 있도록 글로벌 시민의식에 필요한 소양과 자질을 갖추게 하는데 인성교육의 의의가 있다.

대학생에게 인성교육이 필요한 이유는 '대학이 사회인이 되기 전에 마지막 교육장'으로 대학은 사회생활을 준비하는 곳이기 때문이며(이종현, 2016), 사회에서는 대학생들에게 지식교육보다는 능력교육을 요구하고 있으므로 대학에서 실질적인 역량을 갖춘 예비 사회인을 양성해야 하기 때문이다.

박인선은 대학생에게 인성교육이 필요한 이유를 다음과 같이 제시하고 있다.

첫째, 인성교육이 사회적으로 issue화 되고 있다.

둘째, 확장된 청소년기인 대학생에게 인성교육은 사회 인재 양성을 위한 기초교육이다.

셋째, 기업체에서 인성을 갖춘 인재를 요구한다(박인선, 2017).

인성교육이 필요한 이유는 다양하며 현대 사회에서 발생하는 수많은 사건 · 사고들의 바탕에는 무너진 인성이 자리하고 있으며, 이러한 사건 · 사고는 공동체를 약화시키고 분열을 가속화시킴으로써 인성의 회복 또는 함양이 더할 나위 없이 중요한 과제로 부각하고 있다(양기훈 외, 2014).

'매너가 사람을 만든다.' 이 명언은 윈체스터 주교와 장관을 지낸 영국의 신학자이자 정치가 겸 교육자인 위컴의 윌리엄(1324~1404)의 명언으로 영국에서 그가 세운 명문 사립학교인 윈체스터 칼리지의 표어로 더 유명한데 인성의 회복과 함양을 위해 매너의 필요성을 강조한 명언이다.

매너는 상대방을 배려하고 존중하는 행동이나 태도로 매너와 인성은 개인의 인격과 교양을 가늠하는 척도가 될 뿐아니라 국가 간의 선진화 기준이 되기도 한다.

매너와 인성은 교육과 훈련을 통해 함양 될 수 있으며, 글로벌 시대에 매너와 인성이 필요한 이유를 다음과 같이 설명할 수 있다.

첫째, 세계가 하나의 공동체로 인식되기 때문이다.

이는 전 세계가 하나로 연결되어 국가적 차원에 국한된 시민의 정체성이 세계적 차원으로 확대되어 세계를 하나의 공동체로 인식하기 때문이다. 현존하는 범세계적 문제나 이슈(빈곤, 환경, 인권, 정치적 갈등, 질병 등)에 대해 공동의 관심과 도덕성을 가지고 함께 해결해야 하기 때문이다.

글로벌 시민의식은 전세계의 구성원이 가져야 할 바람직한 태도로써, 글로벌 이슈들에 함께 대처하고 적극적으로 참여하는 자세로 자신과 사회, 국가에 대한 책임감을 갖는 것이라고 할 수 있다.

둘째, 글로벌 시대에는 타문화에 대한 지식과 이해를 바탕으로 다문화에 대한 존중과 배려가 필요하기 때문이다.

글로벌 시대에 해외진출이 많아진 지금 국제 비즈니스의 성공은 다문화에 대한 이해와 존중을 바탕으로 한 실천전략이 좌우한다고 할 수 있다. 왜냐하면 타문화의 사고방식과 행동을 이해하지 못하고 적응능력을 갖추지 못한다면 상호교류에 실패할 가능성이 크기 때문이다.

세계화 시대를 살아가면서 다른 나라 사람들과 원활하게 교류하기 위해서는 그들의 생활문화를 존중하고 배려하며 국제매너를 정확히 알고 지켜야 할 필요가 있다(이정우, 2016).

Hett(1993)는 문화적 다원성, 효능감, 중립성, 상호연계성을 중심으로 타문화에 관심을 가지고 글로벌 감각을 형성하는 것이 중요하다고 강조하며, 다른 국가와 비즈니스 협상 시 문화충돌 가능성을 배제할 수 없기 때문에 특정한 행동과 사고방식을 익혀 문화적 차이를 의식하는 것이 반드시 필요하다.

생활문화와 사고방식이 서로 다른 다양한 문화권과 접촉이 빈번해지면서 타문화에 대한 지식과 이해가 점점 더 필요하게 되었다. 그 나라의 문화, 사회 그리고 역사 등을 고려한 다양한 관점으로 생활문화와 가치를 존중하고 이해하려는 자세가 국제매너라 할 수 있다.

셋째, 글로벌 시대에는 삶의 양식(life style)이 바뀌기 때문이다.

빠르게 변화하는 세계환경에서 인터넷, 페이스 북, 인스타그램, 트위터와 같은 소셜 네트워크 서비스(Social Network Service= SNS)는 개인의 취향과 개성을 보여준다. 이것은 문화의 폭과 넓이가 달라진 것을 의미하기도 하며, 개인의 삶의 양식(life style)이 바뀌고 있음을 나타낸다. 이러한 급변하는 삶의 양식(life style)에 따른 소셜 네트워크 환경에 적합한 글로벌 매너와 인성이 필요하다.

넷째, 글로벌 기업체에서 인성을 갖춘 글로벌 인재를 요구하기 때문이다.

글로벌 기업체가 늘어나고 있는 지식경제 시대에 기업의 소중한 자산은 능력 있는 직원이라고 할 수 있다. 많은 글로벌 기업들이 유능한 인재확보에 관심을 쏟고 있어 경쟁이 치열할 수밖에 없다. 한 예로 세계 최고의 인터넷 검색엔진 기업 구글(Google)은 '인재확보'를 위해 수많은 채용전담인력으로 핵심인재를 확보하고 있다.

어떤 사람이 글로벌 인재이며, 왜 기업에서는 글로벌 인재가 필요할까? 구글(Google)의 에릭 슈미트 회장은 열정과 인성(원만한 성품)을 결정적 채용요인으로 스펙보다 인성바른 인재를 우선시 한다. 다보스포럼[1])도 미래사회 핵심역량으로 인성(협업, 커뮤니케이션)을 선정하였다. 이는 글로벌화 되어감에 따라 서로다른 다양한 사람들과 협력해서 함께 일을 해야 하기 때문이라고 할 수 있다.

삼성그룹 26년 인사담당이 "면접장 들어서는 순간 당락 80% 결정"이라는 기사에 많은 사람이 반감을 나타냈지만 직무능력보다 태도나 인성을 중시한다는 뜻으로 함께 일하며 팀웍을 이루는 사람을 중시한다는 의미이기도 하다.

최근에는 기업들이 인재채용에 인성을 매우 중시하므로 대학생들도 기업에서 요구하는 핵심역량을 갖춘 글로벌 인재로 사회생활을 준비해야 할 것이다.

기업계에서는 신입사원 선택 시 회사생활 태도, 남과 협력하는 자세, 배우려는 의지, 열정 등 인성을 가장 중요한 능력으로 꼽고 있다. 또한, 기업에서 사원들에게 요구하는 다양한 인재상 중에서 1위는 결국 인성이며(유홍준, 2014), 기업들은 채용과정에서 올바른 인성을 갖춘 인재를 선발하려 노력한다.

---

1) 다보스 포럼은 세계를 이끌어 가는 정치와 경제, 미디어 리더들이 스위스의 휴양지 다보스에 모여 지구촌 현안을 논의하는 국제적인 포럼(세계경제포럼)

기업이 원하는 인성은 '조직구성원으로서 기본적으로 갖추어야 하는 태도와 자질의 바탕이 되는 인성'(양기훈, 2014)으로 무한경쟁의 글로벌 시장에서 글로벌 경쟁력과 감각을 갖추어야 할 것이다.

이러한 인재를 육성하기 위해 교육을 통해 글로벌 매너와 인성교육을 강화하고 습관화하여야 할 것이다.

다섯째로 개인의 목표를 확장시키고 성공할 수 있는 기회를 제공하기 때문이다.

개인의 인생 목표 성취, 직업적 성공, 취업, 사업, 교육 등을 위해 글로벌 매너와 인성을 갖추는 것은 세계화로 나가는 밑거름이 되며, 성공적인 미래를 준비할 수 있기 때문이다.

'성공하는 데 가장 필요한 요소는 무엇인가?' 라는 질문에 성공한 개인이나 기업인 모두 한결같은 답이 인성이다.

국제적 교류와 네트워크 형성을 통해 더 폭넓은 대인관계를 형성하고 유지하는데 글로벌 매너와 인성은 성공을 촉진하는 개인적 역량이 될 수 있다.

성공하는 사람들의 7가지 습관으로 유명한 스티븐 코비(2017) 박사는 "가르치는 내용을 전부 실천하기는 쉽지 않으며, 다만 노력할 뿐"이라며 성공의 비결을 말한다.

미래를 준비하기 위한 역량 중 하나는 자신의 인성을 다듬고 노력하는 능력이라고 본다.

인성교육은 궁극적으로 사람다움을 향한 교육이라 할 수 있다. 사람다움이란 타인에 대한 사랑과 공감, 배려와 공존의 덕성을 말하며, 이것은 교육이나 학습을 통해서 후천적으로 함양될 수 있다(유홍준, 2014).

그러므로 인성함양은 성숙한 인격과 성숙한 사회를 만들기 위한 출발점임을 인식하고, 자신이 소속된 집단에서 책임있는 역할과 매너있는 행동이 습관화되도록 지속적인 교육과 반복훈련이 필요하다.

3 글로벌 인성교육의 미래

서로 문화가 다른 국가의 구성원들은 서로 다른 다양한 문화를 수용, 이해하는 과정에서 어쩔 수 없이 문화적 갈등, 문화충돌을 겪을 수 있다.

글로벌 인성교육은 이러한 갈등상황에서 합리적으로 조정, 대응하는 능력을 키워 긍정적인 관계를 형성하며 공동과업을 협력적으로 수행하는 능력을 키우는 것이라 할 수 있다.

글로벌 시대에 요구되는 인성은 서로 다른 문화를 이해할 때 발생하는 감성적 대립과 이질감을 해소하기 위해서 먼저 상대방의 문화를 이해하려는 우호적 태도와 그 문화에 대해 조화와 공감의 유연한 자세를 갖는 것이라 할 수 있다.

대학생의 인성발달은 스스로 자신의 삶을 숙고하고 긍정적 인식과 건강한 삶을 주도적으로 계획하는데 필요한 것으로 교육과 훈련을 통해 길러질 수 있다.

인성교육은 '자신과 타인의 상호의존성에 기반이 되는 인간다운 성품과 역량, 행동을 개발하는 것'이라면, 글로벌 의식은 '사람들이 중대한 사회적인 사안을 공동으로 결정하고 자신의 생활과 공동체를 위해 책임지는 능력과 스킬을 계발하는 것'이라 할 수 있다.

대학에서 인성교육의 목적은 대학생들이 민주시민으로서 필요한 자질을 갖추어 배려와 나눔을 실천하고, 교·내외 또는 지역사회에 주체적으로 참여하고 토론과 협력을 통해 민주적 의사결정을 내리며 그 결과를 책임 있게 수용하는 태도를 갖게 하는 것이다.

사회, 정치, 경제, 환경과 관련된 이슈들 및 실생활의 이슈들을 함께 토론과 논쟁하는 과정에서 학생들이 독립적 사고와 소통, 협력 활동을 경험할 수 있으며, 자발적 참여를 통해 창의적으로 문제를 해결하는 능력을 키울 수 있다.

글로벌 인성교육은 지식전달 중심의 인성교육에서 체험과 실천 중심의 인성교육으로 변모되어야 할 것이다.

인성이란, 관계 속에서 발견될 수 있기 때문에, 본 교재에서는 구성원들이 조별 프로젝트를 수행한 후 조별로 자체평가를 하는 실천적 교육을 강조한다. 관계란 이론적으로 설명하는 것보다 학생들이 직접경험하면서 스스로 깨닫는 것이 중요하기 때문이다.

더불어 다양한 교육방법으로 비교과 활동이나 공동의 프로젝트 수행 또는 과제해결을 위한 토론 등을 통해 집단 내에서 조직과 개인이 해야 할 일을 스스로 발견하도록 해야 한다.

자신이 조직구성원으로서 해야 할 일을 자발적으로 찾아 주도적으로 행동하며, 주어진 과제나 문제를 다양한 관점에서 서로 협력하여 계획을 세우고 역할분담을 통해 완성하며, 그 결과에 대해서도 공동 책임의식을 느끼게 하는 것이다.

이러한 참여활동을 통해 자발적인 자신의 역할과 능력, 문제해결에 대해 합리적으로 대응, 조정하는 능력, 타인을 이해하고 배려하는 관계능력을 지속적으로 계발해야 한다. 즉, 조직 안에서 자신의 역할을 인식하고 문제에 대응할 수 있는 능력을 개발해야 한다(양기훈, 2014).

인성교육은 실제적이고 참여중심의 학습을 통해 잠재력을 발휘 · 계발할 수 있다.

일상 생활 속에서 하나씩 바르게 잡기 위해 노력할 때 자신의 인성에 대해 스스로 숙고해 볼수 있는 기회가 되며, 자신과 타인과의 관계에 대해 되돌아보고 새로운 삶의 지침을 갖는 계기를 제공할 수 있을 것이다.

■ **영화 속 인성**

'타이타닉' 영화 속 한 장면으로 가치 탐색...

역사상 가장 호화로운 여객선의 침몰을 배경으로 1912년 최초로 선보인 타이타닉호는 2년에 걸쳐 아일랜드 벨파스트에서 건조되었고 내외장을 하는데 다시 1년의 시간이 소요되었다.

1912년 4월 10일 수요일 오후 영국 사우스햄튼 항구를 출발해 프랑스를 거쳐 총 2,223명이 올라탄 타이타닉호는 아일랜드 남해안 퀸즈랜드를 떠나 뉴욕으로 향한다. 그러나 항로에 빙산이 발견됐다는 거듭되는 경고에도 불구하고 타이타닉호는 4월 14일 밤 11시 40분 떠내려온 빙산과 운명의 충돌을 하게 된다.

항해사의 잘못된 결정, 통신 미비, 긴급 대피 절차의 부재, 구명정의 부족, 상류층의 뿌리깊은 특권의식, 영하의 날씨, 달빛조차 없는 어두운 밤, 타이타닉호에서 발생한 여러 물리적인 문제점들, 불신과 부정……이 모든 것으로 인해 죽음의 위기 앞에선 사람들의 모습, 가치 즉 행동으로 이끄는 주관적인 신념에 따라 여러 사람의 행동을 볼 수 있다.[2)]

2) 다음영화 https://movie.daum.net/moviedb/main?movieId=1051#none

Worksheet – '가치(價値)'

- Openning -

1. 성함은? / 별명은?

2. 현재 나의 Issue는?(호기심, 관심사)

3. 관심 있는 글로벌 Issue는?

4. 나의 가치는? / 그 이유는?
   가치(價値) -행동으로 이끄는 주관적 신념

5. '가치 속에는 인성이 내재 되어 있다'
   새롭게 발견한 나의 인성은?

감사 결의 겸손 경청 고귀함 공감 공정함
공존 관용 균형 긍정성 끈기 기쁨 노동 능동성
목표의식 명예 배려 배움 봉사 북돋움 분별력
사랑 사려 깊음 사명 성실 성찰 소박함 신념
아름다움 열정 예의 용기 용서 우정 이해
인내 인정 자기사랑 자제력 정의로움 정직
존중 지도력 지혜 진실함 진취성 집중
창조성 책임감 친절 평화 협동 희망

출처: 마중물가치교육연구소 <가치성장카드>

CHAPTER

02

인성과 예절의 이해

학 · 습 · 목 · 표

- 인성과 예절의 개념과 정의를 이해한다.
- 철학적 관점과 심리학적 관점에서 성격과 인성을 이해할 수 있다
- 동양의 예의범절과 서양의 매너와 에티켓에 대한 공통점과 차이점을 구분할 수 있다.
- 예절의 정의를 내릴 수 있다.

MEMO

1 인성의 개념

1) 인성의 정의

인성(人性)이란 '사람의 성품이자 각 개인이 가지는 사고와 태도 및 행동특성'이라고 정의하고 있다.

인성의 개념은 학자마다 다르나 '개인의 성격이나 성품', '개인이 생각하고 느끼고 행동하는 독특한 방식' 또는 '각 개인이 가지는 사고와 태도, 행동특성'으로 정의되며(국립국어원), Character(기질), Personality(성격), Humanity(인간성) 등으로 표현된다.

인성에 대한 정의는 학자들에 따라 성품, 품성, 인품, 인격, 기질, 성격, 인간성, 사람됨됨이, 인간의 본성, 생태적으로 타고난 심성 등 매우 다양한 의미로 정의되고 있다.

이처럼 '인성'의 개념은 매우 포괄적이고 추상적이라서 쉽게 단정 짓기 어려우며 학자마다 다양하게 정의되고 이것은 학문마다 상이한 의미로 해석하고 세상을 바라보는 관점이나 가치관이 다양하기 때문이다(고재석 외, 2015).

최근 연구에서는, 인간의 정의적 행동, 책임감, 인내심, 타인이해, 좌절 극복, 불안감 극복, 행동하기 전에 생각하기 등 인성의 개념이 보다 포괄적일 뿐만아니라 구체화되어 제시되고 있다(곽정환, 2003; 김경숙, 2007).

이처럼 인간의 삶에 지속적인 영향을 미치며 중요한 역할을 하고 있는 인성의 개념에 대한 학자들의 정의를 살펴보면 다음과 같다.

■ 인성의 개념에 대한 학자들의 정의

연구자	인성의 개념
황응연(1992)	환경에 대응함으로써 나타나게 되는 행동 및 태도, 동기, 경향성, 인생 과정들의 총합, 사람들에게 있어 시간과 상황에 걸쳐 지속되는 독특한 구조이며, 인성은 어떠한 경험을 하느냐에 따라 크게 변화될 수 있다는 의미를 포함
이근철(1996)	좁게는 도덕성, 사회성 및 정(감정) 등을 의미, 넓게는 지 · 덕 · 체 또는 지 · 정 · 의를 모두 골고루 갖춘 전인성
한국교육학회(1998)	사람 마음의 바탕이 어떠하며, 사람 된 모습이 어떠하다는 것을 말하는 개념으로 사람의 마음과 사람됨이라는 두 가지 요소로 구성
이윤옥(1998)	다른 사람에게 주는 그 사람의 전체적인 인상으로 성품, 기질, 개성, 인격 등 가치개념의 의미를 내포
남궁달화(1999)	사람의 성품이며, 성품은 성질과 품격. 성질은 마음의 바탕이고 사람됨의 바탕
조난심(2004)	인성은 태어나면서 지니고 있는 성격이나 특질의 개념이 아니라, 의도적 교육이나 학습에 의해 습득하거나 변화가 가능한 인간의 성품
미(美)교육부(2007, 2008)	존중, 공정성, 보살핌 등의 도덕적, 윤리적 가치와 책임감, 신뢰, 시민성 등을 망라하는 개념으로, 개인 또는 집단의 정서적, 지적, 도덕적 자질은 물론 이러한 자질들이 친사회적 행동으로 발현되는 것을 포함하는 것
조연순(2008)	자신의 내면적 요구와 사회 환경적 필요를 지혜롭게 잘 조화시킴으로써 세상에 유익함을 미치는 인간의 특성
현주 외(2009)	보편적인 도덕적 가치를 내면화 하여 보다 긍정적이고 건전한 개인의 삶과 사회적 삶을 위한 심리적, 행동적 특성
교육과학기술부(2013)	더불어 살아갈 수 있는 품성과 역량으로 도덕성, 사회성, 감성 능력
현주 외(2014)	긍정적이고 건강한 개인의 삶과 사회구 성원으로서의 삶을 살아가기 위해 갖추어야 할 바람직한 특질과 역량

* * 천세영 외 4인(2012), 현주 등(2014), 정창우(2017, 재인용)

인성에 대한 학자들의 정의를 종합해 보면 인간이 지향하고 성취해야 하는 인간다운 성품이나 덕(德)의 의미가 담겨있고, 타인의 말과 행동에 대해 배려하고 공감하는 능력, 소통능력으로 사회적 상호작용에 대해 책임성 있게 실천하는 역량이라고 할 수 있다.

인성이라는 개념에는 개인의 성품이나 정체성, 덕목들이 내재 되어 있으며, 교육이나 학습을 통해 인성을 함양할 수 있다는 특징이 있다.

교육부의 인성교육진흥법에는 인성을 '자신의 내면을 바르고 건전하게 가꾸고 타인 · 공동체 · 자연과 더불어 살아가는 데 필요한 인간다운 성품과 역량을 기르는 것을 목적으로 하는 교육'으로 정의하고 있으며, 예(禮), 효(孝), 정직, 책임, 존중, 배려, 소통, 협동 등의 마음가짐이나 사람됨과 관련되는 핵심적인 가치 또는 덕목을 제시하고 있다(인성교육진흥법, 2019).

인성교육에 대한 개념은 인성과 인성교육의 지향이나 정책 방향의 제시, 실천에도 영향을 미치며 세계를 인식하고 실천해 나가는 데 하나의 틀이 되며, 인성교육은 자기 자신에 대한 인정이나 존중을 출발점으로 타인대상을 향해 폭넓게 확산하는 것을 의미한다(이제행, 2014).

따라서 자신으로부터 타인, 사회, 국가로 확산되는 인성에 대한 개념을 폭넓게 이해하기 위해 다양한 관점에서 인성을 접근할 필요가 있다.

2) 철학적 관점의 인성

(1) 동양철학적 관점에서 인성

유교(儒教)는 춘추시대 전쟁으로 인해 극도의 정치적 혼란과 위태로운 사회에 살았던 공자가 규칙과 규정, 예의와 도덕, 규범 등으로 사회적 관계를 중시하며 안정된 사회의 구현을 지향하기 위해 탄생하게 되었다.

공자의 가르침은 논어(論語)에 수록되어 있다. 타인에 대한 관심과 배려를 의미하는 인(仁)을 가장 중요한 인성덕목으로 여기고 수신(修身)제가(濟家)치국(治國)평천하(平天下)의 실현을 이루고자 하였다. 즉, 먼저 몸과 마음을 닦아 수양하여 집안을 안정시킨 후에 나라를 다스리고 천하를 평정한다는 뜻이다.

또한 공자는 지(智), 인(仁), 용(勇)을 인성의 중요한 요인으로 여겨 이것을 합치면 하나의 완전한 인격이 되며 '군자'가 되는 것을 인격수양의 목표로 삼았다. 더불어 공자는 인간의 삶에 있어서 절제와 중용을 강조하며 극단적인 태도보다 욕망을 잘 조절하면서 삼가하는 자기조절을 중시했다.

공자의 인(仁)이란 인간다운 자기 수양을 쌓고, 더불어 사는 사회에서 타인에게 인간으로서 해야 할 도리를 다하는 것이므로 인(仁)이란 조화로운 인간관계 속에서 평화로운 사회와 국가를 위해 공헌하는 것이라 할 수 있다.

맹자는 인(仁)을 실천하기 위한 방법으로 인의(仁義)를 중시했으며 유교는 인간이 지켜야 할 기본적인 덕목으로 인(仁), 의(義), 예(禮), 지(智), 신(信)을 강조하며 이를 실천하기 위한 구체적인 행동강령으로 삼강오륜을 제시하였다.

유가(儒家)적 관점에서 인성이란 심(心), 성(性), 정(情), 의(意)를 모두 포함한 지적능력과 정의적 능력, 도덕성을 포괄하는 개념으로 사회적, 도덕적으로 구분하여 인성을 도덕성으로 귀결시켜 도덕의식을 통해 사람 사이의 상호관계를 고양하고 사람들 사이에서 윤리 원칙을 세우고자 하였다.

공자와 맹자를 비롯한 유가사상은 노자와 장자를 대표로 한 도가사상과 함께 동양철학의 양대산맥으로 일컫는다.

도가적 관점에서 인성이란 정(精), 기(氣), 신(神)으로 자연의 삶을 살도록 이끌어 주는 본원적 자연성을 말한다. 즉, '무위자연'을 핵심사상으로 무위자연이란 자연에 거스르지 않고 질서에 순응하는 태도를 가리킨다.

도가사상은 돈과, 명예, 권력 등 물질적인 것들을 추구하지 않고 초월의 자세로 현실에 얽매이지 않고 우주와 자연의 도리에 순응하며 사회적 삶을 실현하기를 가르쳤다.

불교적 관점에서 인성은 인간은 모두 불성 가지고 태어나며 부처가 소유한 성격적 특징을 그대로 가지고 있다고 보며 인성교육의 하나로 사성제와 육바라밀을 수행한다.

유, 불, 도 모두 인간의 본성을 타고난 본성으로 인간 안에 내재 된 본성으로 보는 공통점이 있으며, 유, 불, 도의 사상에서는 물질적인 것보다 정신문화를 중시하며 동양 철학적 관점에서 인간의 본성은 선하며 긍정적으로 본다고 할 수 있다.

(2) 서양 철학적 관점에서 인성

플라톤은 교육을 통해 인성교육이 이루어진다는 관점으로 인성교육의 핵심은 보편타당한 도덕적 인식과 판단기준의 정립을 위한 선의 추구지만, 플라톤은 특별한 교육체계와 성장단계를 고려한 교육과정을 통해 인성교육이 이루어 질 수 있다고 주장한다.

교육과정 체계의 종국적인 단계는 앎을 추구하는 단계지만 플라톤은 체육교육을 통해 좋은 시민적 덕성을 갖춘 좋은 시민을 길러내는 인성교육의 역할을 중시하면서도 시민적 덕성의 추구는 보편적이고 절대적인 의미의 좋은 삶이 먼저 선행되어야 한다고 주장한다(정창우, 2017).

아리스토텔레스는 인성교육에 대해 체계적인 연구를 하였으며, 덕(德) 교육을 통해 인성이 이루어진다는 관점이다.

덕(德)에 대한 탐구는 인성교육에 많은 의미를 가지며 덕(德)이란 '탁월한 품성'으로 '도덕적으로 훌륭한 것, 뛰어나서 칭찬을 받을 만한 것'을 의미한다.

아리스토텔레스는 덕(德)을 지적인 덕(지혜)과 도덕적 덕(절제)으로 구분하며 지적인 덕은 교육을 통해 획득되며, 도덕적 덕은 습관화와 훈련을 통해서 획득된다고 하였다.

덕(德)이 있는 사람이 된다는 것은 올바른 감정과 욕망을 가진 사람으로 올바른 판단과 선택을 하고, 행동을 직접 실천하는 사람으로써 교육에 의한 습관화를 강조하였다.

칸트는 인간을 예지적 차원이 깃들어 있는 존재로 보고, 인성교육이란 성장 세대로 하여금 감성에 의한 속박에서 벗어나 이성의 자발성을 실현시키는 것, 즉 인격을 실현하는 것이라고 하였다(정창우, 2017).

이러한 플라톤, 아리스토탈레스, 칸트는 인성을 이해하는 데 서로 다른 관점과 강조하는 부분이 다름에 불구하고 인간의 심원한 내면성(인격, 품성, 인성)을 계발하고, 향상해 나가려는 공통된 입장을 갖는다.

3) 심리학적 관점의 인성

(1) 성격의 개념

인성의 개념은 '개인의 성격이나 성품, 인격 또는 개인이 생각하고 느끼고 행동하는 독특한 방식' 등으로 정의되며, Character(기질), Personality(성격), Humanity(인간성) 등다양하게 표현되며, 심리학적 관점에서 인성은 Personality(성격)으로 정의하며 도덕적 특성으로 정의하는 윤리학자들은 인성을 인격(Character)으로 정의한다(김은영, 2016).

성격(Personality)의 어원은 라틴어의 'per(through)'와 'sonare(speak)'의 합성어인 'persona(to speak through)'페르소나(persona)에서 유래되었으며 고대 그리스 · 로마의 연극배우들이 착용하는 '가면'을 의미한다.

이 가면은 해당 연극배우가 가진 성질, 성격, 정체성, 태도나 행동을 예상하여 타인과 구별할 수 있으며, 자신의 특정한 행동양식과 차별성을 보여주기 위한 관습의 산물로 페르소나(persona), 즉 가면이라는 의미에서 성격이 파생되었다고 한다.

성격(Personality)은 환경에 대하여 특정한 행동 형태를 나타내고, 그것을 유지하고 발전시킨 개인의 독특한 심리적 체계이다(표준국어대사전). 즉, 개인이 가진 독특하고 고유한 특성으로 심리적 특성에 의해 나타나는 반응양식, 환경과 상호작용하면서 나타나는 독특하고 일관성 있는 행동양식이라 할 수 있다.

인간을 이해하는데 있어서 적절한 방법중에 하나가 개인의 성격을 이해하는 것일 것이다. 한 개인의 성격은 환경에 대해 개인의 독특한 반응을 결정하는 심리적 체계들의 구성체이며 환경과 서로 영향을 주고 받는다. 이러한 성격의 개념은 학자들마다 다양하게 정의되고 대표적인 성격에 대한 심리학자의 정의는 다음과 같다.

올포트(Allport, 1937)는 성격을 '개인이 환경에 독특하게 적응하도록 결정지어주는 심리물리적 체계의 역동적 조직'으로 정의하며 어떤 특정 양식으로 반응하려는 성격의 행동적 측면을 강조하였다. 성격은 주변 사회환경의 상호작용에 따라 후천적으로 성격이 형성된다고 하였다.

에이젠크(H. Eysenck, 1957)는 환경에 독특하게 적응하도록 하는 한 개인의 성품, 기질, 지성, 신체요소들이 안정되고 영속적으로 조직화 된 것을 성격으로 정의하며, 월터미셀(Walter Mischel)은 개인이 접하는 생활 상황에 대해 독특한 적응을 나타내는 사고와 감정을 포함하여 구별되는 행동 패턴으로 성격을 정의하였다.

또한 카텔(Cattell, 1946)은 성격을 '개인이 특정한 상황 속에서 어떠한 행동을 할지 예측할 수 있게 해주는 원리'로 성격을 정의하였는데 행동이나 반응을 보게 되면 개인의 성격과 상황을 알 수 있다고 한다.

성격에 대해 학자마다 다양하게 정의하지만, 개인의 성격은 타고난 선천적인 부분이 영향을 미침에도 불구하고, 후천적인 경험요인, 즉 개인을 둘러싼 환경과의 상호작용에 의해서 형성되는 부분이 더 크다고 할 수 있다.

즉, 인간은 본능적, 충동적 행동으로부터 점차 스스로의 성격, 소질, 능력, 욕구를 갖춘 사회적 인간으로 성숙되어 가는 과정에서 개인의 특이한 성격이 형성되며 경험과 사회적 상호작용을 통해 성격이 형성된다는 것이다(신광우, 2000).

(2) 성격에 대한 심리학적 관점

성격(Personality)에 대한 연구는 심리학적 영역에서 풍부한 역사와 이론적 배경을 가지고 다양한 관점으로 접근하였다. 성격에 대한 심리학 이론은 관점에 따라 특성이론, 정신역동적 접근, 개인심리학적 접근, 사회문화적 접근, 인지행동적 접근, 인본주의적 접근으로 구분할 수 있다.

특성 이론은 인간의 성격이 어떤 특성을 가지고 있는가를 연구하는 학설로 인간행동의 일관성 있는 유형을 결정해 주는 성격 역시 여러 가지의 특성들로 판별 할 수 있다고 가정한다. 카텔(Cattell)은 성격의 특성을 결정짓는 요소를 구분하고 많은 사람들이 보편적으로 적용할 수 있는 성격특성의 기본구조를 강조하며, 모든 사람들이 공유하는 공통특성과 개인마다 다른 톡특한 특성으로 구분하였다.

정신역동적 접근은 프로이트의 정신분석학을 바탕으로 하는 성격 이론으로 인간행동의 무의식적인 갈등과 본능적인 충동에 의해서 행동이 결정되며 심리성적 발달단계 과정을 거치면서 성격이 형성된다는 견해이다.

개인심리학적 접근에서 아들러(Adler)는 개인은 우월성을 추구하고, 열등감을 보상하려는 욕구에 의해서 성격이 발달하고 형성된다고 주장한다. 즉, 가족관계와 사회 환경적인 개인의 경험이 심리의 내면에 고착됨으로서 인간의 기본적인 성격구조가 형성된다는 것이다.

사회문화적 접근은 개인 내부에서 성격이 형성되는 것이 아니라 사회 문화적 맥락속에서 개인의 성격이 결정된다는 것이다. 사회심리학자 에릭슨(Erickson)은 인간은 자신을 둘러쌓고 있는 환경체계의 사회적 관계로부터 성격이 형성되며, 일생동안 8단계의 발달과업과 위기를 극복하면서 성격이 형성, 발달 된다는 견해이다.

인지행동적 접근은 인간의 성격이 외적 환경의 작용에 의해 형성된다고 보며 개인의 행동에 따른 결과, 보상에 따라 행동이 보상과 강화 또는 소거와 처벌이 되며 이러한 보상기제를 조절하거나 학습에 의한 모델링을 통해 특정한 성격이 형성된다고 한다.

인본주의적 관점에서 인간은 자기실현을 추구하는 성장지향적 존재로 본다. 매슬로우(Maslow)는 인간의 다양한 욕구들이 위계적으로 배열되는 욕구 위계설에 따라 자기실현 욕구를 실현하는 과정 즉, 성숙하고 행복한 삶을 추구하는 과정에서 성격이 형성된다고 한다.

또한 로저스(Rogers)는 인간중심적 접근으로 자신의 진정한 모습을 자각하고 수용하면서 잠재능력을 충분히 발휘하게 되면 자기실현적 인간으로 성장한다는 것으로, 자아실현이론을 바탕으로 자아개념에 의해 성격이 형성된다는 견해이다.

이와같이 인성에 대한 개념은 매우 포괄적이고 추상적이어서 학자마다 다양하게 정의되고 학문적 관점에 따라 서로 다른 의미로 해석되고 있다.

인성과 성격(Personality)에 관한 풍부한 이론과 역사 그리고 많은 선행연구는 인성의 개념을 다양한 관점에서 접근하여 폭넓게 이해하는데 큰 역할을 하였다.

철학적 관점에서 보면, 동양 철학적 관점은 인간의 본성을 선하며 긍정적으로 보며, 서양 철학적 관점은 인간의 내면성(인격, 품성)을 계발하려는 공통된 입장을 갖는다.

심리학적 관점에서 보면, 개인의 성격은 선천적인 부분보다 후천적인 환경과 상호작용에 의한 영향이 크다고 보며 인성에 대한 교육과 훈련을 강조하고 있다.

2 예절의 본질과 기능

1) 예절(禮節)의 본질

인간은 '사회적 동물'이다. 라는 말은 인간은 태어나는 순간부터 '혼자'가 아닌 '함께'라는 의미로 많은 사람들과 함께 어울려서, 더불어 살아가는 존재를 의미한다.

인간은 사회적 존재로써 어느 집단이나 단체에 소속되거나 자신이 다른 집단에 받아들여지기를 원하며 더불어 함께 살기를 원한다. 이러한 사회적 관계 속에서 우정, 사랑, 친교, 등을 나누며 친밀한 대인관계를 이루고자 한다.

하지만 다양한 사회적 관계나 역동적인 상호작용에는 복잡한 이해관계나 심리적 갈등, 마찰 등이 생길 가능성이 많고 이를 해결하기 위한 규칙과 제도 등이 필요해진다.

따라서 사람과 사람 사이에서 역동적인 상호작용에는 반드시 지켜야 할 도리가 생겨나게 되었고 이 '마땅히 지켜야 할 도리'를 동양에서는 '예(禮)'라하고, 서양에서는 '매너(manner), 또는 에티켓(etiquette)'이라 한다.

이것은 어떤 형식과 절차에 따라 이루어진 것이 아니고 무리지어 사는 사람들이 약속해 놓은 생활방식이 자연스레 하나의 관습이 되고, 그 관습이 쌓여서 사회적 약속으로 형성된 것이라 할 수 있다.

즉, 예절이란 일정한 생활 문화권에서 오랜 생활 습관을 통해 하나의 공통된 생활방법으로 정립되어 관습적으로 행해지는 사회 계약적인 생활규범이라고 정의할 수 있다(김득중, 1997).

예절(禮節)은 일상생활에서 이루어지는 모든 언어와 행동으로 집단적인 삶 속에서 서로 즐겁게 잘 살기 위한 약속이라 할 수 있다. 그러므로 생활예절은 생활하는 방식을 약속해 놓은 것이고 가정의례는 가정에서 행하는 의식절차를 약속해 놓은 것이다.

예절(禮節)은 타인과 원만한 대인관계를 하기 위한 약속이기도 하지만 자기 자신을 다스리는 방법이기도 하다.

원만한 대인관계를 위해 자신이 먼저 자기관리를 통해 스스로 사람다워지려는 노력을 바탕으로 대인관계 속에서 타인을 배려하고 존중하는 예절을 실천해야 한다.

우리는 어려서부터 예의바른 인성을 갖추기 위해 가정과 학교, 사회에서 다양한 과정의 예절교육을 받아왔으나 습관화되지 않았기 때문에 실천되지 않는 부분도 적지 않다. 지속적이고 반복적으로 실천하여 몸에 익힐 필요가 있다.

2) 예절(禮節)의 어원과 의의

예(禮)란 신에게 제사를 드리는 것처럼 정성을 다한다는 뜻으로 제사의례에서 어원적 의미를 찾을 수 있다. 예(禮)는 하늘에 제사를 지내고 하늘의 계시를 받아 이를 실천한다는 뜻으로 경천사상[1)](敬天思想)에 근원이 있다.

예(禮)는 示(보일 시)와 豊(풍성할 풍)의 합성어로 시(示)는 신(神)을 뜻하고 풍(豊)은 고대 제기(豆)에 제물(曲)을 담아서 신에게 바치는 형상으로 예(禮)는 본래 고대사회에서 복을 받기 위해 제단에 재물을 풍성하게 쌓아놓고 신에게 제사를 드리는 정성스런 모습에서 비롯되었다.

예(禮)란 일상생활에서 지켜야 할 도의 규범이며 사회질서의 준칙이고 자기 자신의 마음가짐과 몸가짐, 삶에 있어서 반드시 삼가하고 정성껏 해야 하는 것을 이른다고 할 수 있다. 따라서 예(禮)는 매사에 누구에게나 정성(誠)을 다하고 다른 사람을 공경(敬)하며 사랑(愛)하는 마음을 갖는 것으로써 존중을 표하기 위해 '예(禮)로써 나타내는 말투나 몸가짐의 체계'라고 할 수 있다.

공자는 '예(禮)는 마음의 근본'이라 하여 인간으로서 지켜야 할 기본적인 도리임을 강조하며 예(禮)와 인(仁)을 같은 의미로 해석하였다.

인(仁)은 인간의 성실함과 진실한 마음의 표현이라 할 수 있다. '인이란 곧 자제심과 같다' 는 의미는 자신의 사욕을 자제하고 이겨내어 예와 의리에 맞도록 행하는 것으로 곧, 인(仁)을 이루는 것이다(이정우 · 김연화, 1997).

예(禮)의 표현방식은 상대를 위해 밝은 표정을 짓는 자기관리에서부터 시작하여 가정에서 가족 간의 유대와 학교에서 교사와 친구 관계, 직장에서 선배와 동료를 대하는 친절한 태도 및 사회생활 예절에 이르기까지 생활 전반에서 정성을 다하여 마음을 표현하는 것이라 할 수 있다.

---

1) 경천사상敬天思想 – [명사] 하늘을 공경하는 종교적 사상.

절(節)은 범절(凡節)의 의미로, 인간이 살아오면서 사회생활을 원활히 수행하기 위해 만들어 낸 지혜의 산물로써 일상생활 모든 일의 순서와 절차를 의미한다.

예절(禮節)이란 예의와 범절 두 단어의 합성어로 예의범절을 뜻하는데 예의(禮義)란 남과의 관계에 있어서 지켜야 하는 존경심의 표현이며 '도를 넘어서면 안 되는 말과 몸가짐의 도리'라고 할 수 있다.

즉, 예의(禮義)란 '사람이 마땅히 지켜야 할 도리'로써, 타인의 인격을 존중하고 공경하는 마음을 말과 행동으로 나타내는 규범을 말한다.

범절(凡節)이란 원만한 인간관계와 사회생활을 위해 만들어진 모든 일의 순서와 절차로 규범에 따라 실천하는 행위를 말한다.

즉 말과 행동에 대해 정해진 순서와 절차로 형식을 의미하는 것이다.

예의(禮義))가 공경과 섬김의 내적인 규범이라면, 범절(凡節)은 그것을 표현하는 순서와 절차로 행동규범에 가깝다고 할 수 있다.

모든 예의범절의 근본정신은 존귀한 인간으로의 존재에 대한 깊은 존중과 사랑을 바탕으로 표현되는 것이며 이것은 인간존중이라고 할 수 있다(성균관 예절총서, 1996).

예절(禮節)이란 공동체 생활을 원만하게 유지하고, 더불어 사는 사회, 함께 살아가기 위한 사람들의 약속이며 예절(禮節)에는 '개인 사적인 욕구의 절제'와 '인간에 대한 존중과 배려'의 근본정신이 내포되어 있다.

그러므로 예절(禮節)이란 인간으로서의 사욕(私慾)절제를 통한 자기관리로 인격완성의 수단인 동시에 원만한 대인관계를 이루고 더불어 사는 공동체 사회를 이루기 위한 규범이라고 할 수 있다.

3) 예절(禮節)의 기능

예절(禮節)은 각 문화의 특성에 따라 생활방식, 사회문화, 사회적 지위가 각각 다르므로 모든 사회에 동일하게 적용되는 것은 아니지만 사회의 질서를 확립하고, 도덕적 질서로 사회기능을 회복시켜 주는 역할을 한다.

예절(禮節)은 개인적으로 인격과 교양을 가늠하는 척도가 되기도 하며, 국가 간에 원활한 관계증진을 위한 교량적 역할을 하기도 한다(안대희 외, 2011). 따라서 건강한 사회는 예절(禮節)을 배우고 익혀서 사회에 필요한 구성원이 되는 것이라 할 수 있다.

예절(禮節)의 기능에는 크게 수기(修己)와 치인(治人)의 두 가지 기능이 있다. 수기(修己)는 스스로 사람다움을 지니려는 자기관리로 개인예절이라면, 치인(治人)은 타인과 어울려 원만한 대인관계를 이루기 위한 대인관리로 가정, 사회, 국민의례, 국제의전 등 영역에서의 실천방법이라 할 수 있다.

첫 번째 수기(修己)는 심신의 정성스러움을 기본으로 혼자 있을 때에도 스스로 도리에 어긋나지 않으려고 항상 조심하고 삼가하며, 자기 안의 내면을 다스리는 것으로 수기(修己)의 본질은 '정성스러운 마음'이라 할 수 있다.

수기(修己)의 실천방법으로 어떠한 환경에서도 자신의 마음을 속이지 않고 그대로 발현하기 위해서 양계초[2]는 자기수양을 위해 '신독'(愼獨)을 제안하였다.

스스로의 인격완성을 위한 수기(修己)의 실천방법으로 신독(愼獨)을 행하는데 신독(愼獨)이란, 자기 혼자 있을 때도 도리에 어긋남이 없도록 몸가짐을 바로 하고 언행을 삼가는 것으로 이때의 본질은 정성을 다하는 것이다. 정성스러움이란 자기 자신을 속이지 않고 양심에 따르는 것을 의미한다.

두 번째, 치인(治人)이란 말과 행동이 자기 밖에서 활용하는 기능으로 바람직한 대인관계를 형성하기 위한 것으로 본질은 공경과 사랑이다. 공경과 사랑이란 어른을 공경하고 아래 사람을 사랑하는 인류애를 의미한다고 볼 수 있다(김득중, 1997).

치인(治人)의 실천방법은 상대방을 편안하게 하는 안인(安人)이다. 안인(安人)은 모두가 함께 편안히 지낼 수 있기 위해 자신의 욕심을 절제하고, 모두의 편의를 위해

2) 양계초(梁啓超), 중국 청나라 말에서 중화민국 초의 정치가, 사상가(1,873-1,929)

자신의 이익을 양보하는 마음을 가질 때 원만한 대인관계를 형성하고 사회통합에 기여할 수 있다. 즉, 수기(修己)와 치인(治人)이 조화롭게 이루어질 때 공동체에 기여 할 수 있으며 건강한 사회를 이룩할 수 있다.

진정한 예절이란 자기 자신의 내면을 정성스런 마음으로 바르게 가다듬고, 타인에게 공경과 사랑, 존중과 배려를 실천하는 마음가짐과 행동 규범이라 할 수 있다.

예절은 겉으로 드러나는 형식도 중요 하지만 예절을 행하는 마음가짐도 중요하므로 예절은 안에 있는 마음(내면)과 밖으로 드러나는 말과 행동(言行)이 일치해야 참 예절이라 할 수 있다.

3 한국의 예절(禮節)

예로부터 우리나라를 동쪽에 있는 '예의 바른 나라' 라는 뜻으로, 동방예의지국(東方禮儀之國)[3]이라 부르며 우리의 민족성을 가리켜 "어진 사람(仁人)이니 사양하기를 좋아하여 다투지 아니한다."(好讓不爭) 혹은 "서로 도둑질하지 않아 문을 잠그는 법이 없으며, 여자들은 정숙하고 믿음이 두터우며 음란하지 않다."고 하며 칭찬하였다.

우리나라는 도덕과 예절의 기본이 되는 철학적, 윤리적, 도덕적 배경이 확립되어 있었으며, 이를 실생활에 실천하는 교육이 일상생활 전반에 이루어져 있었음을 알 수 있다. 따라서 효(孝)와 예(禮)를 생활 속에 실천하는 예절의 나라로써 긍지를 가져야 할 부분이라 생각한다.

3) 동방예의지국(東方禮儀之國) – 중국인들이 예로부터 우리나라를 예의 밝은 민족의 나라라고 평했다는 데 근거한 말.

각 나라마다 자신의 국가를 상징하는 고유한 문화로 얼, 혼, 정신 등이 있다.

미국에서는 황량한 서부를 개척하여 경제성장과 발전을 이루기 위한 '개척정신'(Frontier), 영국은 고급스런 매너(Manner)와 약한자를 보호하는 '기사도'(騎士道)정신, 중국은 중국이 세계의 중심이라는 '중화사상'(中華思想), 일본은 개인보다 집단을 중시하는 사상인 '대화혼정신'(大和魂－) 등이 있다. 이런것을 각 민족마다 가진 공통의 정신 즉, 민족혼이라 할 수 있다.

민족혼이란 그 민족 전체에, 국민정신으로 그 국민 전체에 보편적, 필수적으로 가지고 있는 공통의식을 말한다(김득중, 2008).

한국인 전체에 보편적, 필수적으로 존재하는 정신은 '우리 의식(意識)'이라 할 수 있다.

민족혼의 생활철학과 저변의식은 민족 언어 속에 응축되어 있기 마련인데 우리는 고래로 유난히 '우리'를 강조해왔다. 형도 나의 형이 아니고 '우리 형'이고 집도 나의 집이 아니고 '우리 집'이다.

한국전례연구원원장 김득중은, 한국은 5천년 동안을 '우리'로 살아온 민족으로 '우리'라는 의미는 개인의식보다는 공동체(共同體)의식을 중요시하는 민족이라고 말한다.

'우리'는 한자로 인(仁)이라 쓰며 공자는 인(仁)을 '사욕을 억제하고 예절을 실천함으로써 仁(우리)이 될 수 있다고 가르쳤다. 이기적인 욕심을 버리지 못하면 '우리'로 살 수 없으며, 개인의 사욕과 이기심(利己心)을 버리고 예절(禮節)을 실천해야 인(仁)을 이룰수 있다는 것이다.

이러한 인(仁)을 실천하기 위하여 예(禮)가 아니면 보고, 듣고, 말하고, 행동하지도 구체적인 방법을 언급하였다(논어 안연편, 극기복례장). 즉 인간생활의 모든 것을 예절에 어긋나면 하지 말라는 것이다.

정리하면, 한국인의 정신은 '우리 사상' 즉 인(仁)정신이며 '우리'라는 공동체 의식은 타인을 배려하고 존중하는 사랑이 본질이다. 즉, 동양의 예의범절의 개념은 예의와 범절이 합해진 개념으로 개인과 집단에서 지켜야 할 기본적인 규범으로 남을 대할 때 마음가짐이나 태도, 타인에 대한 배려라 할 수 있다. 즉, 개인의 사사로운 욕심과 이기심을 버리는 마음가짐으로 타인을 존중하고 사랑하며 이를 예의와 범절로 실천해야 하는 것이다.

생각해보기

■ 논어(論語)의 안연편(顔淵篇) 극기복례장(克己復禮章)

비례물시(非禮勿視)

비례물청(非禮勿聽)

비례물언(非禮勿言)

비례물동(非禮勿動)

제자 안연이 스승인 공자에게 인(仁)을 어떻게 행해야 할지를 묻자, 공자는 예가 아니면 보지도 말고 듣지도 말고 말하지도 말고 행동하지도 말라고 하셨다. 즉, 인간생활의 모든 것을 예절에 어긋나면 하지 말라는 뜻.

4 서양의 예절(禮節)

1) 서양 예절의 기원

서양의 예절은 중세의 '기사도'(騎士道) 정신에 뿌리를 두고 있으며 기사도는 근본적으로 약한 자를 보호하는 그리스도교 정신에 기반하고 있다.

에티켓(etiquette)이 프랑스에 정착된 것은 15세기부터 였다. 안 도트리시(루이 13세의 왕비)의 노력으로 궁정 에티켓이 발달하여 루이 14세 때(17세기)에 완전히 정비되었다.

루이 16세 때에는 궁중예절의 엄격성이 해이해지고 또한 프랑스 혁명(1789~1794)으로 귀족들이 몰락하고 새로운 부르주아지[4)]들이 중심세력을 형성하면서 쇠멸되었다.

프랑스의 에티켓은 영국으로 넘어가 도덕적, 교양적 수준의 갖춘 예절이 되었으며, 이로써 영국의 젠틀맨이라는 용어가 나오게 되고 영국의 에티켓은 국가적 이미지를 높이는데 기여했다.

에티켓과 매너(Manners)는 귀족들의 궁중에서 지켜야 할 예절로서 서양예절의 정신적, 실천적인 부분을 포괄적으로 사용하는 용어이다.

에티켓과 매너(Manners)는 중요한 사교적 만남이나 공개적인 모임에서 필수적인 요소였으나 쓰임과 종류는 특정 상황과 계층에 국한돼 있었다.

매너는 16세기 에라스무스가 집필한 '소년들의 예절론'에서 문명의 개념으로 사용하면서 그 기원을 찾을 수 있고 프랑스에 의해 정립되었다(안대희 외, 2011).

17세기에 유럽의 문화의 중심지는 프랑스였다. 프랑스의 중앙집권 체제가 확립되면

---

4) 부르주아지(프랑스어: bourgeoisie)는 프랑스어로 '성(城)'을 뜻하는 bourg에서 유래. 부를 축적한 계급은 안전하고 윤택한 성내에 살고 그렇지 못한 계급은 위험하고 척박한 성외에서 살았으므로 생긴 명칭. 자본가 계급을 뜻함

서 왕권은 강화되고, 귀족들의 권력은 약해졌다. 권력 밖으로 밀려난 귀족들은 부르주아지와 경쟁을 피할 수 없었고 귀족들은 부상하는 부르주아지로부터 위협을 느꼈다. 당시 부르주아지들은 귀족들을 모방하기 위해 애를 썼으며 독일 부르주아지들은 사회적 위치를 인정받기 위해 베르사이유의 매너와 에티켓인 '궁정예절'과 프랑스어를 배우기도 하였다(임민지, 2016).

18세기 프랑스의 교양과 문화에 대해 유럽의 많은 국가들은 경외감을 갖게 되었다. 프랑스에서는 귀족계층과 중산층과의 차별화를 위해 더욱 엄격한 매너를 발전시켰으며 서양에서 매너는 필수적인 중요과목으로 교육되기도 하였다.

귀족들은 신흥세력인 부르주아지들과 자신들을 차별화시키기 위하여 흉내 낼 수 없고 까다로운 매너와 에티켓을 더 만들어냈고, 세련된 행동양식이 발전할수록 인간의 본능적인 행동들을 '상스러운 것'으로 규정하며 경계하였다.

글로벌화가 시작되면서 무역경로가 다양해지고 새로운 부를 축적하기 시작한 부르주아지 계층이 더 많아지게 되었고, 18~19세기 프랑스 시민혁명으로 계급이 사라지자, 왕족과 귀족 그리고 일부 부르주아지 계층만의 전유물이었던 매너와 에티켓의 세련된 행동 양식들은 일반 대중들에게도 전파되기 이후 나폴레옹이 1830년 법령으로 에티켓을 부활시켜 이후 궁정 예절로 자리 잡았으나 르네상스 이후 인간적인 측면이 강조되면서 엄격한 형식을 탈피하고 실생활에 필요한 생활규범으로 대중들 사이에 스며들게 되었다. 이러한 매너와 에티켓은 현재에 국내공식의전(國內公式儀典)의 형식을 갖추게 되었다(차성란, 2008).

2) 매너와 에티켓

매너와 에티켓은 상대방을 배려하고 존중하는 것을 근본정신으로 상대방을 불쾌하게 하지 않게, 자신이 하기 싫은 일은 상대방에게도 권하지 않는 것이 기본이다.

매너(Manner)란 라틴어의 'Manuarius' 용어에서 파생되었으며, Manuarius는 'Manus'와 'Arius'의 복합어로, Manus는 영어의 'hand(손)'라는 뜻으로 사람의 '행동이나 습관'을 의미하며, Arius는 'More at manual'. 'More by manual'의 뜻으로 '행동을 취하는 방법, 방식'을 의미한다.

매너(Manner)는 행동하는 구체적인 방식(way)이나 방법, 태도, 습관, 일상생활에서의 예의와 절차를 의미한다.

즉 매너란, 사람마다의 독특한 방식(way)이나 습관, 몸가짐의 태도 등 세련되고 품위 있는 '행동방식'을 의미한다.

매너(Manner)는 본질적으로 더 바람직하고 긍정적인 마음에서 비롯되었기 때문에, 그 기본개념에는 상대방에 대한 배려와 존중이 담겨있으며, 상대방을 편안하게 해주는 것이라 할 수 있다.

매너는 일반적으로 오랜 시간에 걸쳐 형성되기 때문에 그 사람의 신념이나 철학을 담은 그릇이라고 할 수 있으며, 오랜 시간 많은 사람들과 만남을 통해 터득한 것이므로 몸에 익숙하고 습관화되어 은연중에 표출된다.

좋은 매너(good manners)의 목적은 첫째, 타인과 원활한 인간관계를 형성하는 것으로 상대방을 배려하고 편안하게 해주는 행동방식을 통해 진정성 있고 신뢰로운 관계를 구축할 수 있다.

둘째, 타인에게 긍정적인 이미지를 형성하여 사회생활에서 성공을 위한 발판을 만들 수 있다. 예를 들어 첫 만남에서 상대방에게 악수를 청할 때 손을 잡는 힘의 세기, 손잡는 시간, 흔드는 정도에 따라 기준을 가지고 호감가는 이미지를 형성할 수 있다. 상대방을 배려하고 존중하는 행동은 외적으로 표현되는 것이기 때문이다.

셋째, 매너있는 행동은 스스로 자존감을 높일 수 있다. 타인에 대한 존중과 배려를 하고자 노력하는 마음은 자기 자신에 대한 존중과 사랑의 마음가짐에서부터 시작된다고 할 수 있다. 습관적으로 몸에 배어 은은하게 표출되는 매너는 인간관계에서 자신감이 생기고 자신에 대한 자존감을 높일 수 있다.

에티켓(Etiquette)은 원만한 인간관계를 유지하기 위해 사회생활의 모든 경우와 장소에서 취해야 할 바람직한 행동 양식으로 반드시 지켜야 할 규범적 성격을 가진다.

> 에티켓의 어원은 프랑스 루이 14세 때 베르사이유 궁전에서 의전행사나, 궁중파티에 참석하는 1천여 명의 많은 사람들이 화장실 부족으로 인해 궁전정원을 오염시키자 정원보호를 위해 정원 출입금지 표지를 세워놓은 것에서 유래되었다고 한다. 프랑스어의 'Estiquer(출입금지: 나무 말뚝에 붙인 표지)'란 용어에서 생겨났다는 어원으로 이 표지는 '화단에 들어가지 마시오' 라는 '입간판 또는 표지판'을 의미한다.
> 또 다른 어원은 궁정에서의 엄격한 규범과 규칙들을 성에 부착해놓고 궁전을 출입할 수 있는 '출입증 또는 입장표 (Ticket)'에서 유래되었다는 어원이다.
> 에티켓은 후에 궁중에서 여러 가지 지켜야 할 예법을 가리키는 말로 "예의를 지키세요"라는 의미로 발전하였다.
>
> 출처: 글로벌 문화와 매너(박한표, 2005).

에티켓(Etiquette)의 어원에든 크게 두 가지의 유래가 있다.

첫 번째 어원은 옛 프랑스어인 에스티키에(estiquer)의 어원으로, '붙이다'라는 의미로 궁정에서 각종 푯말을 '붙이는' 데서부터 유래되었다.

많는 귀족들과 연회를 열고 모임을 하다 보니 서열을 가려 자리에 앉기 위해 순서를 정할 때 높은 순서대로 국왕과 가까운 자리를 배치하여 서열을 정해 각각의 자리에 푯말을 붙였는데, 이것이 에티켓의 유래가 되었다는 설과 나무 말뚝에 붙인 표지로 출입금지 표지판, 입간판이란 용어에서 생긴 어원으로 '화단에 들어가지 마시오' 라는 '공공을 위한 안내판 또는 표지판'을 의미한다.

에티켓은 후에 궁중에서 여러 가지 지켜야 할 예법을 가리키는 말로 "예의를 지키세요"라는 의미로 발전하였다.

두 번째는 루이 14세 때 베르사이유 궁전은 귀족들만 출입할 수 있도록 출입증을 발급했는데, 궁전을 출입할 수 있는 '출입증 또는 입장표(Ticket)'에서 유래되었다는 어원이다.

에티켓(Etiquette)은 궁정에서의 엄격한 규범과 규칙들로 세련된 궁정예법을 의미하며 귀족 신분을 나타내는 증표가 되었다고 한다.

에티켓(Etiquette)은 당시 귀족들의 행동 양식으로 사람들이 궁중에서 지켜야 할 행동규범, 궁중예절이 되었다.

에티켓의 근원이 된 책을 쓴 카스틸리오네는 당시 이탈리아의 작은 공국이던 우르비노의 궁정에서 생활하며 신사와 귀부인들이 지켜야 할 이상적인 몸가짐과 덕목에 관해 《궁정인》이라는 책을 저술했다. 이후 서유럽이 점차 절대왕정으로 안정되어 가고 궁중문화가 발달하면서《궁정인》은 귀족이면 누구나 읽어야 할 일종의 자기계발서로 지침서가 되었다(민혜련, 2014).

에티켓(Etiquette)은 실내 · 외에서의 에티켓, 남녀 간의 예의, 복장, 소개, 결혼, 애사, 인사, 식사예법 등 생활 전반의 분야에 영향을 미친다.

특히 식사 때 취해야 할 태도와 취하면 안 될 태도를 알려 주는 테이블 매너(Table manner)의 기준이 되었으며, 구성원간에 원만한 관계를 유지하기 위한 형식이며 약속으로 발전하였다.

에티켓의 기본은 상대를 먼저 배려하는 마음가짐에서 비롯된 것으로 상대를 편하게 해주고 타인에게 불쾌감을 주지 않는 태도를 말한다고 할 수 있다.

서양의 에티켓과 매너의 차이를 설명하면 다음과 같다.

에티켓(Etiquette)은 타인과의 관계에서 상대방을 존중하고 상대방을 헤아리는 마음가짐으로 개인의 기본적인 언행과 품위를 나타내는 태도, 행동기준이다. 인간관계를 원활하게 하기 위한 '형식'(Form)과 '규범'(Rule)으로 예의범절 또는 형식을 말하며 에티켓이 '있다. 없다'로 표현한다.

매너(Manner)는 사회적으로 통용되는 '방식(Way), 관습, 방법'으로 사람마다 가진 습관이나 독특하고 세련된 몸가짐, 품위 있는 행동방식을 의미한다.

매너는 인간의 상호작용 안에서 발생하는 품위 있는 행동방식으로 상대방을 존중하는 예의범절이 행동양식으로 나타나는 구체적인 방식(Way), 방법을 의미하며 '좋다. 나쁘다'로 표현된다. 예를 들어 화장실에서 줄을 서거나 노크하는 공공질서가 에티켓이라면 상대방을 배려해서 조심스럽게 노크하는 구체적인 행동양식은 매너라 할 수 있다.

에티켓과 매너는 타문화와 전통을 존중하면서 상대방을 배려하고 존중하는 기본정신으로 상호 간에 합리적인 생활을 영위하고 공동체의 이익을 우선으로 생각하는 실천이 필요하다.

자기관리와 대인관계를 원활하게 하기위해 예의범절과 에티켓, 매너가 일상생활 속에 습관처럼 베어져 있어야 할 것이다.

3) 서양예절의 근본정신

서양예절의 근본정신은 약자를 보호하려는 중세 기사도 정신에서 찾을 수 있고 기독교적인 사랑과 헌신, 평등 등에 영향을 받았다고 할 수 있다. 매너와 에티켓은 모두 상대방을 배려하고 존중하는 것을 기본으로 개인주의와 합리주의를 바탕으로 공공질서와 공동체적 생활의식에 근거한 시민정신에 있다고 할 수 있다.

동양과 서양 예절은 국가나 지역이 달라도 상대방을 배려하고 존중하는 근본정신에는 차이가 없다.

■ 상대방을 배려하고 폐를 끼치지 않는다.

상대방을 배려해 주는 행위이다. 사교모임이나 만찬의 실내에서의 에티켓도 중요하지만 공공장소에서의 광의의 에티켓(공공질서, 공중도덕, 공동체 의식)을 매우 중요시 한다.

■ 상대방에게 불쾌감을 주지 않고 호감을 준다.

남이 나에게 해 주었으면 하는 것을 내가 먼저 해줄 때 상대방에게 호감을 줄 수 있다. 동네에서 모르는 사람과 만났을 때도 먼저 인사하고, 인도를 걸으며 상대와 몸이 부딪히지 않도록 미리 피해서 걷는 것이 일상화되어 있다.

또한 서양 사람들은 사교생활에서 "No"라는 부정적인 말을 쓸 때에도 언제나 "Thanks"라는 말을 그 뒤에 붙여 상대 감정을 상하지 않고 좋은 느낌을 주려고 배려한다.

■ 평등정신에 기초하며 동등한 권리로 상대방을 존중한다.

존중과 존경은 예절의 기본이 되는 것으로 서양의 에티켓에서만 중요시되고 있는 것은 아니다. 다만, 서양의 에티켓의 경우 인간은 누구나 출신, 인종, 성별, 나이에 불문하고 동등한 권리를 가진다는 평등의 정신에 기초한다.

따라서 인간은 누구나 동등한 권리를 가진 인격체로 존중하고 대접받아야 하며 부당한 대우를 받거나 부당한 위치에 놓여서는 안된다고 생각한다.

■ 여성과 약자를 존중한다.

서양예절은 Lady First 즉, 여성 존중사상은 강자가 약자를 보호한다는 관념을 바탕으로 사회적 약자를 보호함으로써 사회적 불평등을 해소하려는 것으로, 숙녀에 대한 에티켓은 약한 여성을 돌보는 것은 신사다운 남성이 행해야 할 기본 덕목으로 여긴다. 서양의 신사도는 예절과 도덕을 겸비한 의미라 할 수 있다.

서양예절은 매너와 에티켓을 바탕으로 공중도덕에 대한 질서의식을 강조하며 타인을 배려하고 존중하였고, 우리나라는 예의범절을 바탕으로 타인을 배려하고 공경, 존중한다는 의미에서 공통점이 있다.

5 글로벌 시대 예절과 인성의 방향성

글로벌 시대의 예절과 인성에 대한 현대적 의의와 기본 방향을 점검해 보면 다음과 같다.

첫째, 우리의 전통예절은 주로 개인적 관계나 가족 중심의 가례(家禮)로 국한되어 폐쇄적인 면이 있으나 공동체의 삶의 질 향상을 목적으로 확장되어야 한다. 즉 우리의 전통문화는 소집단주로 '내 가족, 우리, 체면과 인맥' 중심의 문화였으나, 세계화라는 공동체 시민의식이 확대되면서 공중도덕과 공공질서를 더 크게 함양하고 글로벌 시대에 적합한 예절과 인성을 가꾸어야 한다.

둘째, 동양예절과 서양예절의 공존과 조화가 필요하다. 즉, 개별성을 존중하며 동시에 타인과의 화합과 조화를 도모해야 할 것이다.

서양사상은 개별성과 합리적 이성, 시민사회의 보편성을 추구한다면 동양사상은 집단의식과 공동체주의, 욕망의 절제를 통한 인격완성, 중도사상 등이 핵심사상이다. 이러한 핵심사상이 서로 상승적으로 보완될 때 동·서양의 예절이 융합될 수 있다(김상철, 2008).

셋째, 예절에 대한 근대적인 접근이 요구된다. 예절이라면 우선 전통적인 것으로 고리타분하고 억압적이라고 치부된다. 예절교육은 정보화 시대를 준비하고 적응하는 신세대들에게 고유한 전통예절을 지키면서 새로운 근대적인 문화도 존중하고 수용하는 자세가 필요하다. 즉, 생활 속에서 실천이 가능하고 실용적이며 합리적인 예절교육이 이루어져야 할 것이다.

넷째, 평등하고 대등한 인간관계를 통한 예절을 지향해야 한다. 바람직한 예절을 실천하기 위해 마음으로부터의 존경과 사랑이 담긴 '예'의 참뜻을 실천하려는 노력이 필요하다. 중요한 것은 형식이 아니라 상대를 진정한 인간으로 존중하는 진실한 마음에서부터 비롯되며 평등한 인간관계는 상대에 대한 차별없는 존중과 배려에서부터 출발한다.

다섯째, 예절교육이 이론적 지식전달과 형식적인 예절보다 실제 실천 가능하며, 실습을 토대로 일상에서 자연스럽게 표출되는 습관화된 예절교육이 되어야 한다. 예절이 어려운 것은 실천은 하지 않고 어렵게 이론과 지식으로 전달하기 때문이다.

향후 예절교육은 스스로 자기 마음을 드려다 볼 수 있도록 자신을 마음을 정리하고 이해함으로써 자율적으로 즐거운 마음으로 예를 실천할 수 있어야 할 것이다(이정우 외, 1997).

글로벌 매너와 에티켓은 인종과 국적, 남녀노소, 상하 구분 없이 모두가 지켜야 할 기본적인 윤리의식이기 때문에 문화적 차이를 초월하여 전 세계에 통용되어야 하며, 존중과 배려를 통한 글로벌 매너와 에티켓은 성숙한 세계 시민들이 지켜야 할 공통의 윤리와 규범이라고 할 수 있다.

생각해보기

■ 예절에 대한 정의 내리기

본인이 생각하는 바른 예절이란 어떤 것인가?

생각의 씨를 뿌리면 행동을 거둬들이고
행동의 씨를 뿌리면 습관을 거둬들이고
습관의 씨를 뿌리면 인성을 거둬들이고
인성의 씨를 뿌리면 운명을 거둬들일 수 있다.
–찰스리드(charles Reade)–

PART

2

개인: 자기관리

CHAPTER

03

첫인상과 이미지(Image)관리

학 • 습 • 목 • 표

- 첫인상의 중요성을 알고 이미지의 정의와 구성요소를 알 수 있다.
- 첫인상과 관련된 효과를 이해하고 설명할 수 있다.
- 성공적인 이미지메이킹을 위해 자신의 이미지를 단계별로 실천하여 호감가는 이미지를 자신있게 표현한다.
- 자신의 긍정적인 이미지를 만들기 위해 적극적인 연습과 노력을 실천 할 수 있다.

MEMO

생각해보기

• 두 사람이 짝을 지어 상대방의 첫인상에 대해 이야기 해보자.

1 이미지(Image)

1) 이미지(Image)의 의미

이미지(Image)는 상(象), 표상(表象), 심상(心象), 인상(印象) 등 다양한 의미를 지니며, 형태나 움직이는 대상으로부터 느껴지는 분위기, 감각, 연상 등의 총체적인 개념이라 할 수 있다.

이미지(image)는 감각에 의하여 획득한 현상이 마음속에서 재생된 것으로 심상이라고도 하며, 어떤 사람이나 사물로부터 받는 느낌을 말한다(표준국어대사전).

이미지(Image)는 실체가 아니고 상상되는 것으로 다른 사람에 대해 스스로 만들어내는 인상이다. 이것은 어떠한 대상에 관한 경험에서 생기는 것으로, 개인의 지각을 통해서 의미화되고 연상에 의해 형성되고 각인되는 것이다(김경호, 2012).

누군가를 머릿속에 떠올리며 이미지를 그려보자. 상대의 어떤것들이 떠오르는가? 이름, 얼굴생김새, 특유의 얼굴 표정, 목소리, 말투, 옷차림, 성격, 태도 등 심지어 성격까

■ 이미지의 구분

구분	요소	특징
내적 이미지	• 가치관, 신념, 지적수준 • 상대에 대한 배려심 • 신뢰감, 겸손함, 책임감 • 일에 대한 성실함 • 타고난 천성, 기질	• 은연중에 표출됨 오랜 기간에 걸쳐 형성 유지, 변화됨 • 개인의 내면 깊이 있는 의식과 정서
외적 이미지	• 호감가는 얼굴표정, 생김 • 건강하고 당당한 체형 • 깨끗하고 산뜻한 옷차림 • 반듯한 자세, 태도, 행동 • 목소리, 억양, 말투	• 겉모습/ 직접적으로 전달 • 내면의 본질이 종합적으로 외부로 표현, 총체적 외모
사회적 이미지	• 역할, 경제력, 사회문화 • 유머, 의사소통 수준 • 직장예절, 공공질서 • 매너, 에티켓 • 대인관계, 사회적 관계	• 대인관계능력, 정서적/물리적 교류 • 사회적 역량

이미지(Image)는 다음과 같이 세 가지로 구분할 수 있다.

첫째, 내적 이미지(Internal Image)이다.

내적 이미지(Internal Image)는 인간의 심리적 · 정신적 · 정서적 특성 등이 고유하고 독특하게 형성되어 있는 상태로서 신념, 생각, 습관, 욕구, 감정 등이 유기적인 결합체를 의미하므로 한사람의 이미지를 구축하고 형성하는 근간이며 본질이라 할 수 있다(김경호, 2012).

개인의 내면 깊은 곳에 형성되어 있는 의식과 정서를 포함하며 외모만큼이나 잘 가꾸어야 하는 것은 내면적인 가치이다. 따라서 내면의 깊은 생각과 마음가짐은 상대방에게 편안하고 기분 좋은 느낌을 줄 수 있다.

둘째, 외적 이미지(External Image)이다.

외적 이미지(External Image)는 내면의 본질이 종합적으로 외부로 표현되어 나타나는 이미지를 의미한다. 즉 내적 이미지가 외모, 언행, 자세, 표정 등 행동을 통해 외부로 표현되는 것으로 내적, 외적 이미지는 상호작용에 의해 표출된다. 외적 이미지는 자신의 직업과 역할에 따라 각각 다르게 표현되므로 대상에 따라 총체적 외모에 대한 객관적 전략이 필요하다고 할 수 있다.

셋째, 사회적 이미지(Social Image)이다.

사회적 이미지(Social Image)는 직업과 사회, 문화 등에 의한 사회적 환경요인과, 대화수준, 유머 및 의사소통 수준 등의 커뮤니케이션요인, 그리고 예절과 배려, 질서 등의 매너와 에티켓요인, 마지막으로 인맥과 신뢰도, 호감도, 친밀성 등의 대인관계 수준요인에 의해 형성된다(송은영, 2009). 사회적 이미지는 사회적 본질과 현상이 사회적 대인관계에서 상대적 교류를 통해 나타나고 형성되는 관계적인 이미지를 의미한다(김경호, 2012).

3) 이미지 형성 요소

이미지 형성요소(Imagebuilding factors)는 겉으로 나타나는 개인의 외모, 표정, 태도, 행동, 말씨 등이 그 사람의 심성, 생각, 습관, 욕구, 감정에 귀인(attribution)하여 표출된다. 이미지 형성요소는 다음과 같다.

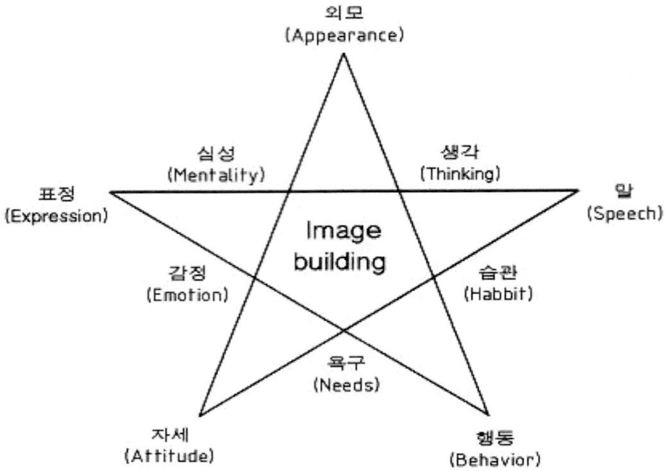

■ **이미지 형성요소(Image building factors)**

출처: 김경호, 이미지메이킹의 개념정립과 프로그램 효과성 분석 연구, 2004, p.18.

이미지 형성요소의 첫 번째, 사람의 외모(appearance)는 그 사람의 심성과 생각이 작용하고, 감정과 습관이 영향을 주며, 자세와 행동이 수반되고 표정과 말이 관여한다. 내면의 욕구는 여러 조건과 종합적인 요인에 의해 형성되어 현재의 모습으로 외부에 표출되는 것이다.

두 번째, 표정(expression)은 그 사람의 심성과 감정에 의해서 작용하며, 생각과 욕구가 영향을 주며 말과 행동이 수반되고 외모와 자세가 관여한다. 그 속에는 사람의 습관이 잠재되어 종합적인 요인에 의해 외부로 표출되는데, 표정은 그 사람의 마음의 창구라는 표현처럼 기본적인 심성과 상황에 따른 감정에 의해서 표정이 연출된다.

세 번째, 자세(attitude)는 그 사람의 감정과 욕구에 의해서 작용하고 심성과 습관이 영향을 주며, 외모와 말이 수반되고, 표정과 행동이 관여한다. 자세는 생각이 잠재되어 현재의 감정 상태에 따라 자세가 달라지고 욕구성향에 따라서 태도가 다르게 나타난다.

네 번째, 행동(behavior)은 욕구와 습관에 의해서 작용하고 감정과 생각이 영향을 주며 표정과 외모가 수반되고 말과 자세가 관여한다. 행동은 평상시에 무엇을 추구하고 있느냐와 오랜 습관에 의해서 그 사람의 행동이 나타난다.

다섯째, 말(speech)은 그 사람의 생각과 습관에 의해서 작용하고 심성과 욕구가 영향을 주며 표정과 자세가 수반되고 외모와 행동이 관여한다. 말은 독특한 생각이 습관을 만들고 습관은 사고(思考)에 상호보완 작용을 하여 말로 표현된다(김경호, 2004, 재인용).

이미지 형성은 인간의 본질인 내적 요소와 신체적인 외적 요소, 인간관계의 사회적인 요소 등 다양한 요소들이 복합적으로 작용하여 이미지를 형성하게 되는 것이다.

2 첫인상과 관련된 효과

첫인상은 사회적 관계에서 개인에 대한 주관적인 정보이자 인간관계의 출발점이며 상호작용의 결정요인이 될 수 있다.

첫인상은 상당히 강력한 영향을 가져 이후의 대인관계에서 좋은 역할로 작용하기도 하지만, 때론 부정적으로 작용하기도 한다.

상대방에게 선하고 좋은 영향을 준 경우라면 상관이 없겠지만 그 반대의 경우라면 자신의 진심이나 능력을 통해 긍정적인 모습을 보여주기 위해 많은 시간과 노력을 기울여야 할 것이다.

따라서 타인에게 보이는 인상형성과 영향요인 및 정보처리 방식을 이해하는 것은 매우 중요하다고 할 수 있다.

첫인상이 중요한 이유는 한번 잘못된 이미지가 형성되면 상대방의 기억 속에 오랫동안 각인되어 회복되기 어렵기 때문이다(김경호, 2012).

사회심리학자들은 오래전부터 사람들이 타인과 세상에 대해 어떻게 생각하는지에 대한 사회 인지(social cognition)를 연구했다. 그중에서도 특히 낯선 사람을 처음 만날 때 외모, 태도, 분위기 등의 한정된 정보로 형성되는 상대방에 대한 느낌 즉, 인상 형성(impression formation)에 대한 연구결과는 우리의 삶에 매우 직접적인 영향을 미치고 있다. 특히, 이미 형성된 인상에 대한 평가는 후에 추가적인 정보에 따라 변경될 수 있지만, 첫인상은 매우 오래간다는 특징이 있어 인간관계에 큰 영향을 끼친다.

상대방에 대한 사전정보 없이 만나는 일시적 만남이나 인간관계가 증가하는 글로벌 시대에는 순간적인 판단을 통해 자신의 이미지가 결정되므로 호감가는 첫인상 형성은 매우 중요한 일일 것이다.

첫인상이 형성될 때 다양한 요소들이 영향을 미치겠지만 첫인상 형성에 영향을 미치는 세 가지 효과에 대해 알아보자.

1) 초두효과(Primary effect)

초두효과는 처음 입력된 정보가 나중에 습득하는 정보보다 더 강한 영향력을 발휘한다는 것으로 만남에서 첫인상이 중요함을 강조하는 이론이다. 미국 다트머스대의 심리 · 뇌 과학자인 폴 왈렌 교수의 연구에 따르면 뇌의 편도체는 0.017초라는 짧은 순간에 상대방에 대한 호감과 신뢰 여부를 판단한다고 한다.

처음 들어온 정보가 나중의 정보보다 더 큰 영향을 미치므로 첫 만남에서 긍정적인 이미지가 무엇보다 중요하다고 할 수 있다.

먼저 제시된 정보가 나중에 알게 된 정보보다 강한 영향을 미치는 현상을 '초두효과(Primary effect)'라 하며 미국의 사회심리학자 솔로몬 애쉬(Solomon Asch, 1946)는 초두효과를 설명하기 위해 다음과 같은 실험을 하였다.

A와 B에 대한 성격에 관련된 단어를 제시하고 참가자들이 어떻게 느끼는지 반응을 보는 실험이다.

- A: 지적이다. 근면하다. 충동적이다. 비판적이다. 고집이 세다. 질투심이 많다.
- B: 질투심이 많다. 고집이 세다. 비판적이다. 충동적이다. 근면하다. 지적이다.

실험 결과 참가자들은 A에 대해 호감과 긍정적 반응을 보였다. A와 B는 같은 내용이고 말의 순서만 바꾸었을 뿐인데 순서가 호감도를 결정해 버린 것이다.

A에게는 '지적이다', '근면하다'라는 긍정적인 말이 초두효과를 일으켰고, B에게는 '질투심이 많다', '고집이 세다'라는 부정적인 말이 초두효과를 일으킨 것이다.

실제로 이 두 항목을 따로 떼어 놓고 사람들에게 보여준 뒤 두 사람의 성격에 대해 점수를 매기게 한 결과 B보다 A쪽의 평균 점수가 훨씬 높았다. 그 이유는 가장 맨 처음 제시된 정보(이미지)가 우리의 판단에 강력한 영향력을 미치기 때문이다.

솔로몬 에쉬(S. Asch, 1946)의 실험을 근거로 초두효과는 앞에 제시되는 정보에 의해 형성된 인상이 이후 판단의 근거가 되어 다음 인상 형성과정에 영향을 미친다는 연구 결과로 인간관계에서 첫인상의 중요함을 알 수 있다.

초두현상이 나타나는 이유는 우리의 뇌가 보고 듣는 정보를 본능적으로 일관성있게 받아들이려 하기 때문이다. 처음에 입력된 정보가 긍정적인 것이면 나중에 입력된 정보도 일관성있게 긍정적으로 받아들이고, 반대로 처음에 입력된 정보가 부정적인 것이면 나중에 입력된 정보도 부정적으로 받아들인다는 것이다.

초두현상이 인간관계에서 큰 영향을 미치는 이유가 바로 첫인상 때문인데, 첫인상이 한번 잘못 인식되면 상대방의 기억속에 오랫동안 각인되어 회복이 어렵기 때문이다.

사람들은 서로 처음 만날 때의 든 느낌과 기분으로 사람을 판단하고 앞으로의 만남에 영향을 미치고 태도를 결정한다.

사람들은 3~4초라는 짧은 시간에 호감, 비호감으로 상대방을 판단한다고 한다. 즉, 이미지는 3~4초 안에 첫인상이 결정되므로 첫인상을 어떻게 보여주느냐에 따라 자신의 이미지가 좌우된다고 할 수 있다.

첫인상 형성에 영향을 미치는 요인은 연령, 성(性), 체격, 용모, 피부색 등과 같은 육체적 특성과 사고력, 판단력, 창의력, 의사소통 능력 등과 같은 지적능력 그리고 수용성, 신뢰성, 사회성 등과 같은 성격적(personality)특성들도 있지만 첫인상은 거의 시각적인 정보를 근거로 결정된다고 한다(정영희, 2008).

시각적으로 보여지는 외적인 용모는 첫인상을 결정하는 '초두효과'에 영향을 미치는데, 이것을 '첫인상 효과'라고 한다. 첫인상 효과를 좋게 하려고 외적인 용모를 꾸며서 불특정 다수나 특정인에게 표현한다. 즉 의복, 헤어스타일, 장신구, 가방 등 여러 가지를 이용하여 첫인상 효과를 높이려 한다. 첫인상에서 상대방에게 호감가는 이미지를 주는 것은 인간관계에 긍정적인 영향을 미친다고 할 수 있다.

2) 부정성 효과(Negativity Effect)

사람들은 어떤 사람의 인상을 평가할 때 대개는 긍정적으로 평가하려고 한다. 그럼에도 불구하고 사람들은 어떤 부정적인 정보가 나타나면 다른 긍정적인 정보보다 부정적인 것에 더 비중을 두고 인상을 평가한다. 보편적으로 사람들이 부정적인 것에 민감하게 반응하고 영향을 많이 받는 특성이라 할 수 있다.

'부정성 효과(negativity effect)'란, 사회심리학의 대인지각 (Person Perception)에 관한 연구로 사람들이 타인에 대한 첫인상을 형성할 때, 동일한 조건이라면 부정적인 특성들이 긍정적인 특성들보다 첫인상 형성에 더 많은 영향을 미친다는 것이다. 이런

현상을 '부정성 효과(negativity effect)'라고 한다.

부정성 효과(negativity effect)는 상대를 볼 때 그 사람의 긍정적인 특성과 부정적인 특성이 똑같을 때, 그 사람에 대한 평가가 중립적이기보다는 부정적인 특성에 더 많은 영향을 미쳐 형성되는 효과를 의미한다.

즉, 타인에 대한 판단과정에서 사람들은 부정적인 정보에 민감하고 특별한 주의를 기울이며(Fiske, 1980; Pratto & John, 1991), 부정적인 정보에 보다 많은 가중치를 두는 경향이 있다는 것이다(Anderson, 1965; Talyor, 1991, 윤소연 외, 2004. 재인용)

임상심리학자인 엘리자베스 루카스(Elisabeth Lukas)박사는 '딸기실험'을 통해 부정성 이론을 연구하였다.

아이들에게 15%가량의 상한 딸기가 섞여 있는 두 개의 바구니를 두 그룹에 나누어 주고 한 그룹에는 상한 딸기를, 다른 한 그룹에는 싱싱한 딸기를 고르게 한 후 싱싱한 딸기의 양을 측정했다.

싱싱한 딸기를 골라낸 그룹은 거의 정확한 답을 내놓았지만, 상한 딸기를 골라낸 그룹은 싱싱한 딸기의 양이 실제보다 훨씬 적다고 대답했다. 상한딸기는 15%밖에 안되는데 아이들은 50%이상을 상한 딸기로 골라냈다.

성인들을 상대로 한 실험에서도 그 결과는 다르지 않았다.

즉, 긍정적인 특성과 부정적인 특성이 똑같을 때, 그 딸기에 대한 평가가 중립적이기보다는 부정적인 특성의 이미지가 더 많은 영향을 미쳐 부정성 효과(negativity effect)가 나타남을 의미한다.

최초의 이론적 정의는 '사람의 인상'에 한정하고 있었지만, 여러학자들의 연구결과 제품이나 기업 이미지, 뉴스 기사 등에서도 부정적인 정보가 긍정적인 정보보다 더 큰 영향을 미치는 것으로 나타났다(홍종희, 2017)[1].

부정성 효과의 대표적인 예는 좋은 소문보다 안 좋은 소문이 더 빠르게 전파되는

1) https://www.lawtimes.co.kr 부정성 효과 법률신문

현상이다. 부정적인 뉴스에 훨씬 예민하게 반응하는데, 연예인들이나 정치인을 비롯한 유명인들이 평가로 인해 심리적으로 고통받는 이유 중 하나라고 할 수 있다.

자신이 긍정적인 정보와 부정적인 정보가 동일한 양과 강도를 가지고 있을 때, 사람들이 긍정적인 특성보다 부정적인 특성에 가중치를 두고 여러분을 평가해 부정성 효과(negativity effect)를 경험한다면 어떤가요? 부정적인 이미지를 줄이고 보다 긍정적인 첫인상을 위해 노력하지 않을까요?

3) 인지적 구두쇠 효과

인지적 구두쇠란 어떠한 대상을 판단하는데 있어 최소한의 노력으로 신속하게 대상의 좋고 나쁨을 판단하려고 하는 인간의 습성을 의미한다.

인간은 살아가면서 수많은 판단을 해야만 하는데 비합리적이고 비이성적인 인간의 습성으로부터 영향을 받는다고 한다.

인지적 구두쇠 효과는 판단할 때 합리적인 사고과정을 거치지 않고 단편적인 정보만으로 대상의 옳고 그름을 평가해버리는 습성으로 판단의 지름길을 선택한다는 것이다.

인간이 살아가면서 판단해야만 하는 수 많은 대상들을 모두 합리적인 사고방식으로 판단하기에는 엄청난 시간과 노력이 필요하다. 따라서 자극에 노출되면 어떠한 결론이든 판단을 해야 하는 상황에서 최소한의 노력으로 대상을 판단하려는 인간의 습성이다. 후광효과도 이러한 인지적 구두쇠적인 습성에서 오는 현상이라 할 수 있다.

인지적 구두쇠의 습성으로 쉽게 판단하여 형성된 생각일수록 변하지 않는 경향이 있는데, 인지적 구두쇠의 습성은 고정관념이나 편견으로 표현되기도 하며 이러한 생각은 시간이 지날수록 견고해지는 경향이 있다.

이렇게 최소한의 합리성을 추구하는 경향과 관련하여 심리학자 수전 피스크(Susan T. Fiske)와 셸리 테일러(Shelley E. Taylor,)는 '인지적 구두쇠(Cognitive Miser)'라는 용어를 사용하게 되었다. 이것은 인간이 인지적으로 많은 자원을 소비하면서도 어떤 생각을 깊게 하는 것 자체를 싫어하는 경향을 뜻하는데 고정관념이나 편견은 인지적 구두쇠 이론의 대표적인 예라 할 수 있다(강준만, 2015).

인간의 선택적 지각과 같은 현상으로 자신의 기존 생각에 반대되는 의견은 무시하고 기존의 내 생각과 일치하는 의견만 선택적으로 받아들이는 습성으로 인해, 시간이 지날수록 자신의 판단에 대한 의견이 강해져 고정관념이 되는 것이라 할 수 있다.

사람들은 상대방을 판단할 때 장시간 관찰하거나 노력하여 판단하지 않는다. 이러한 인지적 구두쇠효과로 인하여 좋은 진면모를 보여주기 위해서는 최소한 60번의 만남 또는 40시간 이상 노력이 필요하다고 한다.

짧은시간에 단편적인 정보만으로 평가된 자신의 이미지를 바꾸기 위해 많은 시간과 노력을 들이지 않으려면 첫인상이 중요하지 않을 수 없다. 호감가는 이미지의 첫인상을 형성하려면 자신에 대한 이미지 메이킹이 필요하다.

3 이미지 메이킹(Image Making)

과거에 비해 오늘날 외모가 사람을 판단하는 기준이 되는 현대사회의 구조적 변화로 인해 사람의 이미지는 매스컴에 의해 생산, 유행 되어가고 있다고 할 수 있다.

문화적 가치, 미의 표준화, 상업화로 인한 문화 산업품들은 기존에 사회적으로 형성된 '객관적 기준'을 선택적으로 확대, 새로운 이미지로 창조하여 일반화에 기여하고 있다.

이와같이 대중매체를 통해 홍보되고 있는 모든 광고나 방송을 통해 정상적인 이미지

기준들은 사회의 전반적인 합리화 과정에서 '비교'라는 과정을 통해 끊임없이 개인들이 자신의 외모에 대한 인식을 강화, 재고하게 한다.

이미지(Image)의 사전적 의미는 시각적 인상이나 외모로써 그 사람의 행동이나 말씨, 분위기 등 전체적인 추상적 감정을 뜻한다.

이미지메이킹(Image Making)이란 자신이 추구하는 목표를 달성하기 위해 자기 이미지를 통합적으로 관리, 개선하는 행위라고 할 수 있다.

내면의 가치와 잠재된 역량을 타인에게 효과적으로 전달하기 위해 자신을 관리하고 개선하는 것으로 자기 향상을 위한 개인의 노력을 통칭하는 것이다. 즉, 상황에 맞는 최적의 이미지메이킹을 목표로 개개인의 내적요소, 외적요소, 사회적요소를 통합하여 추구하는 자기다운 이미지를 만드는 것이라고 할 수 있다.

본인의 이미지는 자신이 판단하는 것이 아니라 상대방에 의해 평가되는 것이므로 타인에게 어떻게 비춰지는가를 객관적으로 알 필요가 있다.

사람들은 그저 외형적으로 보고 느끼는 것을 기준으로 판단하며, 굳이 많은 시간과 노력을 들여가면서까지 상대를 깊이 이해하고 판단하려 하지 않는다.

그러므로 자신을 좋게 보이고 싶다면 자신에게 적합한 이미지를 만들어서 적절히 표현할 줄 알아야 하며, 호감가는 이미지를 연출할 수 있도록 이미지를 잘 활용하고 유리하게 이용하는 사람만이 이미지 게임에서 살아남을 수 있다(김은경, 2002).

이미지 메이킹(Image Making)이 중요한 이유는 인간관계와 밀접한 관련이 있는데 함께 더불어 살아가는 인간관계를 속에서 개인의 삶의 질에 영향을 주기 때문이다. 호감가는 자신의 이미지를 만들고 자기표현의 능력을 높이기 위해서는 이미지메이킹 연습이 필요하다.

1) 이미지 메이킹 유형

외모를 개선 시켜 내면의 자신감을 이끌어 내는 이미지 메이킹은 크게 세 가지 유형으로 구분할 수 있다.

첫째는 내가 나 자신에 대해 갖는 이미지로 주관적인 이미지의 실상과 허상을 발견해 자신의 정체성(자아상)을 확립하는 것이다. 누구나 자신만의 개성과 가치를 지니기 때문에 우월하거나 열등하다고 평가할 수 없다. 자신이 누구인지를 명확히 알고 자기다운 정체성을 발견함으로써 자신의 부정적 이미지를 줄이도록 해야 한다.

둘째, 다른 사람이 나에 대해 갖는 객관적 이미지로 자신의 의사와 무관하게 다른 사람들이 나를 보고 느끼며 판단한 결과로 큰 오해가 발생하기도 한다. 자신에 대한 진가를 오해 없이 전달하고 정확히 알려고 하는 객관성을 확보해야 한다.

주관적 이미지와 객관적 이미지의 차이를 제거 또는 축소시킴으로써 인간관계에서 빚어지기 쉬운 오해와 편견을 줄이고 부정적 이미지를 예방할 수 있다.

셋째, 이미지 메이킹은 자신이 추구하는 목표에 도달할 수 있도록 현실적인 이미지를 이상적인 이미지 상태로 끌어 올려 일치시키는 일이다.

즉, 자신의 특성과 진가를 드러내어 가치를 높여 이상적 자아상을 구축하는 것으로써 개인의 자기실현을 이루는 일이라고 할 수 있다.

2) 호감가는 이미지와 대인관계

호감가는 이미지 연출 방안으로 자기 자신에 대한 사랑, 표현하는 용기와 자신감, 얼굴형, 피부색에 맞는 메이크업과 헤어스타일, 체형에 어울리는 패션 등 다양한 방법으로 연출한다.

호감가는 표정은 인간관계 형성에 필수적 요소라고 할 수 있다. 거울을 보고 자주

미소를 지어보는 연습과 더불어 상대에게 호감을 줄 수 있는 미소가 담긴 따뜻한 표정을 연습하는 것이 필요하다. 외모에 대한 자신감이 아닌 표정에 대한 자신감은 누구나 할 수 있는 일이므로 호감가는 이미지를 연출해 본다.

용모와 복장은 첫인상을 좌우하므로 시간(Time), 계절에 적합한 의복인가, 해당 장소(Place)에 적합한 의복인가, 상황(Occasion)에 어울리는 의복인가를 고려하여 자기 연출을 해야 한다.

호감가는 이미지를 연출하기 위해 자신에 대한 사랑과 자기 자신을 믿는 마음이 선행되어야 하며 자신에 대한 긍정적인 생각은 자아존중감으로 자신을 보호할 수 있다.

자아존중감은 학업 성적, 리더십, 위기극복 능력, 대인관계 등 삶의 많은 영역에 영향을 미치며 자아존중감이 높은 사람은 대인관계 수준이 높은 것으로 연구되었고 특히 외모의 변화가 대인관계 수준 변화에 영향을 미친다고 한다(박지연, 2008).

이미지메이킹은 자신을 존중하고 사랑하는 긍정적인 자존감을 형성할 수 있으며 이는 대인관계에 긍정적 영향을 미친다. 그러므로 호감가는 이미지 연출을 위해 이미지 메이킹을 할 필요가 있다.

■ 이미지는 만들어지는 것!!!

미소는 다양한 사람들과 원활한 소통을 위한 자질, 매너이다.
맥도널드사는 러시아에 맥도널드를 오픈할 때 미소를 잘 짓는 직원을 배치하기 위해 6개월간 맥도널드 대학에서 '미소훈련'을 시킨 뒤 근무시키기도 했다. 전 세계 어디서나 신속하고 친절한 맥도널드의 미소 이미지를 만들어 긍정적인 기업이미지 창출에 성공 하였다.
우리의 이미지는 태어나는 순간부터 삶의 한 부분이 되며 경험이나 학습을 통해 향상되어 진다. 자신이 원하는 이미지를 창출함으로써 보다 성공적인 삶을 기대해 보자.

■ 호감가는 이미지 연출을 위한 뒤센미소!!!

뒤센미소란? 19세기 프랑스 신경생리학자 기욤 뒤센(G. Duchenne)은 저서 '표정의 문법'에서 진짜 미소와 가짜 미소의 경우 움직이는 얼굴 근육이 다르다는 것을 밝혀냈다. 미소는 친근감과 신뢰감을 판단하는데 큰 영향을 끼친다고 한다. 뒤센은 사람이 환하게 웃으면 큰 광대근이 수축하면서 의지와 관계없이 움직이며 눈가에 까치발 모양의 주름이 만들어짐을 발견했다.
그는 입꼬리를 올리는 단순한 미소가 아니라 진심으로 웃을때 눈 둘레근을 수축시키며 활짝 웃게 되는데 이 근육은 눈을 바퀴처럼 둘러싸고 있어서 안륜근이라고도 하며, 진정한 기쁨의 감정일때 만들어지는데 이것을 듀센 미소(Duchenne Smile)라 한다.
또한 UC 버클리대 심리학과 대커 겔트너 교수가 30년간 연구한 실험에서 1960년 캘리포니아 여자대학생 졸업 사진에서 뒤센 미소를 지은 141명 여대생들을 조사한 결과 이들은 대부분 30년 동안 행복한 결혼생활을 했고, 건강도 좋았다는 연구결과를 밝혔다.
뒤센미소는 진짜 행복하고 기쁠 때 짓는 미소 ~

첫인상에서 가장 중요한 부분은? 얼굴표정 ... 웃는 연습이 필요해요~~

3) 성공적인 이미지 메이킹의 5단계

① 자신을 파악하라. (Know Yourself)

- 성공적인 이미지 메이킹의 첫 번째는 자신에 대해 정확이 아는 것이다. 자신이 어떤 사람인지, 어떤 장단점이 있는지, 자신을 객관적인 입장에서 판단하는 것이 필요하다.
- 자신만의 강점과 장점에 집중하여 차별화된 이미지를 만들도록 자신을 객관화하여 파악하는 것이 중요하다.

② 자신을 개발하라. (Develop Yourself)

- 자신이 원하는 이미지와 현재 나의 이미지 사이에 차이가 있을 수 있다. 자신의 장점은 계발하여 강화하고 단점은 보완, 자신에게 부족한 면을 채워나가는 노력이 필요하다.
- 내적 이미지, 외적 이미지, 사회적 이미지를 균형 있게 계발하여 상대방이 긍정적 관심을 가지도록 해야 한다.

③ 자신을 포장하라. (Package Yourself)

- 자신의 외모를 잘 가꾸는 것은 적어도 자신의 진가가 평가절하되지 않도록 하는 것이다.
- 자신의 내적 · 외적 이미지를 목적에 맞게 연출하는 단계로 상품의 포장에 따라 상품에 대한 가치가 좌우될 수 있기 때문이다.
- 자신만의 특성, 개성을 개발했다면 내적인 교양, 지식, 품위와 외적인 언어, 복장, 행동 등 외모를 돋보이게 포장해야 한다.
- 자신만의 긍정적인 이미지가 형성되도록 오랜시간에 걸쳐 습관화하는 노력과 훈련이 필요하다.

④ 자신을 마케팅하라. (Market Yourself)

- 자신의 존재를 알리고 표현하는 단계로, 장점을 나타낼 수 있는 기회로써 자신의 가치를 높인다.
- 철저한 자기관리로 차별화되고 경쟁력 있는 자기 자신을 주변에 알린다.
- 첫 만남에서 자신을 구매할 수 있도록 자신의 이미지를 자신있고 당당하게 보여주며 이미지 형성요소를 적절히 사용한다.

⑤ 자신만의 본모습을 만들어가라. (Be Yourself)

- 가식 없는 진실한 마음을 전달하는 단계로 타인을 대할 때 진솔하고 진정성 있는 자세는 신뢰감이 형성되어 좋은 이미지로 원만한 대인관계를 형성할 수 있다.
- 나다움을 찾고 계발하기 위해 노력하며, 자신의 내면적 가치와 능력으로 조화로운 인간관계를 유지한다.

CHAPTER

04

행동 및 인사매너(manner)

학 · 습 · 목 · 표

- 바른 몸가짐과 바른 마음가짐의 필요성을 이해하고 중요하게 생각할 수 있다.
- 구용구사(九容九思)를 설명할 수 있다.
- 바른 인사법을 통해 행동의 기본이며 교양의 척도가 되는 인사매너를 습득하고 인사습관을 점검한다.
- 인사예절의 형식과 방법을 숙지하고 T · P · O 맞는 인사와 바른 악수를 할 수 있다.
- 우리나라 전통인사인 절의 종류와 배례법을 익히고 글로벌 인사매너를 이해한다.

MEMO

1 바른 몸가짐, 마음가짐 – 구용구사(九容九思)

동양의 고전 『소학(小學)』과 율곡 이이의 『격몽요결(擊蒙要訣, 1578)』에서는 " 마땅히 자기 몸을 바르게 해서 속과 겉이 한결같아 어두운 곳에 처해서도 밝은 곳에 있는것 같이 하고, 혼자 있어도 여러 사람이 있는것 같이해야 한다"고 가르쳤다.

이 외에도 명심보감, 효경, 동몽선습 등 바른 몸가짐과 마음가짐의 품성을 위한 많은 훈육서들이 있다.

단정하고 바른 몸가짐, 마음가짐은 그 사람의 인격의 표현이며, 예절(禮節)의 근본이 되므로 행동예절은 모든 행동의 기본이며 교양의 척도가 될 수 있다.

어린시절부터 형성된 습관이나 경험들은 그것이 점차 습성으로 자리 잡아, 그 사람의 성격을 형성하여 품성, 인성이 되고 성장하여 성인이 된 후에는 이성적인 판단과 선택에까지 영향을 미치게 된다.

바른 몸가짐, 마음가짐을 어릴 때부터 반복적으로 학습하고 익히는 것은 비록 안좋은 상황에 부딪쳐도 크게 동요하지 않고 적절한 대처능력이 생길 수 있다는 의미이기도 하다.

이러한 품성과 인성은 환경이나 생활습관, 교육 여건에 따라 차이가 나므로 훈습된 교육이 필요하다.

글로벌 시대는 남과 경쟁에서 이기는 것이 목적이 아니라 더불어 살아가는 능력이 필요한 시대이므로 지식보다 먼저 바른 몸가짐, 마음가짐을 위한 인성교육과 실천이 필요하다고 본다.

우리나라 역사에서 위대한 인물들은 대부분 소학(小學)을 몸소 실천해 성공한 사람들이라 할 수 있다. 조선전기 성리학자 김굉필 선생은 평생『소학(小學)』을 옆에 두고 실천하여 '소학동자'라는 별명을 갖기도 했다(김미라, 2018).

『소학(小學)』에서는 오륜, 즉 사람이 지켜야 할 다섯 가지 도리를 기초로 하여 효행, 군신, 부부, 장유, 붕우를 가르쳤다.

오륜이란, 부자는 친함이 있어야 하고, 군신은 의리가 있어야 하며, 부부는 분별이 있어야 하고, 장유는 서열이 있어야 하며, 붕우는 신의가 있어야 한다는 것으로,『중용』에서도 군신 · 부자 · 부부 · 곤제 · 붕우의 다섯 가지로 인간관계를 내세우며, 오륜이 인간의 가장 기본적인 윤리 규범임을 천명하고 있다(종교학대사전, 1998)[1].

또한 조선시대에는《사자소학》을 통해 인성교육의 8대 덕목인 예절, 효도, 정직, 책임, 존중, 배려, 소통, 협동을 체계적으로 가르치며, 인간이 인간으로서 가져야 하는 마음가짐과 몸가짐을 몸소 실천해야 함을 강조하였다(김미라, 2018).

구용구사(九容九思)는 논어-제16계씨편(第十六季氏篇)에 수록된 것으로 공자가 군자로써 지켜야 할 9가지 바른 몸가짐과 바른 마음가짐을 다룬 훈육서이다. 행동예절에 대한 선조들의 지혜와 가르침을 익혀보자.

생각해보기

• 가장 몸가짐이 바른 사람을 추천해 보자. 그 이유는?

1) 네이버 지식백과 https://terms.naver.com 종교학대사전

1) 구용(九容) – 9가지 바른 몸가짐

구용(九容)–바른 몸가짐		
1	두용직(頭容直)	머리는 곧고 바르게 의젓한 자세를 갖는다. 몸을 비틀거나 자세를 흐트러지지 않게 한다.
2	색용장(色容莊)	얼굴 표정은 항상 건강하고 생기가 있으며 온화하게 한다.
3	목용단(目容端)	눈은 단정하고 곱게 떠서 정면을 본다. 곁눈질 하거나 치뜨거나 남을 노려보는 것은 단정치 못하다.
4	구용지(口容止)	입은 조용히 다물어야 한다. 해야 할 말만 조용히 하고 그렇지 않은 때는 조용히 입을 다문다.
5	성용정(聲容靜)	목소리는 나직하고 조용히 한다. 성낸 소리, 거친 소리, 고함소리는 듣는 사람이 불안하고 교양 없어 보인다.
6	수용공(手容恭)	두 손을 모아 공손하게 공수 한다. 공연히 손장난을 치거나 불필요한 손놀림을 하는 것은 집중력이 산만해진다.
7	기용숙(氣容肅)	호흡은 조용히 고르게 하고 안색은 평온하게 한다. 전체의 몸가짐을 엄숙하게 한다.
8	입용덕(立容德)	서 있는 모습은 덕성스러워야 한다. 기대거나 삐뚤어지게 서있으면 교양 없어 보이므로 곧고 바르게 선다
9	족용중(足容重)	발을 옮겨 걸을 때는 무겁게(신중) 해야 한다. 어른의 앞을 지날 때라든가 어른의 명을 행할 때는 가볍고 민첩하게 해야 한다.

바른 몸가짐 즉, 구용(九容)은 바른 마음가짐에서 우러나오는 것으로 군자가 잠들기 전에 반성해야 할 9가지의 바른 마음가짐 즉, 구사(九思)를 통해 익히고 실천하도록 하였다.

2) 구사(九思) - 9가지 바른 마음가짐

구사(九思)-바른 마음가짐		
1	시사명(視思明)	눈으로 볼 때는 밝고 바르고 옳게 보아야겠다고 생각한다.
2	청사총(聽思聰)	귀로 들을 때에는 그 소리의 참뜻(진실)을 들어야겠다고 생각한다.
3	색사온(色思溫)	온화한 표정을 가져야겠다고 생각한다.
4	모사공(貌思恭)	몸가짐이나 옷차림은 공손해야겠다고 생각한다.
5	언사충(言思忠)	말 할 때는 참되고 진실해야겠다고 생각한다.
6	사사경(事思敬)	어른을 섬길 때나 일을 할때는 공경(공손)스럽게 할 것을 생각한다.
7	의사문(疑思問)	의심나는 것이 있으면 물어서 깨달아야겠다고 생각한다.
8	분사난(忿思難)	분하고 화나는 일이 있더라도 후에 있을 어려움을 생각한다.(자제심)
9	견득사의(見得思義)	자기에게 이로운 것이라도, 그것이 정당한 것인가를 먼저 생각한다.

예(禮)란 그 마음의 진실성에 있는 것이므로
예법(禮法)의 정신은 마음에 있는 것이다.

출처: 한국유학의 탐구, 금장태, 1999. 6. 10., 서울대학교 출판부

2 바른 자세

잘못된 자세는 신체적 건강뿐만 아니라 심리적 건강에도 부정적인 영향을 끼칠 가능성이 크다(장현정 외, 2014).

바른 자세를 살펴보고 자신의 자세와 비교해 보자.

신체	바른 자세
머리	• 머리는 옆으로 기울지 않고 곧고 바르게 든다.
눈	• 얼굴을 바로 들고 시선은 눈높이의 5~6cm 정도 앞을 바라본다.
턱, 입	• 입은 가볍게 다물고 부드러운 표정을 지으며, 턱을 들지 않도록 유의한다.
손	• 손은 옆이나 앞으로 자연스럽게 드리운다. • 자신도 편안하게, 보는 사람도 편안한 자세를 취한다. • 어른 앞에서 손은 허리 높이로 마주 잡는다. • 뒷짐지지 않는다.
등, 어깨, 허리, 무릎	• 등이 굽어지지 않도록 곧게 펴고 선다. • 어깨를 올리거나 기대어 서지 않는다. • 등과 어깨, 허리 무릎이 바르게 유지될 수 있도록 한다. • 지나치게 가슴을 펴고 뒤로 젖힌 듯한 자세를 취하지 않는다.
발	• 발 뒤꿈치를 모으고, 두발의 앞은 여성은 30도 정도, 남성은 45도 정도 벌리고, 두 다리를 곧게 펴고 붙인 상태에서 자연스럽게 선다.

자세가 올바른 사람은 자신감 있고 당당해 보인다. 허리와 어깨를 펴고 당당하게 걷는 모습을 보면 외모의 잘생김 여부와는 상관없이 자신감이 느껴지고 상대에 대한 신뢰감마저 생기게 된다.

바른 자세란 '최소의 스트레스와 긴장으로 최고의 신체 효율성이 가능한 자세'를 의미하며, 구체적으로 바른 자세는 다음과 같다(Kendall et al., 2005).

① 척추의 곡선이 정상적인 형태를 띤다.

② 하반신 골격은 체중을 지지할 수 있게 똑바로 정렬한다.

③ 골반은 복부와 상 · 하반신이 바르게 정렬될 수 있도록 중앙에 위치한다.

④ 가슴과 등은 호흡기관이 가장 잘 기능할 수 있는 위치에 있다.

⑤ 머리는 목 근육의 스트레스를 최소화할 수 있도록 똑바로 균형 잡힌 상태로 서 있어야 한다.

바른자세는 중력선(gravity line)을 기준으로 측정하는데 중력선이란 신체의 무게중심선으로, 모든 체중이 골고루 분산되고 각 관절이 안정적 위치에 있어 신체가 이론적 평형상태를 이루는 '가상의 선'을 말한다(Kendall et al., 2005).

바른 자세는 테스토스테론이라는 호르몬의 증가로 스트레스 감소를 가져오고 의욕저하나 무기력을 떨쳐내는 효과가 있으며 자신감 넘치는 활력을 갖게 할 수 있다.

사회심리학자인 '에이미 커디'는 자신감 있는 신체 자세는 긍정적인 호르몬(Testosterone)의 양적 변화를 일으킨다고 하였으며 이러한 바른 자세의 효과는 건강뿐 아니라 자신의 가치, 자신감을 높일 수 있는 좋은 수단이 될 수 있다고 한다.

1) 바른 자세의 요령

(1) 바르게 선 자세

척추는 옆에서 바라볼 때 'S'자 형태로 굽어져 있으며, 이를 척추의 만곡(curvatures of the vertebral column)이라 한다.

바르게 선 자세를 위해서는 먼저 편안하게 힘을 뺀 상태에서 양발에 체중을 균등하게 하고 똑바로 선다. 어깨는 골반 위에, 가슴과 치골은 일자로 나란히 놓이도록 한다.

가슴은 30도 정도 기울 때까지 위쪽으로 들어 올려 펴고, 어깨는 힘을 뺀 채 아래로 편안히 늘어뜨린다. 머리는 정수리가 천정을 향하도록 하고 턱은 들어 올리거나 아래로 쳐지지 않고 수평이 되도록 하며, 눈은 시선이 정면을 향하도록 한다(최우열, 2016).

(2) 바르게 앉은 자세

의자에 앉을 때에는 바르게 선 자세 그대로 앉는 느낌으로 상체 자세를 유지하며 앉는다. 엉덩이는 항상 의자 뒤에 닿도록 끝까지 밀어 넣고, 허리는 곧게 세워 요추의 곡선이 유지되도록 유의한다.

무릎 높이는 골반과 같거나 약간 낮게 하며 턱은 살짝 들어 아래로 쳐지지 않도록 하고 어깨의 힘은 빼고 편안한 느낌으로 등을 의자뒷받침에 살짝 기댄다(Kendall et al., 2005).

3 인사(人事)

1) 인사의 의미

예절은 사회질서를 유지 시켜 주고 생활의 기본으로서 상대방에 대한 이해, 존중심, 배려심, 사랑하는 마음 및 공경심을 행동으로 표현하는 도덕적 기능을 하며, 예절은 자기 자신의 양심과 도덕심에 의해 스스로 실천하고 지켜지는 가장 바람직한 규범이라 할 수 있다(김용숙, 2005).

이러한 예절을 가장 쉽고 빠르게 실천할 수 있는 것이 인사이며, 인사는 많은 생활예절 중에서도 가장 기본이 되는 예절이다.

올바른 예절이라면 형식, 정신이 함께 해야 진정한 예절의 표현이라고 말할 수 있는데, 인사는 마음과 말과 행동이 일치하여 상대방에게 공경의 뜻을 표현하는 방법이며, 사람으로서 마땅히 지켜야 할 도리이다.

즉 상대방을 존중하는 마음과 형식에 맞는 인사를 할 때 비로소 올바른 인사가 될 수 있다(양정운, 2003)

인사(人事)의 사전적인 의미는 '인사란 사람과 사람의 만남에서 이루어지는 여러가지 의례화된 언어 및 행동 규범'이다. 인사에는 주로 반가움과 고마움, 안부 묻기, 대화를 부드럽게 하는 등 여러 다종 다양한 기능이 있다.

이와같이 인사는 상대방에 대한 공경의 뜻을 나타내는 행동방식으로 인간관계를 설명해주는 기본적인 행동이라고 할 수 있다.

인사는 자기표현의 한 방법이며, 상대방 마음을 여는 열쇠가 되기도 하며 예절의 시작이라고 할 수 있다. 또한 인사를 통해 공경과 친애, 우정을 표현하며, 친절과 협조의 표시, 반가움의 표현, 상대방 존중의 표현, 인간교류의 방법 등 인사의 기능과 의미는 매우 크다(생활문화연구회, 2017).

인간관계에 있어서 가장 필수적인 것은 인사(人事)예절이 아닐까 싶다. 사람들은 만나면 서로의 안부를 묻는 인사로 시작으로 하여 헤어질 때도 인사로 마무리를 한다. 인사하는 태도에 따라 사람 됨됨이를 측정하기도 하고 인사를 잘 하는 사람들은 '인사성이 바르다', '가정교육을 잘 받았다'라는 등의 긍정적인 평가를 받기도 한다.

따라서, 인사는 '비용의 투자 없이 할 수 있는 인간관계의 가장 큰 투자'이며, 매너 있는 인사는 받는 사람도 기분이 좋아지고 하는 사람도 기분 좋은 일(유민임, 2013)로 긍정적인 상호작용이라 할 수 있다.

친절하고 품위 있는 인사매너는 상대방에게 존중과 반가움을 표현함으로써 자신의 인격과 품위를 나타낼 수 있으며 인간관계를 돈독하게 하여 대인관계의 성공 가능성을 높일 수 있다.

2) 바른 인사법

상대방으로부터 밝은 표정으로 인사를 받으면 하루종일 기분이 좋아진다. 그러나 그렇지 못한 경우에는 인사를 주고받는다 하더라도 기분이 언짢아지는 경우가 있다. 마음가짐에 따라 해석은 달라질 수 있겠지만, 일반적으로 인사를 잘 하기 위한 몇 가지 방법을 알고 몸에 익히면, 오해는 덜 생길 수 있다.

인간관계의 시작인 인사를 할 때, 격식을 갖추고 상황에 맞는 적절한 인사를 하는 인사매너 만으로도 자신의 능력을 평가를 받을 수 있다.

원만한 사회생활과 대인관계를 위해 자신을 표현하는 바른인사법을 익히고 실천해 보자.

(1) 인사의 바른 자세

① 시선:

- 상대방의 눈을 바라본다(eye contact).
- 고개를 숙인 상태에서는 아래를 본다.

② 어깨: 어깨에 힘을 빼고 자연스러운 느낌이 들도록 한다.

③ 머리, 등, 허리: 머리-등-허리가 일직선이 되도록 한다.

④ 손 자세

- 여성은 오른손을 위로 한 공수자세로 배꼽 위에 가볍게 올린다.
- 남성은 차렷자세로 바지 옆 재봉선에 손을 가볍게 댄다.

⑤ 발: 발 뒤꿈치를 붙이고 양발의 각도는 30°가 되도록 선다.

(시계 각도로 여성은 11시5분, 남성은 10시 10분)

⑥ 표정: 밝은 표정으로 가벼운 미소를 짓는다.

(2) 올바른 인사방법

① 상대를 향해 반가운 마음과 존경심을 갖는다.
② 인사는 누구든지 내가 먼저 한다.
③ 밝은 표정, 밝은 목소리로 인사한다.
④ 상대방을 향해 발을 모으고 바른 자세를 취한다.
⑤ 상대방과 시선을 맞추고(eye contact) 머리와 가슴, 등이 일직선이 되도록 반듯하게 허리를 굽혀 인사한다.
⑥ 머리, 등, 허리가 일직선이 되도록 숙인 상태에서 1~2초 멈추었다가 천천히 상체를 들어 올린다.
⑦ 인사 후 곧게 서서 상대방과 시선을 맞추며(eye contact) 미소 짓는다.
⑧ 인사를 받으면 반드시 답례 인사를 한다.
⑨ 목례, 평경례, 큰경례, 최경례를 상황에 맞게 인사한다.

(3) 주의해야 할 인사 매너

① 인사를 할지 말지 망설이다 하는 효과없는 인사
② 고개만 까닥하는 성의없는 인사
③ 무표정한 인사
④ 눈 마주침(eye contact)이 없는 인사
⑤ 말없이 행동만 하는 인사, 행동 없이 말 만하는 인사
⑥ 상대방 차림새에 따라 차별하는 인사, 과공비례 인사
⑦ 뛰어가면서 하는 예의 없는 인사 등등

3) T.P.O(Time, Place, Occasion)에 맞는 인사

바른 인사를 하기 위해서는 시간과 장소, 상황에 맞는 인사를 해야 한다. 즉, T.P.O(Time, Place, Occasion)에 적합한 목례, 평경례(보통례), 큰경례, 최경례 등을 상황에 맞게 구분하여 인사함으로써 세련된 매너를 가진 사람으로 자신을 돋보일 수 있다.

4) 인사의 종류

종류	상황	각도	속도
목례	• 가볍게 고개를 숙이는 인사법 • 복도나 길가, 전철, 자주 만날 때 • 엘리베이터나 좁은 공간에서 만났을 때 • 통화 중일 때, 동료, 친구, 후배를 만날 때	15도	3박자
평경례 (보통례)	• 바르게 선 자세에서 몸을 30도 숙였다 편다. • 평상시에 일반적인 인사를 할 때, 일상의 웃어른, 선생님, 상사 등을 만날 때	30도	4박자
큰 경례 (정중한 인사)	• 바르게 선 자세에서 몸을 45도 숙였다 편다. • 의식이나 행사 때(결혼, 사돈, 의례) • 정중함의표시, 감사의 표시 때(부모, 스승) • 손님이나 웃어른, 선배님	45도	8박자 (조금 길게)
최경례/ 의식경례	• 상체를 90도 숙인 상태에서 잠깐 멈추었다 상체를 일으킨다. • 가장 정중한 예, 제례의식, 맞절, 사죄할 때	90도	(잠깐 멈춤)

출처: 생활문화연구회, 2017.

생각해보기

1. 평소 자신의 인사법은 어떤가요?

2. 주변에서 경험한 잘못된 인사법은?

4 다양한 인사법

인사는 어느 나라든 같은 형식으로 적용되지 않으며, 생활방식과 사회문화적 환경에 따라 각각 다르다.

다양한 문화의 인사 관습은 수평적 방식과 수직적 방식으로 분류할 수 있는데, 수직적인 인사법은 신체의 일부분을 굽혀 몸을 낮추는 절과 같은 형태로 농경생활을 오래한 습성으로 서열과 권위를 중요시 해온 농경문화권의 인사방법이다(손일락, 2010).

수직적 인사는 상하관계가 설정되어 신분상의 격차, 권위를 나타내는 효과가 있으며 목례, 의식경례, 큰 경례, 평 경례, 반 경례, 거수경례, 절 등이 있다. 몸을 굽히는 정도에 따라 신분, 지위가 구분되는 인사법이다.

수평적 인사법은 악수, 포옹, 입맞춤, 윙크, 볼을 비비는 인사 등으로 주로 유목이나 수렵생활을 해온 서구인들에게서 흔히 볼 수 있는 인사방법으로 수평적 인사는 결속의 의미와 평등적 관계를 내포한다.

또한 서서하는 인사와 앉아서 하는 인사로 분류할 수 있는데, 서서하는 인사를 경례라 하며 실외에서 주로 한다.

서서하는 인사의 종류에는 악수, 목례, 거수경례, 의식경례, 큰경례, 평경례, 반경례, 읍례, 굴신례, 포옹이 있다.

앉아서 하는 인사를 배례, 즉 절이라 하며 주로 실내에서 하는 인사이다. 앉아서 하는 인사의 종류에는 오체투지, 큰절, 평절, 반절, 장궤합장, 호궤합장 등이 있다(김득중, 2008).

위와 같이 인사의 종류에는 악수, 목례, 의식경례, 큰경례, 평경례, 반경례, 거수경례, 읍례, 굴신례, 포옹, 입맞춤, 윙크, 볼을 비비는 인사, 오체투지, 큰절, 평절, 반절, 장궤합장, 호궤합장 등 매우 다양하다.

글로벌 시대에 일반적으로 활용하는 인사매너를 알아보자.

1) 악수(Shaking Hands)

악수는 전 세계의 보편적인 인사방법으로 가장 일반화된 비즈니스 매너라 할 수 있다. 악수는 서로 대등한 입장에서 감사와 우정(평화)을 표시하기 위하여 손을 마주 잡는 인사법이다.

악수의 유래는 분명하지 않으나, 남성들의 전유물로 싸우고 싶지 않은 상대를 만났을 때 우호적 관계를 위해 무기를 버리고 오른손을 내민데서 유래되었다고 한다.

또는 수백 년 전 잉글랜드에서 손에 무기가 없다는 것을 증명하기 위해 악수를 했다고도 한다. 과거에는 왼손 소매에 종종 무기를 숨겼기 때문에 왼손으로 악수를 했으나, 시간이 흐르면서 검을 잡는 오른손으로 바뀌었다는 유래도 있다.

악수의 현대적 의미는 두 사람이 나누는 공개적이고 안전한 인사방법으로 직접적인 접촉을 통해 믿음과 평등을 표현하며, 존경의 표시를 의미하기도 한다.

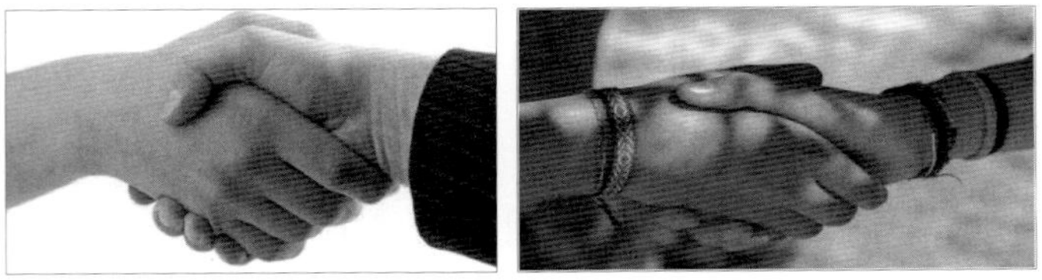

출처: 악수(1%를 위한 상식, 2014).[2]

2) 네이버 지식백과 https://terms.naver.com 악수

(1) 악수하는 순서

- 악수는 여자가 남자에게 청한다.
- 연장자가 연소자에게, 선배가 후배에게, 기혼자가 미혼자에게, 상급자가 하급자에게 악수를 청한다.
- 단, 국가원수, 성직자의 경우는 예외로 이들이 악수를 먼저 청하면 그에 응한다.

■ 올바른 악수의 방법

- 연장자, 상급자, 선배, 여자가 먼저 악수를 청한다.
- 남성은 악수를 청할 때 반드시 일어서야 하며 여성은 앉은 채로 악수를 받아도 무방하다.
- 차렷 자세에서 목을 곧게 하고 몸통을 바로 세워 오른쪽 팔꿈치를 직각으로 굽혀 수평이 되게 한다.
- 서로의 엄지와 엄지를 살며시 포갠 후 상대방 오른손을 살며시 마주 잡는다.
- 상대방 눈을 마주보고(eye contact), 손에 적당한 힘을 주어 2~3번 흔든다.
- 부드럽고 정겨운 인사말을 건넨다.

현대사회에는 공적인 공간에서 만날 때나 헤어질 때 주로 악수로 인사를 한다. 먼저 악수를 건네는 행동이 글로벌 매너이며 악수할 때는 상대방 눈을 마주보는(eye contact) 것이 중요하다. 상대의 눈을 쳐다보는 작은 행동에서도 상대에 대한 관심과 친밀한 신뢰관계를 형성할 수 있기 때문이다.

(2) 악수할 때 주의할 점

악수할 때의 주의할 점은 반드시 일어서서 오른손으로 악수하며, 한 손을 주머니에 넣은채 하지 않으며, 상대의 손을 두 손으로 잡고 지나치게 허리를 굽히면서 악수를 하거나, 머리를 깊이 숙이는 행동은 아부하는 느낌을 줄 수 있으므로 바르게 서서 악수를 한다.

악수를할 때는 장갑을 끼거나 젖은 손으로 하지 않으며 상대방과 1m 정도의 적당한 거리를 두고 악수한다.

손을 흔들 때는 자신의 어깨보다 높이 흔들지 않으며, 상하로 가볍게 흔든다. 손을 잡은 채로 오랫동안 이야기하거나, 악수를 하며 어깨를 껴안는 등의 과장된 행동은 삼가하는 것이 좋다.

더불어 악수를 할 때 주의할 점은 손을 잡았을 때의 힘의 조절이다. 상대방의 눈을 바라보며 가볍게 미소 짓고 손에 약간 힘주어 잡는데, 힘이 너무 없는 사람은 자신감이 없어 보이고, 손을 너무 꽉 쥐는 사람은 감정통제가 안되어 보여 부적절하며, 부드럽게 힘을 주는 악수는 안정된 사람으로 인상을 줄 수 있다.

악수는 상대방의 손을 너무 세게 잡거나 느슨해도 안 되며, 너무 오래 잡는 것도 결례가 된다. 비즈니스의 경우 약간 힘주어 잡고 한두 번 흔드는 정도가 적당하며, 일반적으로 손을 잡고 세 번 정도 흔들면 무난하다.

2) 글로벌 인사매너

영국의 수필가 가드너가 쓴 '악수론'에 의하면, 일본인은 고개 숙여 절하기, 인도인은 이마에 손을 대기, 중국인은 주먹손을 모아 합장하기, 태국, 캄보디아 등 불교 국가는 손바닥을 붙여 합장하기, 아라비아는 상대방의 가슴에 손가락 대기 등 나라마다 서로 다른 악수 관습이 있다고 한다(김상철, 2008).

악수는 각 나라마다 서로 다른 관습이 있더라도 동 · 서양의 인사법 중에서 가장 보편적이고 현대적 인사방법이라 할 수 있다.

악수는 세계 여러 나라에서 보편적으로 사용되는 인사법으로, 특히 비즈니스를 위한 목적으로 많이 사용되고 있으나 국가별로 악수의 의미와 형태, 방법은 각각 다르다.

일본인은 악수할 때 손을 많이 흔들고 동시에 고개를 깊이 숙인 형태를 하며, 미국의 경우는 손을 힘 있게 잡고 두 세번 흔들며, 독일은 힘을 주어 짧고 강하게 두 세번 흔든다. 반면, 프랑스는 악수할 때 힘을 주지 않고 흔들며 하는 특징이 있다.

유럽에서는 서로 잘 아는 친구 사이라면 만나자마자 바로 악수를 한다. 쿠웨이트의 경우에는 남자와 여자는 서로 악수하지 않으며, 미얀마의 지방에서는 악수를 하지 않고 말로만 인사를 하기도 하며, 중남미에서는 어딜 가든 원주민까지도 남녀 구분 없이 악수를 즐긴다. 베트남에서는 팔짱을 낀듯한 자세로 고개를 숙이며 인사하는 것이 윗사람을 공경하는 예의바른 인사법이다.

불교에서 하는 오체투지는 최상의 존경심과 경외감을 표현하는 인사법으로 불교수행 외에 건강증진에 도움이 되는 좋은 방법으로 해석된다.

최근에는 악수 이외에도 포옹이나 서로 주먹을 부딪치는 '댑(dap)' 또는 어깨를 부딪치는 어깨인사도 활용되고 있다.

글로벌 시대에 폭넓은 대인관계 형성을 위해 여러 나라의 다양한 인사방법을 숙지하고 의미를 이해하며, 각 나라의 고유한 문화와 생활방식을 이해하려는 자세에서 글로벌 매너가 시작된다고 할 수 있다.

■ 지구촌 시대 문화차이

아프리카 전통복장을 한 사람들에게 손을 흔들며 환영에 답례를 하자 족장과 부족인들이 얼굴에 웃으면서 침을 뱉는다. 당황스럽지만 웃는다...
그 나라(마사이족)만의 전통적인 인사법...
아프리카 마사이족의 침뱉는 인사법은 건조한 기후 때문에 물을 귀하게 여기는 고유한 문화로 침 뱉는 행동은 소중한 것을 함께 나눈다는 의미로 인사는 물론, 결혼이나 출산 등 축복을 기원하는 전통에서 비롯된 것
그 나라의 전통과 고유한 문화차이를 인정하는 것이 진정한 글로벌 매너와 에티켓 아닐까요?

출처: 오늘 굿데이, 문화충격. 20190208.[3)]

3) https://voda.donga.com/Brand/Clip/3/all/39/1632893/1

■ 글로벌 인사매너

여러 나라의 인사법	
악수	차렷 자세로 몸을 곧게 하고 오른손으로 상대방의 손을 약간 힘주어 잡고 두세 번 흔드는 인사법 유럽 미국 등, 보편적인 국가에서의 인사법
합장(合掌)	합장자세는 목과 몸통을 곧바르게 세우고, 두 손을 하나로 합쳐서 두 팔꿈치를 수평으로 하고, 마주한 손바닥은 명치 부분에 닿도록 하며, 두 다리를 펴서 양발에 중심을 잡고 선 자세의 인사법
포옹	포옹은 반가움을 몸으로 표현하는 인사법으로 친구, 부모 형제가 오랜만에 만날 때 포옹하며, 양쪽 볼에 키스로 반가움을 표현, 목을 약간 숙여 몸과 팔을 앞으로 내밀어 살짝 안는 인사법. 라틴계나 슬라브계, 러시아에서도 친한 남자들끼리 힘 있게 악수한 후 '베어허그' 라는 포옹을 함.
아부라조	멕시코, 아르헨티나, 콜롬비아 등 중남미 인사로, 서로 껴안고 볼에 입맞춤한 뒤 친근함의 표시로 어깨를 여러 번 토닥이며 두드리는 인사법
비쥬/볼인사	유럽, 지중해, 양쪽 볼을 번갈아 가며 맞대고 빰에 살짝 입맞춤하는 인사법
경례/절	바르게 선 자세에서 몸을 숙이며 인사함
와이	태국 최고의 규범이자 전통인사법.으로 두 손을 모아 합장하는 자세로 가슴에 대고 고개를 숙이며 인사. 남자는 '사와디 캅', 여자는 '사와디 카'(안녕하세요)라고 함
나마스떼	네팔, 인도에서의 전통적인 인사로 ' 나마스떼'라고 함 턱아래에 두손을 모으고 합장한 자세로 고개를 숙이는 인사법
살롬	중동의 인사법으로 오른손을 가슴과 이마에 손을 대고 위로 쓸어 올리면서 약간 고개를 숙이는 인사법 • '살롬 알라이쿰'(평화가 함께 하기를)라고 함

5 우리나라 인사법

1) 전통적인 인사 - 절, 배례(拜禮)

우리 민족의 감정 표현 방법, 생활습관, 의복차림에 맞도록 형성되어 전해 오는 고유의 인사법으로 앉아서 하며, 이를 '절' 또는 '배례(拜禮)'라고 한다.

배례(절)는 머리와 상체를 숙이는 것으로 격식과 상황에 따라 큰절과 평절, 반절로 구분하며 상대방에게 예의를 표시하는 정중한 동작이라고 할 수 있다.

예(禮)는 자신을 바르게 닦고 상대방을 공경하고 도리에 합당한 행동을 실천하는 것이며 격식이 까다롭더라도 정해진 격식대로 하지 않으면 도리에 어긋나는 것이다. 즉, 마음속에 내재 되어 있는 예의를 언어와 격식 있는 행동으로 나타내어 상대방에게 표현하는 것이라고 할 수 있다.

배례(절)은 두 손을 앞으로 모아 잡는 공수(拱手) 자세에서부터 시작한다. 공수(拱手)의 자세는 목을 곧게 하고, 몸통을 똑바로 하고 팔을 굽혀서 배꼽의 위치에 두고 손목은 자연스럽게 중립의 자세를 하여 두 다리를 펴고 양발에 중심을 두고 선 자세를 말한다(최우열, 2016).

이것은 공손한 자세를 나타내는 행동의 시작으로 어른을 모실 때와 의식행사에 참여할 때는 반드시 공수(拱手)자세를 한다. 남자의 공수법은 평상시는 왼손을 위로 가게 해서 두 손을 마주잡고, 여자는 반대로 평상시는 오른손을 위로 올라가게 잡는다.

조선시대의 예학자인 사계 김장생(1548~1631)이 1599년에 저술한 책인『가례집람(家禮輯覽)』에는 배례(절)하는 그림과 더불어 배례(절)하는 방법이 자세히 제시되어 있어 현대에도 잘 활용되는 것으로 평가되고 있다.

우리나라는 조상제사를 모실 때를 비롯해 손윗사람, 어른들, 친 인척간에 절하는 관습이 있다. 절은 최대의 존경의 표시로서 중요한 예의범절이지만 미풍양속을 인정하지 않고 미신 또는 우상화되면서 점차 사라지고 있는 추세이다.

배례(절)은 한국 고유의 미풍양속으로 다양한 나라의 문화를 인정하고 존중하는 글로벌시대에 새로운 인식이 필요하다.

현재 우리나라 사람들에게 통용되는 배례(절)는 시대가 변하고 생활방식이 달라짐에 따라서 조금씩 잊혀져 가고 있지만, 우리 문화만의 고유한 아름다운 인사법임을 알고 지켜나가야 하겠다.

■ 공수의 위치

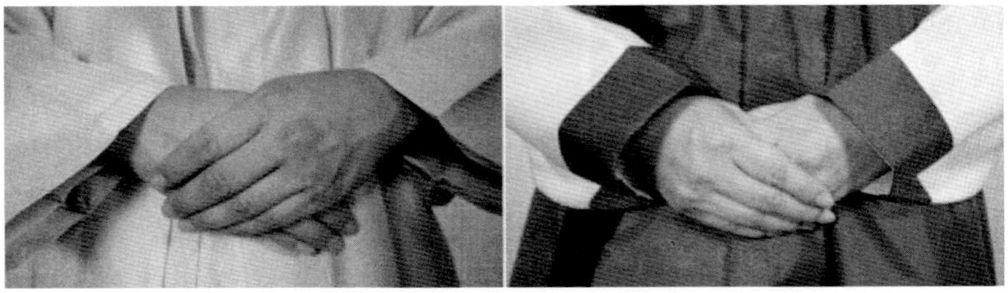

| 남자와 여자의 평상시 공수 방법. 제사, 차례, 세배는 평상시와 같고 상례만 반대이다.

출처: 절하는 방법(용인시 예절교육관)

평상시에 공수(拱手)는 남자의 경우 왼손이 위로 올라오고, 여자의 경우 오른손이 위로 올라오게 잡는데, 흉사(애사)일 때는 공수의 위치가 바뀌어 남자는 오른손이 위로, 여자는 왼손이 위로 가게 한다. 제사는 조상을 받드는 자손이 있어 길사로 여기므로 제사 때의 공수 위치는 평상시와 같은 자세를 취한다.

2) 절의 종류

우리나라의 배례 또는 절의 종류는 크게 큰절과 평절, 반절로 구분되며 남자의 절을 각각 계수배(稽首拜), 돈수배(頓首拜), 공수배(控首拜)라고 하며, 여자의 절은 숙배(肅拜), 평배(平拜), 반배(半拜)라고 한다.

큰절은 자신이 절을 했을 때 답배하지 않아도 되는 높은 어른께 하는 절로, 결혼식 폐백이나 회갑연, 등 특별한 날 즉, 관·혼·상·제의 의식행사 때에 하는 절이다. 큰절은 직계존속, 배우자의 직계존속, 8촌 이내의 방계존속에게 드린다.

큰절은 꿇어 앉아서 목과 몸통을 굽히고 손은 자연스럽게 해서 팔을 굽힌 후 잠시 머물렀다 일어난다(김순종, 2002).

평절은 명절에 세배할 때, 문안드릴 때, 조문할 때, 웃어른이나 형제, 또래친구 사이에서 인사하는 절이다. 남자의 경우 큰절과 평절은 비슷한 방법으로 절을 올리지만 큰절은 평절보다 좀 더 오래 머물고 천천히 일어나는 차이가 있다.

반절은 웃어른이 아랫사람의 절에 대해 답배할 때 하는 절이다.

반절은 큰절과 같은 방법이지만 공수한 손을 바닥에 대고 무릎을 꿇어 엉덩이와 머리가 수평이 되게 엎드린 후 일어난다(김순종, 2002).

평절을 받을 때 아랫사람이 미성년자이면 말로 인사를 대신 할 수 있으나, 성년이면 반드시 답배를 해야 한다. 성년자녀의 친구가 절을 한다면 답배로 반배를 하는 것이 웃사람의 예절이다.

■ 절의 종류와 상황

절의 종류	절하는 대상과 상황
큰절 남: 계수배 여: 숙배	• 답배(答拜)를 하지 않아도 되는 높은 어른과 의식행사에서 함 • 혼례 시 교배례/ 폐백드릴 때 • 수연례에서 헌수 올릴 때 • 상가(조문)의 영전 앞 • 배우자와 본인의 직계존속, 8촌 이내 방계존속
평절 남: 돈수배 여: 평배	• 본인이 절을 하면 답배/ 평절로 맞절하는 경우 • 평상 시 또는 명절 때 웃어른을 뵈었을 때 • 상가(조문)의 상주에게 • 웃어른이나 부부, 형님, 형제, 시숙, 친구, 또래
반절(답배) 남: 공수배 여: 반배	• 웃어른이 아랫사람 절에 답배(답례 절)할 때 • 아랫사람이 먼저 절을 시작해 늦게 일어나며, 웃사람은 늦게 시작해 아랫사람보다 먼저 일어나며 웃사람은 절을 받으면 반드시 답배 함 • 제자, 자녀의 친구, 동생, 16년 이상 연하자

3) 절을 하는 방법

절을 할때에는 절 받으실 분을 향해 존경과 감사의 마음을 갖고 침착하고 자연스럽게 한다.

① 절의 횟수

- 본래 남자는 한번, 여자는 두 번이 절의 기본 횟수이다.
- 살아계신 분께는 기본 횟수, 의식행사나 돌아가신 분께는 기본 횟수의 배를 한다.

② 절하는 방법

- 절을 하는 순서는 직계존속에게 먼저 절한 후 방계 존속에게 절한다.
- 친척과 비 친척이 있을 경우 친척어른에게 먼저 절한다.
- 웃어른이 상석에 앉고 아랫사람이 하석에서 절을 한다.

(1) 남자의 절(배례 拜禮)

■ 남자의 큰절

① 공수(남자는 왼손이 위로가게 포개 잡는 것)하고 어른을 향해 선다.

② 공수한 손을 눈높이까지 올렸다가 내리면서 허리를 굽혀 공수한 손을 바닥에 짚는다.

③ 왼쪽 무릎을 먼저 꿇고 오른쪽 무릎을 꿇어 엉덩이를 깊이 내려앉는다.

④ 팔꿈치를 바닥에 붙이며 이마를 공수한 손등 가까이에 댄다. 이때 엉덩이가 들리면 안 된다.

⑤ 공손함이 드러나도록 잠시 머물러 있다가 머리를 들며 팔꿈치를 펴고, 오른쪽 무릎을 세워 공수한 손을 바닥에서 떼어 오른쪽 무릎 위를 짚고 일어난다.

⑥ 공수한 손을 눈높이까지 올렸다가 내린 후 묵례한다.

사진출처: 한국전통문화예절원 원장 변영주(현 대전대학교 교수) 사진제공

■ **남자의 평절**

큰절과 같은 동작이나 손을 눈높이로 올리지 않으며, 이마가 손 등에 닿으면 금방 일어나는 차이가 있다.

■ **남자의 반절**

공수한 손을 바닥에 짚고 무릎 꿇은 자세에서 머리와 엉덩이까지 등이 수평이 되게 엎드렸다가 일어난다.

(2) 여자의 절(배례 拜禮)

■ **여자의 큰절**

① 공수한 손(여자는 오른손이 위로 가게 포개 잡는 것)을 들어 어깨높이 만큼 올리고 시선은 손등을 본다.

② 왼쪽 무릎을 먼저 꿇고 오른쪽 무릎을 가지런히 꿇은 다음 엉덩이를 깊이 내려앉는다.

③ 윗몸을 45°쯤 앞으로 굽힌 다음 잠시 머물러 있다가 윗몸을 일으킨다. 머리를 깊이 숙이지 못하는 이유는 머리 장식 때문이다.

④ 오른쪽 무릎을 먼저 세우고 일어나 두 발을 모은 후 올렸던 두 손을 내려 공수한 후 가볍게 묵례한다.

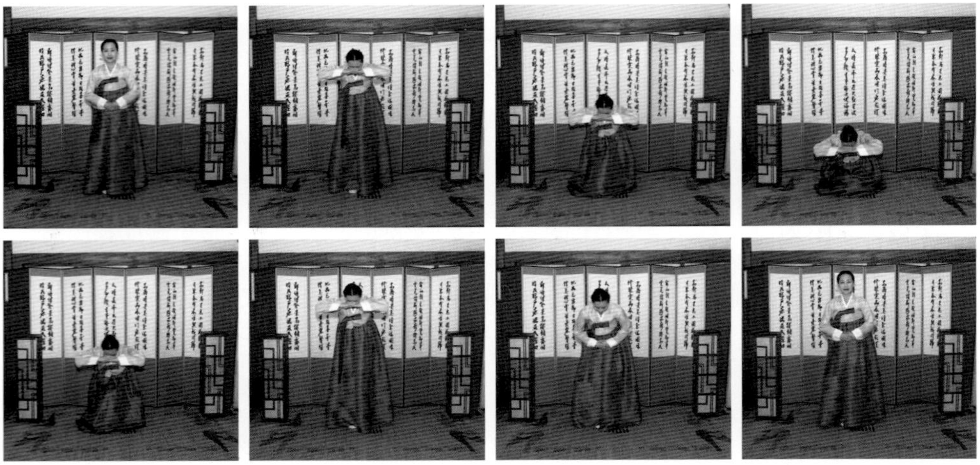

사진출처: 한국전통문화예절원 변영주 원장님 사진제공

■ 여자의 평절

① 공수한 손을 풀어 내린 다음 왼쪽 무릎을 먼저 꿇고 오른쪽 무릎을 가지런히 꿇은 다음 엉덩이를 깊이 내려앉는다.

② 몸을 앞으로 30°도 정도 숙이면서 손끝을 무릎 선과 나란히 바닥에 댄다.

③ 잠깐 머물렀다가 윗몸을 일으키며 두 손바닥을 바닥에서 떼며 오른쪽 무릎을 먼저 세우고 일어난다.

④ 두 발을 모으고 공수한 다음 가볍게 묵례한다.

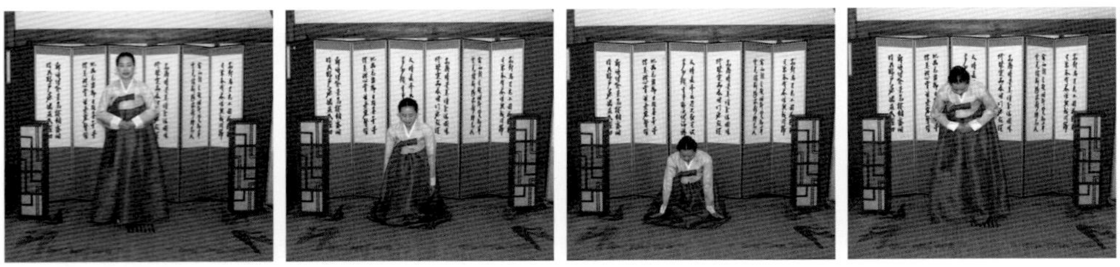

사진출처: 한국전통문화예절원 변영주 원장 사진제공

■ **여자의 반절**

평절을 약식으로 한다. 답배의 대상이 나이가 많이 차이 나면 남녀 모두 앉은 채로 한 손 또는 양손을 바닥을 짚는 것으로 답배 한다.

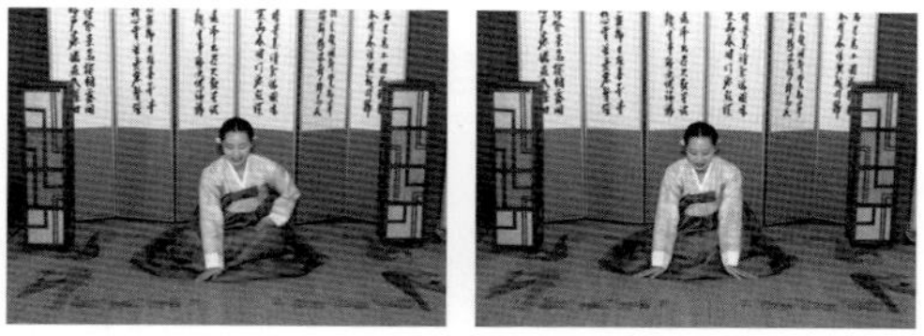

사진출처: 한국전통문화예절원 변영주 원장 사진제공

4) 절을 받는 예절

(1) 절 받는 사람의 자세

- 절을 할 아랫사람을 만나면 절 받을 자세를 취한다.
- 누워 있으면 일어나고, 음식을 먹던 중이면 상을 한쪽으로 비켜놓고, 불안정한 위치면 편한 장소에 앉는다.
- 절하는 상대에 따라 맞절, 평절, 반절로 정중하게 한다.
- 절할 사람의 건강, 복식, 상황에 따라 절을 하며 불편한 상황이면 생략해도 실례가 안된다.
- 절을 받은 후에 반절로 답배(답례 절)하며, 안부 인사를 하거나 칭찬, 덕담을 해준다.

생각해보기

1. 글로벌 인사 – 매너있게 악수하며 인사나누기

2. 불량 인사/기분 좋은 인사에 대한 경험 공유하기

3. 우리나라 전통인사인 절(배례) 실습해보기

CHAPTER

05

복장매너(manner)

학 · 습 · 목 · 표

- 바른 옷차림의 필요성을 이해하고 상황별 바른 복장매너를 이해하고 설명할 수 있다.
- 동양예복과 서양예복의 차이를 이해하고, 드레스 코드(Dress Code)를 설명할 수 있다.
- 자신에게 어울리는 복장을 알아보고 일상에서 적용할 수 있다.
- 남성과 여성의 비즈니스 복장 에티켓을 이해하고, 실제 활용할 수 있다.
- 토론과 발표를 통해 대학생이 캠퍼스 내에서 지켜야 할 바른 복장매너를 인식하고 실천할 수 있다.

MEMO

1 바른 옷차림

1) 옷의 의미와 기능

옷은 외부로부터 체온을 유지하고 피부를 보호하며 신체 안전과 작업능률을 향상하는 보건 위생적 기능과 자신을 개성 있게 표현하거나, 신체를 장식하여 아름다움을 돋보이게 하는 등의 심리적인 기능, 그리고 직업과 신분을 표현하고 업무수행에 도움을 주는 사회적인 기능을 한다.

개인의 외적 이미지가 경쟁력이 되는 사회에서 옷차림은 매우 중요하다. 왜냐하면, 옷차림을 통해 자신을 드러낼 수 있고 타인에게 긍정적인 평가를 받을뿐만아니라 비즈니스에도 긍정적인 영향을 미치기 때문이다.

자신을 표현하는 중요한 수단으로 옷차림은 외형적 이미지로 나타나지만 사람의 사고방식, 가치관, 직업, 생활정도, 등 내적인 요소까지도 짐작 가능하며 개인의 인격과 교양을 가늠 할 수도 있다. 따라서 옷은 입는 사람의 경제적인 수준, 교육수준, 사회적인 위치를 알 수 있으며 대인관계의 성공가능성을 내포하기도 한다.

인간은 환경의 지배를 받는 동물로 자신의 옷차림에 따라 태도, 감정표현, 행동 등이 다르게 표현되기도 한다. 편안하고 자유로운 복장을 할 때 걸음걸이나 태도, 움직임은 더 자유로우나, 격식에 따라 정장을 갖추어 입었을 때의 행동은 절제와 형식, 절도 있는 태도를 하게 되는 것처럼 옷차림은 자신의 생활 태도나 가치관, 신념을 나타내는 역할을 하기도 한다.

옷차림은 첫인상을 결정짓는데 매우 중요한 요소로써 이는 시각적 이미지가 한번 결정되면 쉽게 고쳐지지 않기 때문이다. 따라서 옷차림은 타인으로부터 자신을 평가받는 수단이 될 수 있으며, 동시에 스스로를 통제하고 관리하는 수단이 될 수도 있다.

생각해보기

- 한국은 체면 문화로 인해 때와 장소에 맞지 않은 의상으로 인해 불편함을 겪거나 복장으로 인한 문제가 종종 발생한다.

여러분이 생각하는 바른 옷차림이란?

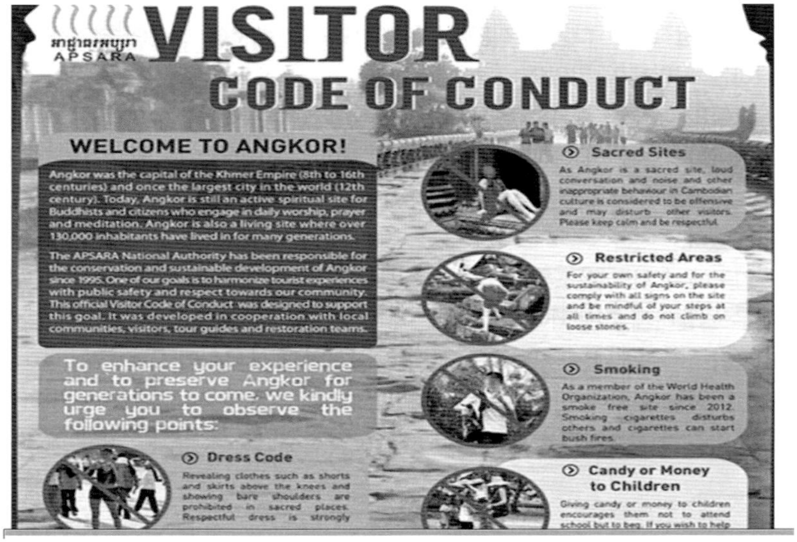

출처: 캄보디아 앙코르 사원 앞 표지, 저자 촬영

3) 바른 옷차림

바른 옷차림이란 예복, 정장, 출근복, 평상복, 실내복, 근무복, 작업복, 방호복, 잠옷, 운동복 등으로 구분하여 시간(Time), 장소(Place), 상황(Occasion)에 맞는 적절한 옷차림 매너를 의미한다.

(1) 단정하고 깨끗한 옷차림

- 값비싼 옷, 유행하는 옷보다 얼룩이나 오물이 없도록 청결하고 깨끗한 옷을 입는다.
- 단추가 떨어지거나 주머니가 불룩하지 않도록 한다.
- 단정하게 입고 신발 뒤축을 꺾어 신지 않도록 한다.

(2) 시간(Time), 장소(Place), 상황(Occasion)에 맞는 옷차림

- T.P.O에 맞게 입고 양복과 한복은 일습(한 벌)을 갖추어 입는다. 결혼식, 회갑, 생일잔치에는 밝고 화사하게 정장을 입고, 문상 시는 경사 때와 달리 최대한 격식을 차려 애도의 마음을 담아 진심으로 조의를 표하여야 한다. 화려한 색이나 노출이 심한 옷을 삼가고 흰색, 검정, 무채색 계열의 복장이 바람직하다.
- 의복의 용도에 맞게 입는다. 체육대회에서는 자유롭고 활동적인 체육복 차림, 학위나 상장수여식, 공식행사에는 단정한 정장 차림, 어렵고 위험한 일을 할 때는 안전복을 착용, 특정 업무에는 제복을 착용한다.

(3) 개성을 살리면서 조직, 환경과 조화를 이룬 옷차림

- 자신의 개성을 최대한 발휘할 수 있으며, 자신의 체형과 결점을 보완할 수 있는 맵시 있는 옷차림을 한다.
- 직장, 집단, 주위환경과 조화롭게 어울리는 옷을 입는다.

(4) 연령, 계절, 유행, 지위에 맞는 옷차림

- 나이와 계절, 지위에 적합한 옷을 입는다.
- 지나친 유행이나 화려한 악세사리, 유난스런 옷차림으로 시선을 끌지 않도록 한다.

• 몸매가 너무 드러나는 타이트한 옷이나 노출이 심한 옷, 투시되는 옷차림은 삼간다.

따라서 복장매너는 자신에게 잘 어울리며, 시간(Time), 장소(Place), 상황(Occasion)에 적절하게 입고 남들이 볼 때 거부감이 들지 않은 조화로운 옷차림이라고 할 수 있다.

■ 복장 및 외모 점검표

구분	내용	체크
두발	머리길이, 헤어스타일, 단정하게 손질?	
면도	면도상태, 물세안 후 세이빙 폼, 면도 후 피부손질	
얼굴 화장	미소 띤 밝은 표정, 얼굴 전체가 웃는 자연스런 미소 남자의 경우: 면도, 피부 관리 여자의 경우: 색조화장 적절, 밝고 청결함	
눈	눈곱 상태	
코	코털 상태	
입	식후 칫솔질 또는 가글, 구취 냄새 유의, 말할 때 침 주의, 입술은 트지 않았나?	
귀	귀지는 보이지 않는가?	
손, 발	손톱 짧고 청결, 깨끗한 상태 유지, 매니큐어 색상 및 손톱관리 손 자주 씻고 청결유지	
복장	깨끗하고 단정한가? 단추, 지퍼는? 속옷이 비치지 않나?, 어울리는 색상인가? 와이셔츠/블라우스의 목둘레는 깨끗한가?	
넥타이	옷과 잘 어울리는 색상과 질감인가? 길이는?	
구두	깨끗한가? 옷과 어울리는 색상?	

출처: 생활문화연구회, 2017.

2 동양 예복(禮服)

1) 예복으로서의 한복(韓服)

예복(禮服)이란 의식을 치르거나 특별히 예절을 차릴 때 입는 옷으로서 한복은 전 세계적으로 동양적인 아름다움과 가치를 인정받은 전통의상으로 소중한 문화유산이기도 하다. 한복은 선과 형태, 색상을 비롯하여 문양이 아름답게 조화를 이루고 있어 최근에는 국가 주요행사에서 한복을 입어 의례복으로서의 가치가 재조명되고 있다.

전통복식은 계급과 신분을 상징하고 예의와 체면을 중시한 생활문화를 반영하며, 동방예의지국으로 불린 우리나라는 의복을 통해서 외형적으로 예의문화를 표현해 왔다.

전통혼례복으로 신랑은 사모관대, 관복, 목화를 착용하였고, 신부는 원삼이나 활옷, 노란색 삼색 회장저고리, 다홍색 대란치마, 뒷댕기, 비녀, 용잠 등을 착용하였고, 현재는 명절이나 결혼식, 공식행사, 영부인 취임식, 해외 공식파티 등에 한복은 중요한 예복으로서 역할을 하고 있다.

한복은 바른 태도와 예법에 맞는 몸가짐을 해야 한복이 갖고 있는 아름다움과 기품이 잘 나타난다. 따라서 예복으로서 한복의 상징적 의미와 가치가 확산되는 문화가 정착되기 위해서는 한복에 대한 바른 이해와 한복을 입는 착용방법, 그리고 복장 매너를 익히는 것이 중요하다.

2) 남자 한복(韓服)

한복은 입는 순서에 맞추어 입어야 몸가짐과 태도가 더 잘 드러나며, 남자 한복은 바지, 대님, 저고리, 조끼 같은 배자, 마고자, 두루마기로 구성된다. 이외 갓, 망건, 탕건, 정자관, 도포, 행전, 적삼, 등거리, 잠방이 등 소품이 있다.

(1) 남자한복 입는 순서

■ **남자한복은 바지→ 대님→ 저고리→ 조끼→ 마고자→ 두루마기 순서로 입는다.**

① 내의 나 속고의를 입고 바지를 입는다. 바지는 큰사폭이 오른쪽으로, 작은사폭이 왼쪽으로 가도록 입고 허리띠로 허리를 잡아매는데, 오른쪽에서 왼쪽으로 여민다.

② 버선을 신고 바지 대님을 맨다.

③ 저고리의 동정니를 잘 맞게 입고 조끼 밖으로 나오지 않도록 입고 속고름을 맨 후 겉고름을 맨다.

④ 조끼 입고 단추를 채운다.

⑤ 마고자를 입는다. 저고리가 마고자의 소매 끝이나 도련 밑으로 보이지 않게 입고 여름을 제외하고 항상 입는다.

⑥ 외출하거나 예를 갖출 때는 반드시 두루마기를 입는다. 두루마기는 정장에 속하므로 절 할 때, 의례에 입는다. 바지저고리만 입고 외출하거나 의례에 참석하는 것은 실례이다.

⑦ 세배를 할 때 여성은 두루마기를 벗고, 남성은 두루마기를 입은 채 세배하는 것이 예의이다.

■ 대님 매는 법

1. 배래 솔기 끝(세개의 솔기 중 가운데 솔기)을 발 안쪽 복사뼈에 대고 오른손 엄지 손가락으로 꼭 눌러준다.
2. 왼손으로 바짓부리를 잡고 발목을 한번 돌려 앞서 누르고 있는 곳까지 와서 오른 손으로 같이 잡는다.
3. 남은 여유분을 왼손으로 잡고 뒤쪽으로 돌려서 바깥쪽 복사뼈까지 가지고 간다.
4. 부리에서 2cm 정도 올라간 곳에 대님을 두 번 돌려 안쪽 복사뼈 있는 위치에서 외코로 매어준다. 단, 리본으로 매지 않는다.
5. 오른쪽 대님도 같은 요령으로 한다.
6. 대님 맨 윗부분의 바지를 살짝 내리면서 정리해준다.
7. 완성된 모습은 대님의 매듭은 다리 안쪽으로 있고, 좌우 각각 바깥쪽 복사뼈에서 앞쪽을 향하여 주름이 접혀 있다.

출처: 한복 입는 방법(용인시 예절교육관)[1]

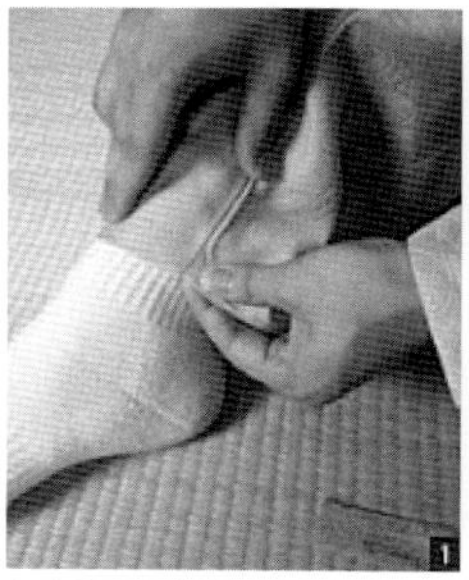

| 가운데 솔기를 발 안쪽에 댄다.

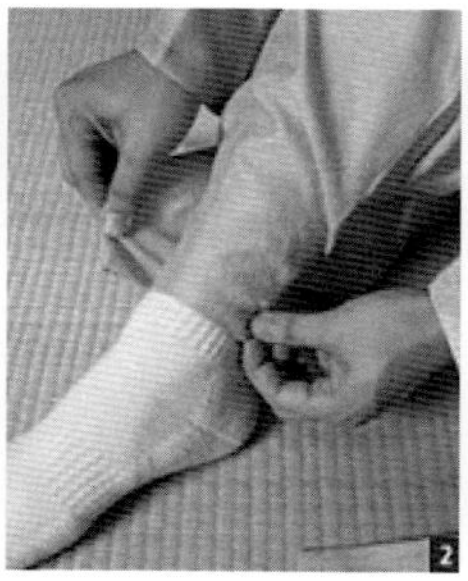

| 남은 부분을 모아 뒤로 돌린다.

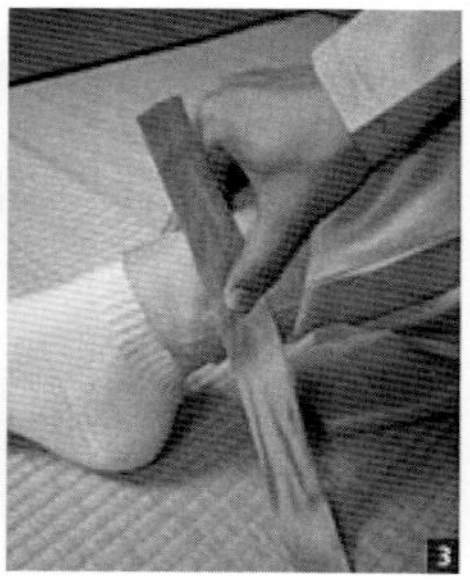

| 대님을 대고 두 번 돌린다.

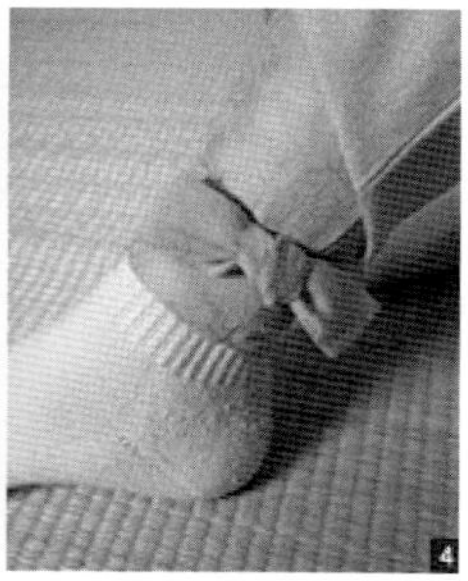

| 외코로 매어준다.

사진출처: 한복 입는 방법(용인시 예절교육관)

1) 네이버 지식백과 https://terms.naver.com 한복 입는 방법

3) 여자 한복(韓服)

한복은 그 아름다움이 세계적으로 알려진 우리의 전통 복장이다. 단순히 아름다울 뿐 아니라 과거에는 여러 가지 뜻과 상징을 담고 있기도 하였다.

여성한복의 고름은 남편을 상징하기도 하여 혼자 사는 여자는 한복색과 같은 색의 고름을 매었고, 남편이 있는 여자는 옷과 다른 색의 고름을 매었는데, 신혼인 경우는 다홍, 젊은 사람은 꽃자주, 나이든 사람은 검자주색 고름을 사용하였다(출처:한국민족문화대백과, 한국학중앙연구원) 또한, 소매 끝동이 남색이면 아들이 있다는 뜻의 상징을 나타내기도 하였다.

또한 색깔에 의미를 담아 결혼 전에는 다홍치마에 색동저고리나 노랑저고리를 입고 결혼 후 새댁 때는 연두색 저고리를 입고 이후에는 남색치마에 옥색저고리를 입었다. 따라서 옷의 색깔과 상징을 보고 상황을 짐작하여 말과 예를 갖추었다.

한복의 상징적 의미와 가치를 이해하고 한복의 올바른 착용방법을 익히는 것도 복장 매너라 할 수 있다.

한복의 아름다움은 속옷을 잘 갖추어 입었을 때 한복의 아름다움과 기품이 더 잘 드러나며, 여자한복은 저고리와 치마를 기본으로 버선과 속옷으로 속바지, 속치마, 속저고리, 버선, 치마, 저고리, 배자, 두루마기로 구성되어 있다. 이 외에 조바위, 남바위, 장옷, 쓰개치마, 적삼, 고쟁이 등이 있다.

(1) 여자한복 입는 순서

■ 여자는 속바지, 버선 → 속치마, 겉치마 → 속적삼, 속저고리 → 저고리의 순서로 입는다.

① 속바지와 속치마를 입는다. 속치마는 겉치마보다 2~3cm 짧게 입는다.

② 수눅에 맞춰 버선을 신는다. 오른발은 수눅(바느질 솔기)이 오른쪽으로 왼발은 수눅이 왼쪽으로 밖을 향한다

③ 겉치마는 왼쪽에서 치맛자락을 잡을 수 있게 입는다. 오른쪽 치마끈을 밖으로 오게 묶는다.

④ 속저고리, 속적삼을 갖춰 입어 속이 비치지 않도록 한다.

⑤ 겉저고리를 입고 고름을 맨 후 진동선을 정리한다. 저고리의 길이와 동정의 너비는 시대에 따라 다르게 나타난다.

⑥ 겨울에는 배자(방한복)를 입고 아얌(모자)등을 쓴다.

⑦ 여자들은 노리개를 착용한다.

⑧ 외출 시에는 두루마기를 입는다. 세배를 할 때 여성은 두루마기를 벗고, 남성은 두루마기를 입은 채 하는 것이 예의이다.

■ 옷고름 매는 방법

방법 1. 긴 고름 먼저 접는 방법

고름을 매는 법은 겉깃쪽 길에 달려 있는 긴 고름과 안깃쪽 길에 달려 있는 짧은 고름을 초벌 매듭으로 묶어 짧은 고름을 긴 고름 위에 오도록 한다. 밑에 있는 긴 고름으로 고름의 고를 만들고 짧은 고름으로 한번 감아서 고의 뒤쪽으로 빼내어 당기면서 모양을 만든다.

방법 2. 매듭 짓고 고리 만드는 방법

① 고름에는 긴 고름과 짧은 고름이 있다.
② 왼손은 긴 고름을, 오른손은 짧은 고름을 각각 아래서 받치듯이 손으로 들어준다.
③ 오른손이 짧은 고름을 위로 가게 하여 X자 모양으로 교차시킨다.
④ 위로 올라간 짧은 고름을 긴 고름 아래에서 감아 위로 뽑는다. 이때 왼손은 위로 올라가 짧은 고름을 잡아 둥근 원를 만들고 오른손은 밑에 있는 긴 고름을 잡아 고를 만들어짧은 고름의 원 안으로 알맞게 잡아당겨 준다.
⑤ 왼손은 긴 고름의 고의 모양을 조정하고 오른손으로 두 가닥의 고름을 합쳐서 모양을 바로잡는다.
⑥ 완성된 모양은 두 가닥의 고름이 거의 같은 길이이다.

출처: 한복 입는 방법(용신시 예절 교육관)[2]

| 짧은 고름이 위로 가게 교차시킨다.

| 감아 뽑고 짧은 고름으로 원을 만든다.

| 긴 고름을 접어 원안으로 넣어준다.

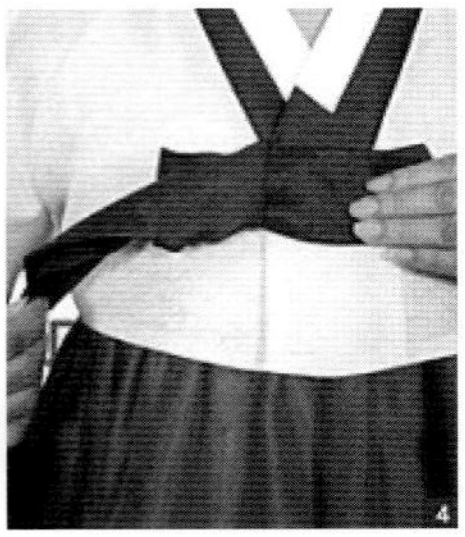

| 모양을 바로잡는다.

2) 네이버 지식백과 https://terms.naver.com 한복 입는 방법

4) 한복(韓服)을 입는 에티켓

- 한복의 색깔의 의미와 상징을 이해하고 예를 갖춘다.
- 한복의 단아하고 우아한 맵시에 어울리는 품위 있는 행동과 몸가짐이 필요하다. 장신구(비녀와 뒤꽂이, 떨잠, 첩지)를 착용하며 고무신, 비단신, 가죽신을 신는다.
- 치마는 지면에서 2~3cm떠서 신발코가 살짝 보이게 입고 작은 보폭으로 걸으며 상체를 뒤로 젖히고 걷지 않는다.
- 치마는 일반적으로 왼쪽으로 여민다. 치마꼬리가 왼쪽으로 입는 것이 전통적인 사대부가의 복식 원칙인데, 현대에도 이어지고 있다.
- 화장은 단아하게 엷은 화장을 하고 머리는 목선이 드러나도록 단정하게 올리거나 묶는다.
- 한복은 목선과 동정선의 아름다움을 돋보이게 하기 위해 목걸이를 하지 않으며 귀걸이는 늘어지지 않고 귀에 달라붙는 것을 착용한다.
- 두루마기는 남자의 경우 정장으로 외출 또는 의식행사에는 실내에서도 반드시 입어야 하며, 여자는 외출 시에만 입으며 실내나 의식행사 때는 두루마기를 입지 않는다.

3 서양 예복(禮服)

1) 남성 예복

서양의 예복은 대부분 18세기 프랑스의 궁정귀족(宮廷貴族)의 복장 형식이 전해 내려오는 것인데, 특히 영국에서 크게 발전하였다. 서양 예복은 본래 의례의 경중에 따라 대례복(大禮服)과 통상예복으로 구별되며, 야간과 주간에 따라서도 구별된다. 그러나 시대의 요구에 맞추어 점차 비형식화 되어 지금은 정례복(正禮服)과 약례복(略禮服) 또는 반례복(半禮服)으로 구분한다.

주간 정식예복으로 모닝코트(Morning Coat)는 국가원수나 고위공직자가 개최하는 공식 오전행사, 정식 오찬, 공식 야유회, 교회의식, 경마 등 오전 또는 낮 행사에 착용하는 정식예복이다.

모닝코트는 바지단이 없고 검정과 회색 줄무늬가 있는 바지를 입으며, 검정 단화를 신는다.

주간에 입는 약식예복으로는 색코트(Sack Coat), 다크슈트(Dark Suit)로 대외관계의 특수한 신분을 가진 사람들의 공적인 방문, 회의, 오전행사 등에 착용하며 검정색 계열의 정장을 입고, 검정 구두를 신는다.

남성의 예복은 격식에 따라 주·야간을 구별해서 입는 것이 원칙이다.

야간의 정식 예복으로는 연미복(Tail Coat)을 입는데 연미복은 야간 연주회, 공식만찬, 야간 무도회, 공식 야간 리셉션, 오페라, 야간 결혼식 등에 격식을 차리는 형태의 사교모임에 참석할 때 착용하며, 재킷의 앞은 짧고 뒷자락이 제비꼬리처럼 갈라져 있어 연미복(Tailcoat)이라 불리워진다. 연미복은 검정바지와 재킷에 흰색 윙칼라 셔츠를 입고 White Bow Tie(흰색 나비넥타이)를 착용, 흰색조끼, 흰색 장갑, 커프링크스(cuff links) 장식이 필수이며, 가죽으로 된 끈이 없는 펌프스(Patent leather pumps) 구두를 신는다.

야간에 입는 약식예복으로 턱시도(tuxedo)는 가장 대중화되어 있는 사교를 위한 필수품으로 오후 6시 이전에는 입지 않는 것이 원칙이었으나 오늘날은 결혼식, 공식행사, 저녁파티, 부부동반 모임 등에 입는다.

검정색 턱시도에 바지단이 없는 바지를 입고 멜빵을 하며 검정이나 남색의 커머밴드나 검정조끼와 칼라 끝부분이 삼각형 모양으로 내려진 셔츠에 Black bow tie(검정 나비넥타이)를 착용하고 커프링크스(cuff links) 장식을 하며, 검정색 옥스퍼드 단화(Patent leather oxfords)를 신는다.

보타이(Bow Tie)는 예복을 입을 때 필수적인 아이템으로 화려한 느낌을 주며, 서양인들이 특별한 날에 애용하는 패션 소품 중 하나이다.

■ 남성예복의 종류

모닝코트: 주간 정식예복(Morning Coat, Cutaway)
색코트: 주간 약식예복(Sack Cocat)
연미복: 야간 정식예복(Tail Coat)
턱시도: 야간 약식예복(Tuxedo, Smoking Jacket)

2) 여성 예복

여성의 경우, 오전(낮)에 입는 정식 예복으로 애프터눈 드레스(Afternoon Dress)를 입고 오전에 입는 약식예복으로 원피스, 투피스, 수트(suit) 등을 입는다.

애프터눈 드레스(Afternoon Dress)는 남성의 모닝코트나 색코트에 어울리는 복장으로 낮에 격식을 차릴 때 입는 정식예복이다.

여성의 야간 정식예복은 이브닝드레스(Evening dress)이며, 이브닝드레스(Evening dress)는 남성의 야간 정식예복인 연미복에 상응하는 것으로 야간 연주회, 공식만찬, 야간 무도회, 공식 야간 리셉션, 오페라, 야간 결혼식 등에 격식을 차리는 형태의 사교 모임에 참석할 때 착용한다. 소매를 달지 않은 복장 중에서 가장 화려하고 우아하며 발끝이 보이지 않는 것이 복장매너로 길이가 긴 드레스에 보석과 악세서리를 화려하게 착용한다. 최근에는 공식만찬의 정식예복으로 Evening dress 대신 한복(전통의상)을 입기도 한다.

복장은 매너 있는 인품을 드러내는 것으로 고급스럽고 우아하게 보이되 지나치게 화려하지 않은 것이 좋다. 겨울에는 모피(毛皮)를 여름에는 실크나 합성 직물의 코트나 스톨을 착용한다. 호화로운 소형 핸드백을 들며, 정식 예복에서는 긴 장갑을 끼고 약식 예복에서는 긴 장갑이나 짧은 장갑을 끼어도 된다. 구두는 모두 금은색(金銀色), 견(絹), 검정 에나멜 등 고급스러운 신발을 신는다.

야간의 약식예복으로 칵테일 드레스(Cocktail Dress) 또는 디너 드레스(Diner Dress)를 입는다. 남성의 약식예복으로 턱시도(tuxedo)에 상응하는 것으로 결혼식, 공식행사, 저녁파티, 부부동반 모임 등에 입는다. 칵테일 드레스(Cocktail Dress)나 디너 드레스(Diner Dress)는 밝고 화사한 느낌을 주는 원피스나 투피스 드레스로 무릎을 가리는 정도의 길이로 너무 짧지 않고 지나치게 야하거나 화려하지 않은 것이 좋다.

3) 글로벌 복장매너- 드레스 코드(Dress Code)

미국에서는 한국에 비해 형식을 덜 중시하는 편이다. 비즈니스에 임하면서도 간편한 옷차림을 좋아하고, 연령이나 격식에 얽매이지 않는 경향이 있다. 미국은 사무실에서도 캐주얼 복장이 증가하고 있지만 직종과 장소에 따라 정장을 갖춰 입기도 한다.

공식적인 미팅이나 비즈니스 상담 자리에는 정장을 입는 것이 바람직하다. 저녁을 초대받을 경우에도 최소한 캐주얼 정장을 하는 것이 바람직하다. 그러나 정식 초대를 받을경우 초대장에 명기된 복장을 하거나 만일 복장에 대한 언급이 없을 경우 필히 사전에 복장에 대해서 문의해서 결례가 되지 않도록 복장매너를 갖추는 것이 필요하다.[3)]

드레스 코드는 그 행사에서 요구하는 복장을 말한다. 파티에 초대된 사람들끼리 서로 인정하고 '함께 어울리자'라는 의미가 내포되어 있다. 파티를 가장 즐겁게 즐길수 있는 방법은 바로 드레스 코드를 어떻게 이해해서 연출하느냐에 달려 있다. 드레스 코드는 행사의 분위기뿐만 아니라 소속감을 주어 자신의 즐거움도 극대화 시켜 준다. 따라서 드레스 코드를 지키는 것은 무엇보다 모임에 참석하는 최소한의 예의이자 성의라고도 볼 수 있다(황정선, 2010).

■ 남성과 여성의 Dress Code

Dress Code	남성	여성
Morning Coat(주간 정식예복) Sack Cocat (주간 약식예복)	모닝코트 색 코트, 다크슈트	애프터눈 드레스 (Afternoon Dress)
Tail coat/ White Tie (야간 정식예복)	연미복(Tail coat)	이브닝 드레스/한복 (Evening dress)
Tuxedo/ Black Tie (야간 약식예복)	턱시도(Tuxedo)	디너드레스(Diner Dress),칵테일드레스 (Cocktail Dress)
Business Suit Business casual &	신사복/슈트(수트, 셔츠, 타이)	원피스, 투피스, 슈트

3) 네이버 지식백과 https://terms.naver.com kotra - 미국

■ 글로벌 복장매너: Dress Code

"Dress Code: Black Tie & Pink"
White Tie & Red

※ 연미복과 턱시도의 차이

- 연미복(Tail Coat): 초대장에 Dress Code가 White Tie 또는 Most Formal이라고 기제 될 때 입는다.
- 턱시도(Tuxedo): 초대장에 Dress Code가 Black Tie라고 기제 될 때 입는다.

(1) Dress Code: Black Tie & Pink 일 때

야간에 입는 약식예복으로 남자는 턱시도(tuxedo)를 입는다. 주로 진한색 정장에 칼라 끝부분이 삼각형 모양으로 내려진 셔츠와 커머밴드, 장식용 손수건, 검정색 나비넥타이에 커프링크스를 장식하고 검정색(옥스퍼드화) 구두를 신는 것이 매너이다.

여자의 경우 야간 약식예복으로 pink색 계열의 칵테일 드레스(Cocktail Dress) 또는 디너드레스(Diner Dress)를 입는다. 밝고 화사한 느낌의 드레스로 길이가 무릎을 가리는 정도로 길지 않으며 어울리는 색상의 구두를 신는 것이 매너이다.

(2) Dress Code: White Tie & Red 일 때

야간의 정식 예복으로 남자는 연미복(Tail Coat)을 입는데 흰색 윙칼라셔츠, 흰색조끼, 흰색 Tie 또는 흰색 나비넥타이, 흰색 장갑을 착용하고 커프링크스를 장식하고 검정색 펌프스 구두를 신는 것이 매너이다.

여성의 경우 야간 정식예복으로 붉은색 계열의 이브닝드레스(Evening dress)를 입는다. 이브닝드레스는 소매를 달지 않은 복장 중에서 가장 화려하고 우아하며 발끝이 보이지 않는 긴 드레스로, 화려한 보석과 악세서리, 손가방 등을 착용하는 것이 매너이다.

4 비즈니스 복장매너

1) 남성 비즈니스 복장

의상을 선택하는 것만큼이나 선택한 복장을 상황과 장소에 맞게 입는 것 또한 중요하다.

남성복은 크게 슈트와 세퍼레이트(콤비)로 구분하며 슈트는 소재와 색상이 상하 한 벌로 이루어진 정장으로 전형적인 비즈니스에서 입는 복장이다. 주로 업무회의, 컨퍼런스, 연회, 직장근무, 업무상 모임 등에 주로 입으며 비지니스 정장으로 드레스셔츠와 넥타이를 착용하며, 격식 있는 모임에서는 포켓치프 등을 활용하여 예복을 대신하기도 한다.

세퍼레이트는 상의와 하의를 갖추어 조화를 이루는 신사복장으로 흔히 콤비 또는 Business Suit & Business casual이라고 하며 간편한 신사복장으로 일상에서 많이 착용한다.

비즈니스 슈트, 또는 비즈니스 캐주얼이란 공식적으로 정의되지는 않으나 통상적으로 재킷을 기본으로 하되, 정장보다는 편안하고 일반 캐주얼보다는 격식을 갖춘 복장을 의미한다. 편안함을 추구함과 동시에 전문가다운 인상을 전달하며 일반적으로 사무실 근무할 때 입는 복장이다.

> **In general, business casual means dressing professionally, looking relaxed, yet neat and pulled together.**
>
> **(비즈니스 캐주얼은 전문적이고 자연스러워 보이면서도 깔끔하고 단정하게 입는 것을 의미한다.)** - 출처 : 뉴욕타임즈

• 넥타이의 길이가 너무 길지 않도록 주의한다.

■ **재킷**

• 기본 색상 - 검정색, 짙은 감색, 청색, 회색, 네이비색
• 길이 - 손을 아래로 내렸을 때 손등을 덥는 정도가 적당하다.

■ **바지**

• 길이 - 서 있을 때 구두 등을 살짝 덮는 정도가 적당하다.
• 바지 줄이 잘 서 있어야 한다.
• 바리 폭: 너무 좁거나 넓지 않는 것, 최근에는 폭이 점점 좁아져 날씬한 실루엣을 강조하고 있다.

■ **양말**

• 양말은 패션감각이 돋보이는 아이템으로 바지색상과 같거나 옷보다 짙은 색(흰색 삼가)으로 발목을 충분히 덮는 길이가 적당하다.
• 수트를 입을 때 양말을 선택하는 원칙은 바지나 구두 컬러와 같은 계열의 양말을 선택한다. 검정 수트에는 검정 양말을, 네이비 수트에는 네이비 양말을 신어야 한다.
• 수트를 입을 때 양말은 종아리 중간까지 오거나 무릎 아래까지 오는 호스(Hose)를 신는 것이 매너이다.
• 수트를 입고 다리를 꼬았을 때 맨살이 드러나는 건 매너가 아니다.

■ **구두/악세사리**

• TPO(시간, 장소, 상황)에 따라 구분해서 신고 벨트는 심플한 디자인으로 벨트고리의 8부 정도로, 시계는 클래식하게 선택하고, 손수건은 비즈니스 장면에서는 신뢰

감을 높이는 필수 소지품이다.

- 비즈니스에서는 명함 지갑, 지갑, 카드 지갑, 수첩 등 다양한 종류의 소품이 필수이다. 소품의 소재에 일정한 통일감을 주면 스타일이 살아난다.
- 넥타이, 양말, 슈트와 조화, 끈이 있는 정장 구두
- 시계, 벨트, 멜빵, 포켓치프, 향수 등

■ V- zone

- 정장 착용 시 재킷의 단추를 잠갔을 때 재킷을 통해 드러나는 셔츠의 깃과 넥타이가 드러나 보이는 부분으로 남성의 첫인상을 좌우한다.

■ 보다 세련된 슈트 연출을 위한 V존

① 재킷 색은 어두운 색상으로 해야 V존이 잘 호연출된다.
② 타이의 색상은 셔츠보다 짙은 색상으로 한다.
③ 타이의 색상은 재킷 색, 셔츠 색과 같은 색으로 맞춘다.
그레이 수트는 화이트 셔츠와 입는 것이 기본, 블루타이는 모범생 룩을 보여주어 단정한 느낌을 준다. 네이비는 차분하여 신뢰감을 주는 수트로 비즈니스에 적합하다.
④ 무늬는 재킷, 타이, 셔츠 중 하나만 선택하면 무난하다.
⑤ 타이의 바탕색이 아니라 무늬에 들어있는 색을 셔츠나 수트에도 넣어주면 화려한 V존이 연출된다.
⑥ 타이연출에 있어 가장 중요한 포인트는 바탕이 되는 셔츠와의 매치이다. 기본적인 화이트셔츠부터 시작한다.
셔츠와 타이 각각의 무늬간격이 같으면 무늬간에 충돌이 일어나 지저분하게 보이기 때문에 반드시 간격을 다르게 하는 것이 포인트이다.

출처: 내 남자를 튜닝하라, 2010, 황정선

3) 여성 비즈니스(Business) 복장 에티켓

투피스는 재킷과 스커트를 같은 질감으로 활동성과 기능성이 우수한 복장으로 상황에 따라 쉽게 분위기를 연출하여 일상에서 많이 활용된다.

슈트는 재킷과 스커트, 재킷과 바지를 같은 질감으로 입는 여성 정장용 복식이다. 반드시 블라우스를 입으며 블라우스에 따라 새로운 분위기 연출이 가능하며 테일러 슈트는 남성슈트와 같이 단정하나 딱딱한 느낌으로 비즈니스 정장의 전형적인 슈트를 말한다. 여성 비즈니스 복장(Business Suit & Business casual)으로 알맞은 에티켓은 다음과 같다.

① **원피스**: 사무실 분위기에 어울리는 일자형 원피스
② **슈트**: 상의와 하의가 한 벌로 된 정장으로 치마 정장 또는 바지 정장
③ **블라우스**: 상의의 V-zone 연출이 중요, 정장의 우아함을 더하고 간결한 디자인이 재킷과 코디가 용이한 옷
④ **스커트, 바지**: 간결한 디자인으로 단색이 적절, 치마 길이는 너무 짧지 않게 무릎보다 조금 위
⑤ 구두, 가방, 벨트, 악세사리, 모자, 향수 등 너무 화려하지 않은 장신구

직장여성으로 피해야 할 복장매너로 과하게 짧은 치마나 셔츠, 몸에 너무 달라붙는 의복, 노출이 심한 상의, 높은 하이힐 등은 직장에서 업무의 효율성을 저해할 수 있으므로 유의한다.

또한 장신구는 지나치게 화려한 악세사리와 핸드백 등 삼가하며 진한 화장과 과도한 향수 사용은 상대방에게 불쾌감을 줄 수 있으므로 유의해야 한다. 헤어스타일은 머리가 길 경우 업무의 효율성을 떨어지므로 단정하게 묶는 것이 좋다.

최근 기업에서 캐주얼 데이 등으로 비즈니스 옷차림에 변화가 온 것이 사실이지만,

조직의 구성원으로 그 제도와 문화에 적합한 옷차림을 하는 것이 중요하며 시간과 장소에 적합한 복장매너를 갖추는 지혜가 필요가 있다.

옷차림은 자신의 품격과 동시에 회사의 이미지를 나타내는 업무의 일부가 될 수 있으므로 개성과 감각을 살리기 보다는 신뢰감과 품위를 갖는 단정한 복장을 유지하는 것이 좋다.

■ 용모와 복장 체크리스트

항목	여성 용모와 복장
머리	
화장	
복장	
손	
스타킹	
구두	
악세사리	
향수	

항목	남성 용모와 복장
머리	
얼굴	
셔츠	
넥타이	
상의	
하의	
양말	
구두	
악세사리	

생각해보기

■ 남, 여 바른 옷차림과 꼴불견 옷차림 토론

best5 VS worst5

- 자신이 선호하는 스타일(옷, 액세서리, 신발 등)을 생각해보자.
- 자신이 주변에서 복장으로 인해 호감을 느꼈던 때와 복장으로 인해 불쾌함을 느꼈던 때를 비교해보고, 자신에게 어울리는 복장을 탐색해보자.

CHAPTER

06

언어(言語)예절

학·습·목·표

- 언어 속에 들어있는 말의 힘(에너지)을 이해한다.
- 언어예절의 중요성을 이해하고 언어적/비언어적 표현을 적절히 활용한다.
- 바른 말씨와 어휘를 선택하여 일상에서 바른 언어생활을 할 수 있다.
- 호칭과 지칭을 이해하고 바르게 사용할 수 있다.

MEMO

1 언어의 힘

1) 말의 힘

인간은 태어나면서부터 말의 힘 속에서 자라고 일생동안 말의 힘 속에서 생활한다고 해도 과언이 아닐 것이다.

말하는 사람의 말씨, 말투를 보면서 상대방의 인품, 지적 수준, 됨됨이, 사고의 건전성, 상대방에 대한 존중 등을 파악할 수 있다.

말속에는 그 사람의 인격과 생각을 담고 있기 때문에 그 사람이 사용하는 말 또는 언어를 통해 한 사람의 인격과 인성을 짐작할 수 있다. 따라서 일상에서 사용하는 말과 언어가 어느 정도 힘이 있고 어떠한 영향을 얼마나 미치는지 살펴볼 필요가 있다.

말은 인간의 생각과 행동에 많은 영향을 끼치며 사람들은 말의 힘에 지배를 받는다고 한다.

일상에서 흔히 하는 말들이 어떠한 힘이 있어서 인간에게 영향을 미치고 지배하는 것인가. 타인에게 위로가 되기도 하고, 좋은 기운을 나누어 주어 희망을 갖기도 하지만 때론 독이 되기도 하며, 불쾌하거나 우울하게도 하는 말의 힘을 살펴보자.

예일대 심리학과 존바그 교수에 의하면 사람들이 어떤 단어에 노출되면 뇌의 일정 부분이 자극을 받아 그 단어가 의미하는 행동을 할 준비를 하고 그 행동을 하게 된다고 한다. 이러한 이론을 검증하기 위한 실험에서 노인에 관련된 단어(노인, 은퇴, 외로움, 쓸쓸함, 노후, 석양, 황혼의, 해질녘, 휠체어를 탄, 뜨개질 등등)들을 본 사람들은 실험 전보다 실험 후에 걸음걸이 속도가 평균 2초 32 늦어졌으며, 젊음에 관련된 단어(젊은, 열정, 스피드, 부지런한, 신입사원, 스포츠, 승진, 유행, 승리자, 도전적인 등등)를 본 사람들은 실험 전보다 걸음걸이 속도가 평균 2초 46 빨라졌다고 한다(출처: 말의 힘 - MBC 한글날 특집방송)

이처럼 말의 힘은 우리 몸에 즉시 반응으로 나타나 알게 모르게 우리의 행동을 지배하고 행동에 영향을 준다.

말에 생각과 느낌, 감정을 통하여 힘이 부여될 때 그것은 때가 되면 우리의 현실로 이루어진다. 왜냐하면 자신이 하는 말속에서 느낌, 감정과 함께 에너지를 만들기 때문이라고 한다. '말이 씨가 된다'는 말처럼 말에는 행동뿐만 아니라 운명도 바꿀 수 있는 강력한 힘이 있다고 한다. 그러므로 말을 올바르게 사용하고 긍정적인 말을 습관화하여 정성스럽게 해야 한다.

바른말 습관은 운명을 바꾸고 삶을 풍요롭게 할 수 있는 강력한 힘(에너지)이 있기 때문이다.

일본의 물 연구가인 에모토 마사루(江本勝, 1943~2014) 박사는 인간의 생각이 물에 전달되면 물이 얼었을 때 그 결정의 모양이 아름다워지거나 추해진다는 주장을 하여 널리 알려진 사람이다.

그는 '물은 답을 알고 있다'라는 책에서 물은 좋은 말, 긍정적인 말을 들으면 아름다운 결정체를 만들어 내는 실험결과를 통해 말의 힘을 주장했다.

또한 물 결정에 관한 실험을 근거로 밥을 대상으로 실험을 하였는데, 밥을 똑같은 두 유리병 속에 넣고, 하나는 '감사합니다.'라는 글을 써 붙이고, 다른 하나는 '망할 자식'이라는 글을 써 붙이고 반복해서 말을 하였다.

그렇게 한 달이 지난 후 발견한 놀라운 사실은 '감사합니다.'라는 말을 들은 밥은 발효되어 향기로운 누룩 냄새가 나고, '망할 자식'이라는 말을 들은 밥은 검게 썩고 부패하여 악취를 풍기었다(출처: 말의 힘 - MBC 한글날 특집방송).

에모토 박사는 실험을 통해 단지 물만이 이런 정보 에너지를 느낄 수 있는 것이 아니며 미생물은 물론 동물과 식물, 물질까지도 에너지 파동에 의해 외부 정보의 영향을 받는다고 한다.

그러나 에모토 마사루 박사의 주장은 주류 과학계에서는 의사과학(유사과학)으로 받아들여진다. 의사과학이란 과학의 요건으로서 갖추어야 할 조건(과학적 방법)과 과학적 기준이 맞지 않는 것을 의미한다.

에모토 마사루 박사의 주장에 대한 시비를 떠나 언어 속에 담긴 생각과 정서가 하나의 정보 에너지로 작용하여 서로 영향을 미친다는 것은 의미있다.

긍정적인 메시지를 전달했을 때 나오는 좋은 파동이 물의 좋은 결정체를 만들고 식물을 기를 때도 긍정의 언어로 정성을 다하면 그렇지 않은 식물보다 잘 자란다는 연구결과를 고려해 본다면 목소리 톤이나 어감이 부드러운 단어들을 사용하여 좋은 파동의 음성으로 전달될 때 안정감을 느낄 수 있기 의미있는 일이다.

소통이 안되는 물이나 식물에도 좋은 파동이 영향을 준다면 좋은 파동이 실린 음성으로 사람들에게 좋은 말을 하는 긍정적인 효과는 서로 상호작용을 높일 수 있고 신뢰로운 관계를 유지 할 수 있기 때문이다.

말 속에는 강력한 힘이 있고 이 에너지는 상호작용과 더불어 인간의 삶에 많은 영향을 미치므로 말을 할 때 신중해야 하며 자신의 말에 대한 책임을 져야 할 것이다. 더불어 좋은 파동이 실린 음성과 긍정적인 언어를 사용하여 메시지를 전달하는 습관을 가져야 할 것이다.

2) 언어적 · 비언어적 표현

(1) 언어적 표현

언어적 표현은 말과 문자를 이용하는 의사소통 수단이다,

언어적인 표현은 인간의 가진 가장 뛰어난 소통 형태이지만 문자와 말의 쓰임은 서로 다른 기능을 한다.

첫 번째 말의 표현은 얼마나 논리적이고 유창하게 하는가가 상대를 평가하는 중요한

기준이 된다. 말의 표현은 상황을 이해하는데 가장 효과적이기는 하나 해석과 이해과정에서 다의어, 동음이의어, 속어, 방언 등으로 인한 오해를 초래하기도 한다.

따라서 말로 이루어지는 의사소통은 메시지의 완전한 해석을 고려해야만 하는 비언어적 단서를 보통 수반한다.

두 번째 문자는 시간과 노력을 들여야 하는 불변함은 있으나 문서로써 영구적으로 기록보존이 가능하다.

(2) 비언어적 표현 – 메라비언 법칙(Low of Mehrabian)

비언어적 표현이란 언어를 제외한 신체언어 등, 즉 자세, 몸짓, 의상, 인상, 표정 등으로 상호작용하는 방식을 말하며, 비언어적 의사소통은 언어나 문자가 아니라 동작, 접촉, 준 언어, 장식품 등을 사용하여 언어적 내용을 전달하는 것이다. 언어적 표현으로 자신의 생각이나 감정을 표현하는 것에 한계가 있고, 특히 감정을 충분히 전달하지 못할 때 비언어적 표현이 소통에 도움이 된다.

비언어적 의사소통은 의사소통의 주요 수단으로서 의사전달이 가능하고, 표현의 강도에 따라 전달의미의 정도를 확인할 수 있으며, 상황에 따라 해석이 달라지고 그 의미가 결정된다. 또한 비언어적 의사소통은 신뢰도가 높은 의사소통 수단으로 인식되는데, 왜냐하면 사회나 집단에서 통용되는 규칙을 따르기 때문이다.

비언어적 의사소통의 요소로는 신체언어, 공간적 행위, 준언어, 신체적 외양 등이 있다. 신체언어는 대인간 상호작용에 나타나는 몸의 동작을 말하는 것으로 여기에는 몸짓, 자세, 눈 맞추기, 고개 끄덕이기, 악수, 미소, 윙크 등이 있으며, 특히 얼굴은 감정을 표현하는 최고의 비언어적 의사소통 도구이다.[1)]

메라비언 법칙(The Law of Mehra)은 대화에서 시각과 청각 이미지가 중요시된다는 커뮤니케이션 이론으로 말을 할 때의 태도나 목소리 등 말의 내용과 직접적으로 관계

1) 네이버 지식백과 https://terms.naver.com 상담학 사전, 2016.

가 없는 요소가 93%를 차지하여 상대방과의 사소통을 좌우한다는 것이다.

캘리포니아 대학교(UCLA) 심리학과 명예교수인 앨버트 메라비언(Albert Mehrabian)이 1971년에 출간한 저서 《Silent Messages》에 발표한 연구결과로, 한 사람이 상대방과 의사소통할 때 시각적요소가 55%, 청각적 요소가 38%, 언어나 말의 내용은 7%에 이른다는 법칙이다. 전달하고자 하는 말의 내용은 7%이고 비언어적 요소가 93%를 차지한다는 것으로 효과적인 소통에 있어 말보다 비언어적 요소인 시각과 청각에 의해 더 큰 영향을 받는다는 것이다.

비언어적 요소의 중요성을 일깨워준 법칙이라 할 수 있다.

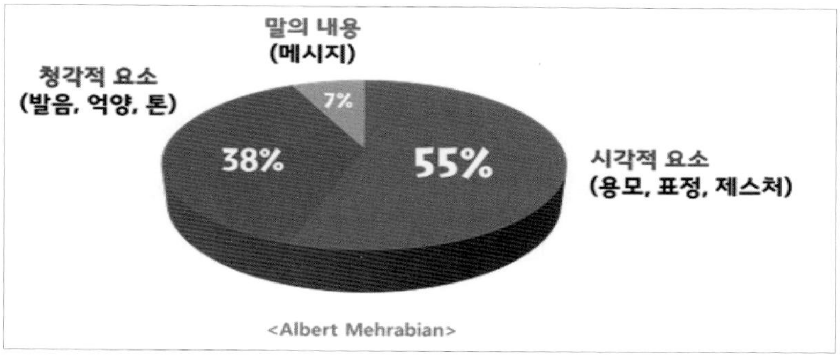

그림출처: https://blog.naver.com/datamall/220963251132

비언어적 표현의 시각적 요소(55%)는 시선, 눈빛, 표정, 자세, 용모와 복장, 제스처 등 외적으로 보이는 부분을 말하며, 청각적 요소(38%)는 발음, 호흡, 억양, 목소리의 음색(音色)처럼 언어의 품질을 말하며, 언어적 표현(7%)은 말의 내용과 논리성을 말한다.

이 이론에 따르면, 대화를 통하여 상대방에 대한 호감 또는 비호감을 느끼는 데에서 상대방이 하는 말의 내용이 차지하는 비중은 7%로 그 영향이 미미하다. 반면에 말을 할 때의 태도나 목소리, 등 말의 내용과 직접적으로 관계가 없는 비언어적 요소가 93%

를 차지하여 상대방으로부터 받는 이미지를 좌우한다는 것이다.

비언어적 표현은 언어로 표현하기 어려운 감정의 전달, 정서 등이 이루어지는 대화의 중요한 요소라 할 수 있다.

2 언어예절

언어는 언어생활에서 상대방을 존중하고 배려하고자 하는 예의를 표현하는 가장 중요한 도구로써, 언어 표현방식이 사회적으로 관습화된 것을 언어예절이라 한다.

언어예절은 화자(말하는 사람)와 청자(듣는 사람) 사이의 관계를 고려한 격식과 절차를 중시하는데 우리의 전통적인 언어표현에는 격식과 절차가 잘 나타나 있다.

왜냐하면 전통적인 언어표현에는 높임법을 다양하게 사용하고, 상황에 맞는 격식을 갖춘 표현이 다양하게 발달했기 때문이다.

현대사회에서는 과거의 연령, 친족, 남녀 관계에 바탕을 둔 언어예절보다는 친분의 정도, 직장에서의 상하관계 등에 의한 언어예절, 상황에 맞는 자연스러운 언어예절을 중시하였다. 그러나 과거나 현재에나 언어예절은 상대방을 존중하고 배려하는 마음이 바탕이 된 표현이라는 점은 공통적이다(구인환, 2006).

언어예절은 '언어'를 사용할 때 지켜야 할 '예절'을 가리킨다.

말은 일정한 문화권에서 약속된 어휘와 말씨로 전달해야 의사소통이 정확하게 되는데 이러한 말에 대한 사회적 약속을 언어예절이라 한다. 따라서 언어예절이 지켜지지 않으면 상대방과 신뢰를 얻기 어려워 사람들에게 믿음과 호감을 줄 수 없게 된다.

언어예절은 장소나 상대에 따라 달라지므로 상황과 내용에 어울리는 적절한 말씨와 어휘를 골라서 품위있는 표현으로 뜻과 의미를 전달해야 한다.

말 할때는 적절한 어휘와 말씨로 의사를 정확히 전달하고 상대방의 말을 들을 때는 진심을 담아 성실하게 듣는 자세의 언어예절이 필요하다.

성숙한 사회는 '품위 · 교양 · 예의가 있는 시민으로 구성된 사회'를 의미한다. 교양과 예의가 있는 사람이란 '학문, 지식, 사회생활을 바탕으로 이루어지는 품위'를 가진 사람으로 인성(인격, 품성, 품격)이 좋은 사람이라 할 수 있다.

매너와 인성을 갖춘 사람이 되기 위해서는 비어, 속어, 은어 등 사용을 절제하고 사회적 기준인 표준어를 사용하여 사회적 품위를 갖추어야 한다. 이를 위해 언어예절을 통한 자기관리가 선행되어야 할 것이다.

상대방에 대한 정겨운 말씨나 높임말, 존대어, 공손한 말씨 등은 스스로의 품격과 인격을 높이며 욕, 비어, 속어, 은어, 신조어의 사용은 친근함을 줄 수는 있지만 자신의 품격을 떨어뜨릴 수 있으니 유의해야 한다.

사람의 품격, 인성은 외모나 행동과 더불어 말씨와 어휘로 판단되기 쉽다.

따라서 품위있는 부드러운 말씨와 어휘, 표준말의 사용, 상대방이 알아듣기 쉬운 언어사용 등으로 바른 언어예절을 지킨다면 자신의 품격을 높이며 상대방을 배려하는 신뢰로운 사람으로 대인관계에 긍정적 영향을 미칠 수 있을 것이다.

1) 바른 말씨와 어휘

말씨는 말하는 태도나 버릇을 의미하며 말솜씨라고도 한다. 어휘는 어떤 일정한 범위 안에서 쓰이는 단어의 총체로써 뜻을 가진 말의 가장 작은 단어를 의미한다.

일상생활에서 대화의 상대에 따라 말씨가 달라지고 나타내려는 의사에 따라 사용되는 어휘가 달라진다.

말씨와 어휘, 태도를 바르게 하기 위해서는 국어와 외국어, 표준어와 사투리, 쉬운 말과 어려운 말, 통상어와 전문용어 등 듣는 사람이 쉽고 바르게 알아들을 수 있는 용어로 상대방 수준에 맞추어 표현해야 한다.

즉, 매너가 좋은 사람은 상대방의 연령과 지위에 따라 높임말(존대어)과 낮춤말(겸양어)을 적절하게 사용할 줄 아는 사람이라고 할 수 있다.

경어체란 대화의 주체나 상대에게 경의를 표하기 위하여 쓰는 언어표현으로 높임말 또는 존대어(존댓말)라고 한다.

말은 상대방을 공경하고 존중하는 마음을 나타낼 수 있어야 하므로 입으로만 말하는 것이 아니라 표정과 몸짓으로 진실된 태도를 담아 나타내야 한다.

■ **높임말(존대어)**: 상대방을 높일 때 하는 말

	→	
물어본다.		여쭈어 본다.
함께 간다.		모시고 간다.
말한다.		말씀 드린다.
먹는다.		잡수신다.
잠을 잔다.		잠을 주무신다.

■ **겸양어**: 자신을 낮추고 상대방을 높이는 뜻의 말

	→	
먹는다.		잡수신다.
있다.		계신다.
잔다.		주무신다.
이름		성함
집		댁
밥		진지

(1) 바른 말씨

서로 대화자 간의 위계에 맞는 말씨와 어휘를 사용하지 않으면 상대를 기분 나쁘게 할 수 있다.

상대를 공경하려면 말씨와 어휘도 공경스러워야 비로소 원만한 대인관계가 이루어진다. 말씨는 상대방과 몇 마디의 대화만으로도 그 사람의 출생과 성장환경, 교육정도와 전공분야, 현재의 사회적 지위와 생활태도 등을 알 수 있다. 상대방의 말을 들어보면 그 사람의 많은 것을 알게 되는데 그 척도가 바로 말씨와 어휘의 선택이라 할 수 있다.

말씨와 어휘는 자신의 인격과 인성을 나타내는 중요한 척도가 될 수 있으므로 감정과 말투, 표정과 어감, 음성의 높낮이와 강약, 정확한 발음, 말의 속도들을 적절하게 사용해야 한다.

우리나라 말씨는 상대방과 수직적 위계관계를 나타내는 말씨로 아래와 같이 여러 말씨로 표현된다.

① **높임말(존대어)**: 경어체로 대화의 주체나 상대에게 경의를 표하기 위하여 쓰는 언어표현으로 어른들게 하는 말에는 "하시었다" "하세요"가 있다.

② **반 높임말**: 말의 끝맺음이 '오' '요'로 끝나는 말이다. 이것은 존대말이 아니고 보통말씨나 낮춤 말씨를 써야 할 상대지만 잘 아는 사이가 아닐 때 쓰는 말이다. "이렇게 해요" "저리 가요" "~하오"와 같은 것이다.

③ **보통말씨**: 친구간이나 아랫사람이라도 존중해서 말하려면 보통말씨를 쓴다. 말의 끝맺음이 '게'와 '나'로 끝난다. "여보게, 그렇게 하게" "자네 언제 왔나?" 와 같은 것이다.

④ **반낮춤말**: 낮춤말씨를 써야 할 상대지만 그렇게 하기가 거북하면 반낮춤 말씨를 쓰는데 이것을 '반말' 이라고도 한다. "이렇게 해" "언제 왔어?"와 같이 말끝이 생

략되는 말씨이다.

⑤ **낮춤말씨:** 친척인 아랫사람이나 아이들에게 쓰는 말이다. "이것을 해라" "언제왔니?"

⑥ **절충식 말씨:** 보통 말씨를 써야 할 상대를 높여서 존중하기 위해 보통 말씨인 '하게'에 높임 말씨인 '시' '셔'를 끼워쓴다. "그렇게 하시게" "어디서 오셨나?"와 같은 것이다.

⑦ **사무적 말씨:** 말의 끝이 '다 또는 까'로 끝나는 말로 직장이나 단체생활에서 많이 쓰인다. "그렇게 했습니다" "언제 오셨습니까?"와 같은 것이다.

⑧ **정겨운 말씨:** 사무적 말씨와 반대되는 말씨로 말끝이 '요'로 끝난다. "그렇게 했어요" "언제 오셨어요?" 와 같이 정겨운 말씨로 의문사도 '요'로 끝난다. (출처: 범국민 예의생활실천 운동본부)

(2) 어휘

어떤 일정한 범위 안에서 쓰이는 단어의 수효, 또는 단어의 전체로써 명사(名詞)나 동사(動詞)의 어휘에도 보통어휘와 존대어휘, 낮춤말을 사용한다.

주어, 목적어, 명사가 존대어휘일 때는 그것과 말을 이루는 동사도 반드시 존대어휘를 써야 하고 명사가 보통어휘일 때는 그 명사에 붙는 동사도 보통어휘가 쓰여진다.

우리가 먹는 곡식으로 지은 것도 '밥' 과 '진지' 두 가지로 말하는데, 밥은 보통말이고 진지는 존대어휘이다.

밥이라고 말할 때는 "밥 먹는다" "밥 먹어라" 라고 아랫사람에게 하는 낮춤말이 되지만, 진지라고 말할 때는 "진지 잡수셨다", "진지 잡수세요" 라고 웃어른에게 여쭙는 높임말이 된다.

'밥'에는 '먹는다'가 붙어야 말이 되고 '진지'에는 '잡숫다'가 붙어야 말이 된다. 예를 들어 "동생에게 밥 먹으라고 해라", "아버지 뵙고 진지 잡수시라고 여쭈어라" 의 두 가지가 있다. 같은 의미의 말이지만 '밥'이라고 할 때는 '보고, 먹다, 말하다'가 붙어서

낮춤말이 되고, '진지'라고 말할 때는 ' 뵙고, 잡숫다, 여쭙다'가 붙어서 높임말이 된다.

이와같이 같은 뜻의 어휘이면서도 낮춤말과 높임말 그리고 보통말의 구별이 있다(출처: 범국민 예의생활실천 운동본부).

어휘를 선택하는 것은 말의 격을 높이는데 크게 작용하므로 어휘를 적절히 사용해야 예스러운 말을 할 수 있다.

3 호칭과 지칭

1) 호칭과 지칭

'호칭'이란 어떤 사람을 내가 직접 부르는 말이고, '지칭'이란 어떤 사람을 다른 사람에게 말할 때 가리키는 말로써 이를 합하여 '칭호'(稱號)라 한다.

칭호가 언어예절, 대인관계에서 중요한 이유는, 대인관계는 의사소통의 첫 번째 수단이 언어이며 언어로 하는 대화는 상대를 부르는 데서부터 시작되기 때문이다. 따라서 호칭은 인간관계 속에서 적절한 언어예절을 수행하는데 중요한 역할을 한다고 볼 수 있다.

상대를 부르는 호칭은 상대의 관심을 나에게 향하게 하는 것이고 누구를 가리키는 지칭은 대화상대의 관심을 내가 원하는 곳으로 유도하는 것이므로 호칭이나 지칭을 잘못 쓰면 무례한 사람이 될 수도 있다.

가정이나, 학교, 직장, 사회에서 함께 일하는 동료, 친구, 등 사회에서 만나는 사람들과 써야 하는 호칭과 지칭은 모두 다르다. 특히 우리나라는 다른 나라와 달리 같은 대상이라도 경우에 따라 여러 가지 호칭으로 부르거나 말하게 된다. 또 순수한 우리말

칭호와 한자말이 섞여 쓰이기도 한다.

호칭은 상대방을 존중한다는 의미로 이름에 성별, 직위, 직업 등을 붙여서 부르는 것으로 사전에 상대방에 대한 개인정보를 알아두고 어떤 호칭을 쓸지 염두에 둔다면 대인관계에서 효과적인 도움이 될 수 있다.

호칭은 타인을 직접 부를 때 사용하며 문화권에 따라 다르다. 한국문화에서 특히 호칭이 중요한 이유는 수직적 위계질서 문화와 관련된다고 볼 수 있다. 군인, 기업 등 조직 생활에서는 호칭이 중요한 역할을 한다. 즉, 호칭을 통해 상대방의 위치를 짐작할 수 있으며, 직위, 직책에 맞는 대우를 판단할 수 있기 때문이다.

21세기 글로벌시대는 수직적이고 권위주의적 방식보다는 수평적인 방식이 늘어났으며, 많은 기업들도 이러한 흐름에 따라 호칭에 변화가 나타났다. 예를들어 회사 내에서 '~과장', '~부장' 등 직위를 부르는 것이 아니라 '~님' 또는 '~씨' 등 연차, 직위, 직책을 구분하지 않는 호칭을 사용하기도 한다.

호칭을 자유롭게 함으로써 연차, 직위, 직책에 크게 영향을 받지 않고 자유로운 토론과 토의가 가능해졌다. 물론 주요 직책의 경우 전통적인 호칭을 사용하고 있고 상황이나 상대방의 사회적 지위에 따라 경어법의 사용 여부를 판단해야 한다. 그러나 나와 연배가 같더라도 첫 대면에 경어법, 호칭에 맞지 않는 대화는 언어예절을 모르는 매너 없는 행동이 될 수 있으므로 주의해야 한다(임민지, 2016).

2) 친척에 대한 칭호

(1) 부모에 대한 칭호[2)]

① 아버지/어머니: 자기의 부모를 직접 부르고 지칭하거나 남에게 말할 때

2) http://www.yejeol.or.kr/index.php 범국민 예의생활실천 운동본부

② 아버님/어머님: 남편의 부모를 직접 부르고 지칭하거나 남에게 말할 때와 남에게 그 부모를 말할 때

③ 애비/에미: 부모의 어른에게 자기의 부모를 말할 때와 부모가 자녀에게 자기를 지칭할 때 및 조부모가 손자녀에게 그 부모를 말할 때

④ 아빠/엄마: 말 배우는 아이가 자기의 부모를 부르거나 말할 때(유치원 때까지)

⑤ 가친/자친(家親?慈親): 자기의 부모를 남에게 말할 때의 한문식 지칭

⑥ 춘부장/자당님(椿府丈?慈堂님): 남에게 그의 부모를 한문식으로 말할 때

⑦ 부친(父親)/모친(母親): 남에게 다른 사람의 부모를 말할 때

⑧ 현고/현비(顯考?顯?): 축문이나 지방에서 죽은 부모를 쓸 때

⑨ 선친 선고/선비(先親 先考?先?): 남에게 자기의 죽은 부모를 말할 때

⑩ 부주/자주(父主?慈主): 편지에 부모를 쓸 때의 한문식

⑪ 선고장/대부인(先考丈?大夫人): 남에게 그의 죽은 부모를 한문식으로 말할 때

(2) 형제, 자매, 남매간의 칭호

① 형: 미혼의 동생이 동성 형제을 부를 때

② 형님: 기혼의 동생이 형을 부를 때

③ 백씨 · 중씨 · 사형(伯氏?仲氏?舍兄): 자기의 형을 남에게 말할 때

④ 아우: 동생의 배우자나 남에게 자기의 동생을 말할 때

⑤ 아우님 · 제씨: 남에게 남의 동생을 말할 때

⑥ 언니: 동생이 여자 형제를 부를 때

⑦ 얘 · 너 · 이름: 언니가 여동생을 부를 때

⑧ ㅇㅇ어미: 집안의 어른에게 자녀를 둔 여동생을 말할 때

⑨ 오빠: 미혼 여동생이 남자 형제를 부를 때

⑩ 오라버니: 기혼 여동생이 남자형제을 부를 때

⑪ 오라비: 여동생이 집안 어른에게 남자형제를 말할 때

⑫ 누나: 미혼 남동생이 손위의 누이를 부를 때

⑬ 누님: 기혼 남동생이 손위 누이를 부를 때

⑭ 얘 · 너 · 이름: 손위 누이가 미혼인 남동생을 부를 때와 오라비가 미혼인 누이동생을 부를 때

⑮ 동생 · 자네 · ㅇㅇ아버지: 손위의 누이가 기혼인 남동생을 부를 때

(3) 형제자매의 배우자 칭호

① 아주머니/형수님: 시동생이 형의 아내를 부를 때

② 아주미/아지미/형수: 집안 어른에게 형수를 말할 때

③ 형수씨: 남에게 자기의 형수를 말할 때

④ 제수씨/수씨: 동생의 아내를 직접 부를 때

⑤ 제수: 집안 어른에게 제수를 말할 때

⑥ 제수씨: 남에게 자기의 제수를 말할 때

⑦ 언니: 시누이가 오라비의 아내를 부를 때

⑧ 올케/새댁/자네: 시누이가 남동생의 아내를 부를 때

⑨ ㅇㅇ댁: 집안 어른에게 남동생의 아내를 말할 때

⑩ 매부(妹夫): 누님의 남편을 부를 때와 자매의 남편을 남에게 말할 때

⑪ 자형/매형(姉兄?妹兄): 누님의 남편을 부를 때와 남에게 말할 때

⑫ ㅇ서방/자네: 누이동생의 남편을 부를 때

⑬ 매제(妹弟): 누이동생의 남편을 남에게 말할 때

⑭ 형부(兄夫): 여동생이 여형의 남편을 부를 때와 말할 때

⑮ ㅇ서방: 여형이 여동생의 남편을 말할 때

(4) 시댁가족에 대한 칭호

① 아버님/어머님: 남편의 부모를 부르거나 말할 때

② 아주버님: 남편의 형을 부르거나 가족간에 말할 때

③ 시숙: 남편의 형을 남에게 말할 때

④ 형님: 남편의 형수나 남편의 누님을 부를 때

⑤ 도련님: 남편의 장가 안든 남동생을 부를 때

⑥ 서방님: 장가든 시동생을 부를 때

⑦ 시동생: 남에게 자기 남편의 남동생을 말할 때

⑧ 동서/자네: 시동생의 아내를 부를 때

⑨ 작은 아씨: 시집가지 않은 시누이를 부를 때와 가족간에 말할 때

⑩ ○서방댁: 시집간 손아래 시누이를 부를 때와 가족간에 말할 때

⑪ 시누이: 남편의 자매를 남에게 말할 때

⑫ ○서방님: 시누이의 남편을 부를 때

(5) 처가 가족에 대한 칭호

① 장인어른/장모님: 아내의 부모를 부를 때

② 빙장/빙모: 아내의 부모를 남에게 말할 때

③ 처남댁/○○어머님: 처남댁을 부를 때

④ 처형/○○어머님: 처형을 부를 때

⑤ 처제/○○어머님: 처제를 부를 때

⑥ 처남/자네: 손아래 처남을 부를 때

기타 처가가족은 사회적인 호칭으로 한다.[3]

3) http://www.yejeol.or.kr/index.php 범국민 예의생활실천 운동본부

일반적으로 직장생활에서 실수하기 쉬운 호칭으로 상사에 대한 존칭은 호칭에만 붙인다. 예를 들어 사장님실이 아니라 사장실이 올바른 표현이며 본인이 참석한 자리에서 그 지시를 전달할 땐 '님'자를 붙인다. 예를 들어 "상무님(부장님) 지시사항을 말씀드리겠습니다." 라고 한다. 그리고 문서에는 상관에 대한 존칭을 생략하는데 예를 들어 '김부장님 제안'이라고 하지 않고 '김부장 제안'이라고 표시한다.

3) 호칭과 지칭의 개선

언어예절을 위한 호칭과 지칭에 대한 논의가 꾸준히 진행되면서 점차 개선되고 있다.

가족 형태의 변화, 수평적 인간관계 추구 등 다변화된 사회환경 속에서 언어 예절의 유연한 변화가 필요하다는 의견이 꾸준히 제기되어 왔다.

2020년 4월 국립국어원에서는 시대적 변화 요구에 맞춘 가족간 호칭 · 지칭과 관련하여 새로운 언어예절 안내서를 발간하였다. 2017년부터 진행한 실태 조사와 정책 연구를 바탕으로 이번에 『우리, 뭐라고 부를까요?』를 발간하였고 이 책은 반드시 어떤 호칭 · 지칭어를 써야 한다는 규범적인 틀에서 벗어나서 서로 배려하고 자유롭게 소통하는 방법을 제안하였다.

그동안 사용됐던 남녀 차별적 표현이 담긴 가족 간 호칭 · 지칭어를 대신할 수 있는 내용으로 구체적인 내용은 다음과 같다.

(1) 호칭 · 지칭이 반드시 필요한가?

- 『표준 언어 예절』(2011)은 전통적인 가족 관계를 중심으로 형성된 호칭 · 지칭어를 대체로 유지하고 있어 남성 중심적인 비대칭적인 표현이 많았다. 그러다 보니 점

차 전통적인 언어예절을 불편하게 생각하는 사람들이 많아졌고 저마다 처한 환경과 생각이 다름에도 획일적으로 호칭 · 지칭어를 정하는 것은 바람직하지 않을뿐더러 우리 언어생활을 편하게 하는 것도 아니라는 인식이 보편적이다.

- 『우리, 뭐라고 부를까요?』는 기존의 호칭 · 지칭어를 포용하면서도 그동안 『표준 언어예절』에 불편함을 느꼈던 사람들도 편하게 쓸 수 있는 여러 대안을 제시하여, 국민들이 좀 더 자유롭고 조화로운 언어생활을 영위하는 데 도움이 되고자 발간되었다.

(2) 시대적 흐름에 맞는 다양한 대안 제시

- **'친할머니', '외할아버지' 대신 '효자동 할머니', '광주 할아버지'라고 해도 돼요.**
  - 전통 언어 예절에서는 아버지 쪽은 가까움을 뜻하는 '친(親)-'을 쓰고, 어머니 쪽은 바깥을 뜻하는 '외(外)-'를 써서 구분하여 왔는데, '효자동 할머니', '광주 할아버지'처럼 지역 이름을 넣어 친가 · 외가 구분 없이 표현할 수 있음.

- **나보다 서열은 낮지만 나이가 많은 사람에겐 '-님'을 붙여도 돼요.**
  - 가족 간에 나이와 서열이 역전되는 경우에는 호칭이나 지칭 뒤에 '조카님', '처제님', '동서님'처럼 '-님'을 붙여 상대를 존중하는 뜻을 나타낼 수 있음.

- **'도련님', '서방님', '아가씨'도 각자의 판단에 따라 다양하게 부를 수 있어요.**
  - 남녀 차별적인 호칭으로 관심을 모았던 '도련님', '서방님', '아가씨' 등은 자녀와의 관계에 기대어 'ㅇㅇ[자녀 이름] 삼촌/고모' 등으로 불러도 되고, 관계가 친밀하다면 'ㅇㅇ 씨'라고 부르거나 이름을 직접 부를 수 있음.

출처: 국립국어원. 호칭과 지칭에 관한 언어예절 안내서(2020)

(3) 새롭게 바뀐 호칭과 지칭의 적용

정비 내용	적용
• '안', '밭(바깥)' 등 성에 따른 구분 표지나 남녀 비대칭적인 구분 표지의 사용을 지양한다.	예 '안사람', '바깥양반' 등은 '아내'와 '남편'으로 사용함.
• 남녀 비대칭적인 호칭과 지칭은 대칭적으로 맞춘다.	예 시부모에 대한 호칭 중 '시아버지'는 '아버님'으로만, '시어머니'는 '어머님/어머니'를 모두 쓸 수 있게 한 것을, 시부모 모두에 대하여 '아버님/아버지', '어머님/어머니'로 쓸 수 있게 함.
• 남자와 여자의 결혼 이전 친부모의 집을 이르는 말로 '본가'를 사용한다. 단, 여자의 경우는 '친정'도 함께 사용할 수 있다.	예 남자: 본가 아버지, 본가 누나 여자: 본가/친정아버지, 본가/친정 언니
• 서열은 아래이지만 나이가 많은 경우, 상대를 존중할 수 있는 장치인 '-님'을 붙여 부르고 이를 수 있다.	예 여동생의 남편이 나보다 나이가 많을 경우 '매부님', '매제님', 'ㅇ 서방님'과 같이 부를 수 있음.
• 가족 관계에서 서열도 아래이고 나이도 어린 경우, 친근한 가족 관계에서 서로 양해가 되었다면 'ㅇㅇ 씨'로 부르고 이를 수 있다.	예 남편의 남동생이나 여동생이 나보다 나이가 어릴 경우 'ㅇㅇ 씨'로 부를 수 있음.

출처: 국립국어원(보도자료). 서로 존중하고 배려하는 호칭과 지칭(2020)

언어예절 안내서에는 전통적인 언어예절에서 고수하는 호칭 · 지칭이 옳고 그름의 시선에서 벗어나서 서로를 배려하고 함께 소통하는 방법을 제안하며 '표준'이라는 엄격한 틀에 얽매이지 않고 서로를 자유롭게 부르고 언어생활을 할 수 있도록 제시하였다.

서로를 존중하고 배려하는 마음만 있다면 전통적으로 사용하던 호칭과 지칭 규범을 따라도 좋고 현재 처한 상황이나 가족의 전통에 따라도 좋다.

따라서, 호칭 · 지칭어에 대한 정답은 없으므로 갈등과 혼란을 줄이기 위해 서로 존중하고 배려하여 부르는 것이 올바른 언어예절이라 할 수 있다.

4) 올바른 언어예절

상대방에게 의사를 표현할 때, 사려 깊게 말하면 사람들이 당신의 생각을 더 잘 이해하고 대화가 쉬워진다.

■ 올바른 언어예절의 유의사항

- 품위 있는 표현과 바른말씨
- 표준말의 어휘 사용
- 밝은 표정으로 상대방이 알아듣기 쉬운 표현의 말
- 상대방을 존중하고 배려하는 마음
- 높임말, 존중어/ 겸양어 등 경어체를 적절히 사용
- 호칭과 지칭을 적절히 사용
- 명령형 말보다 → 의뢰형, 청유형(해주시겠습니까? 어떤가요?)
- 부정형 말보다 → 긍정적, 개방적, 위로, 지지해주는 말

올바른 언어예절을 지키기 위해 일상생활에서 다음 사항을 주의하여 사용하도록 하자.[4)]

■ 외래어와 외국어

외래어는 다른 나라의 말을 빌려 우리말처럼 쓰는 말로 '빵'이나 '버스' 등. 외국어는 '댄스', '스포츠' 등 다른 나라의 말.

4) 네이버 지식백과 https://terms.naver.com 국어개념사전

■ 은어

은어는 특정한 집단 안에서 내부의 비밀을 유지하기 위해, 다른 사람들이 알아듣지 못하도록 사용하는 말. 은어의 사용은 은어를 모르는 사람에게 소외감과 고립감을 줄 수 있다.

■ 비속어

비속어는 대상을 얕잡아 보고 경멸하는 태도로 하는 말. 비속어는 듣는 사람에게 불쾌감을 줄 수 있다.

■ 유행어

유행어는 어느 한 시기에 널리 쓰이다 사라지는 새로운 말로, '공주병', '얼짱' 등. 이러한 유행어를 무분별하게 사용하면 개성 없고, 가벼운 사람으로 보일 수 있다.

4 글로벌 호칭매너

■ 글로벌 호칭(경칭) 매너

나라	호칭(경칭)
중국	직위가 있는 경우 그 직함을 부름(당원인 경우는 동지 호칭) Mr, Mrs, Miss 등의 경칭 사용.
대만	대부분 성에 직함을 붙여서 부름. Mr, Mrs, Miss 등을 사용, 결혼한 여성은 남편의 성을 따르지 않고 성에 가담(Madam)을 붙임
일본	남녀 불문하고 성에 '~상'을 붙임
인도네시아	다양한 민족으로 이름형태가 다양하고 이름을 신성하게 여김. 이름에 직함을 붙이고 직함이 없는 경우 Mr, Mrs, Miss 경칭사용
대부분의 서양	대부분 이름(First name), 중간이름(Middle Name), 성(Last Name, family name)으로 구성 아버지의 이름을 물려받으면 이름 끝에 Junior, 손자가 물려받으면 3rd.를 붙인다. 각 나라의 방식대로 발음하므로 물어보고 정확히 발음하는 것이 매너 격식을 차릴 경우는 경칭, 이름, 성을 다부르거나 경칭과 성(Last name)을 부름. ex. Mrs Nansun Nickerson/ Mrs Nickerson
독일	경칭을 강조. 남성은 Herr, 여성은 Frau를 붙여 부른다. 회사의 직함보다 학위나 경력을 통해 얻은 직함으로 불리는 것을 좋아함
프랑스	성앞에 무슈(Mr), 마담(Ms), 마드모아젤(Miss) 경칭을 붙임

CHAPTER

07

자기관리를 위한 인성덕목

학 • 습 • 목 • 표

- 인성의 덕목 ' 예, 효, 정직, 책임, 존중, 배려, 소통, 협동 등'의 개념을 이해하고 설명 할 수 있다.
- 자신이 잘하는 것, 부족한 것을 알고 자기관리를 위한 실천을 할 수 있다.
- 강점발견으로 자신감과 자존감을 높일수 있다.
- 자기관리를 위한 인성덕목을 토론과 발표를 통해 함께 공유하고 자신을 점검할 수 있다.

MEMO

1 인성발달과 핵심역량

2016년 교육부 인성교육 5개년 종합계획에 관한' 인성교육진흥법'에 따라 인성교육에 관한 장기적이고 체계적인 정책추진을 발표, 인성교육은 현재 우리사회가 처한 문제와 위기를 해결할 수 있는 방안과 더불어 글로벌 사회에 성공적인 진입을 위한 필요조건이라 할 수 있다.

대학에서 인성교육은 대학생들이 심리 · 사회적으로 성숙한 사회인으로 성장할 수 있는 데 도움을 줄 수 있을 뿐만 아니라 의사소통능력, 타인에 대한 이해, 통찰력 등에도 영향이 있음을 보고하고 있다(이형득, 1996).

좋은 인성은 습관으로 형성되어야 하며 인성교육은 인지적 요소(도덕적 각성, 추론 자기인식), 정의적 요소(양심, 선한 것, 겸손), 행동적 요소(도덕적 능력, 의지, 습관)를 포함하는 종합적 접근을 통해 효과적으로 형성된다. 인지적 요소는 무엇이 선한 것인지 아는 것이고, 정의적 요소는 그 선한 것을 사랑하는 것이고 행동적 요소는 선한 것을 행동으로 옮기는 것을 의미한다.

지식기반사회에서 핵심역량은 지식 자체가 아니라 지식에의 적응능력과 창출능력으로 사회에서는 대학생들에게 지식보다 능력을 요구하고 있는 현실이다. 따라서 인성덕목을 실천할 수 있는 역량을 키우는 것이 중요하다고 할 수 있다.

특히 대학생의 핵심역량은 기업에서 요구하는 핵심역량을 기초로 하여 대학교육에서 글로벌 환경의 빠른 변화와 사회의 다양한 요구를 충족시킬 수 있는 핵심역량을 갖춘 인재육성에 초점을 두어야 할 것이다.

핵심역량은 현대사회의 변화에 적응하는 개인의 능력을 표현하는 개념으로 역량의 개념이 주목을 받게 되면서 역량은 타고난 능력이나 성향이라기보다는 길러지고 학습될 수 있는 개념으로 인식되고 있다.

대학생의 핵심역량을 강화하기 위한 노력으로 학부교육의 강화 및 인성교육을 위한 비교과 교육과정 등 대학에서 다각적인 방법을 모색하고 있으며, 변화하는 사회환경 속에서 인성의 핵심역량의 중요성은 더욱 강조되고 있다.

대학생들이 길러야 할 인성역량으로 도덕적 문제해결 능력을 포함한 '지적 인성역량', 도덕적 자기관리 능력, 도덕적 대인관계 및 의사소통능력 등을 포함한 '도덕적 인성역량', 그리고 공동체 의식, 다문화, 글로벌 시민의식 등을 포함한 '시민적 인성역량'이 있다(정창우, 2017).

인성교육은 창의성과 민주시민역량 발현을 위한 필수적 소양으로 인식하면서 공동체와 더불어 살아가는데 필요한 성품과 역량을 갖춘 인재양성과 가정, 학교, 사회와 함께 전체적인 과정에서 인성을 깨우치는 교육실현을 목표로 하고 있다.

대학생의 핵심역량은 인지적 영역과 비인지적 영역으로 구별할 수 있으며, 인지적 영역에는 비판적 사고력, 분석능력, 문제해결 능력, 수리적 문제분석능력 등 고차원적 사고능력, 의사소통능력을 포함하고 있다. 비인지적 영역에는 자아개념과 태도 등 정의적 측면의 발달을 포함해서 자기관리, 대인관계 등의 역량을 고려할 수 있다(이병식 외, 2008).

본 교과에서는 자기관리(개인)를 위한 인성덕목과 대인관계(타인), 공동체의식(환경)형성을 위한 인성덕목으로 구분하여 인성과 역량개념을 이해하고자 한다.

2 자기관리를 위한 인성덕목

인성교육진흥법[1)]에서 인성을 ' 자신의 내면을 바르고 건전하게 가꾸고 타인 · 공동체 · 자연과 더불어 살아가는 데 필요한 인간다운 성품과 역량을 기르는 것을 목적으로 하는 교육'으로 정의하고 있으며, 인성의 핵심가치로' 예, 효, 정직, 책임, 존중, 배려, 소통, 협동 등'을 제시하고 있다.

1) 예, 효, 정직, 책임의 인성덕목

(1) 예(禮)

다른 사람의 인격을 존중하고 경애하는 마음을 말과 행동으로 나타내는 공동체의 규정, 관계를 의미하며, 상대방에게 갖추어야 할 말투, 몸가짐, 행동 등을 일정한 형식으로 표현하는 행위를 의미한다.

상대방의 인성을 존중하는 마음가짐이 앞서면 우리의 언행과 태도의 형식은 따라간다. 예절은 상대방의 인성을 존중할 뿐만 아니라 자기 자신의 삶을 성찰하게 되는데 이것은, 사회적인 상호작용을 통해 스스로의 삶을 돌아보고 자기 인성의 통합을 이루게 되는 것이라 할 수 있다. 그러므로 예(禮)는 타인과의 관계에서도 중요할 뿐 아니라 스스로 자기관리를 위해서도 중요하다고 할 수 있다.

예(禮)의 덕은 공경심, 존중과 배려외에 친절과 겸손을 필요로 한다. 친절은 타인의 행복과 기분에 관심을 보여주는 것이고 겸손은 잘못과 실패에 대해 다른 사람을 탓하기보다는 스스로 책임지고 반성을 통해 고치고자 노력하게 해준다(Lickona, 2004, 정창

1) 인성교육진흥법(2015년 1월 20일 제정, 2019년 12월 일부개정)

우 2017, 재인용) 겸손한 사람은 사람들의 칭찬이나 시선보다 자신이 맡은 일에 최선을 다해 완수하려고 노력한다.

예의 근본정신은 상대를 공경하고 배려하는 마음으로 인격존중의 마음과 공경심이며 형식은 표현하는 방식, 절차, 격식 등을 의미한다.

예의바른 태도는 한 사람의 인격(품격)을 외적으로 드러내는 표현 수단이라고 할 수 있다.

- 예절의 하위 구성요소: 가정생활 예절, 사회생활 예절, 국가에 대한 예절
- 예(禮)의 실천 교육은 어려서부터 몸에 익혀 자연스럽게 배어들게 하여 실천하며, 일상생활 속에서 습관화되도록 반복한다.
- 예의바른 실천 행동: 공손한 인사, 식사예절, 존댓말 사용, 감사하는 마음 갖기, 바른 인사습관 등(교육과학기술부, 2012).

(2) 효(孝)

'효는 백행의 근본이다'라는 것은 효도가 모든 행위의 근원으로 보기 때문이다. 효의 기본은 부모님의 근심을 덜어 주는 일로 정신적으로 편안하고 기쁘게 해드리는 것과 더불어 육체적, 물질적으로 봉양하는 것을 의미한다. 즉, 가장 중요한 효의 태도는 부모님을 섬기는 마음과 행동 외에도 지식이나 경험이 많은 웃어른을 공경하고 아랫사람을 사랑하는 경애심의 포괄적 의미로 일상생활에서 습관처럼 갖추어져야 한다.

대가족제도에서 노인의 지혜와 슬기를 존중하는 전통으로 효는 가정에서 중요한 덕목이며 '인간의 도리'라 할 수 있다.

부모는 자녀를 양육하고 돌보는데 순수한 애정과 사랑, 그리고 관심을 가지며, 자식은 그 은혜에 감사하고 보답하고자 하는 감은(感恩)의 마음으로 효를 실천해야 한다.

효의 정신은 웃어른을 진심으로 공경하고 아랫사람을 사랑하는 마음이 연결된 것이라 할 수 있다(유병열, 2008).

최근 생활방식의 변화(핵가족, 개인주의)로 인해 효에 대한 개념과 생각이 변화되었다. 전통적인 효사상은 부모와 자녀 간의 동등한 관계로 물질적, 정신적 돌봄의 의미로 확장되었다. 이러한 효도의 마음이 확대되면 자연스럽게 형제자매간 우애(友愛)와 경애(敬愛)로 발전하여 사이좋은 가족관계로 확장될 수 있다.

- 효의 실천 교육은 작은 생활습관에서부터 시작한다(주 1회 문자, 안부전화 등).
- 문화적인 관점에서 효(孝)의 개념 재조명: 대전의 효 문화센터
- 뿌리축제, 자신의 뿌리(근본) 찾기

(3) 정직(honesty)

정직의 사전적 의미는 '마음에 거짓이나 꾸밈이 없이 바르고 곧음'으로 정의된다(국립국어원, 2020). 정범모(2004)는 정직성을 있는 그대로 말하고, 있는 대로 하는 것, 즉 사실대로 말하고 당위대로 행하는 것으로 정의하였다.

정직은 '대화 속 정직'과 '행위 속 정직'으로 나눌 수 있는데, '대화속 정직'은 다른사람을 속이지 않고 자신이 알고 있는 것을 최대한 사실대로 말하는 것이고, '행위 속 정직'은 다른 사람의 것을 훔치지 않는 것, 부정행위, 기만이나 속임수를 쓰지 않고 행동하는 것이다(김형재, 2018).

- 정직의 하위요인: 원칙주의, 진실성, 정의성, 충실성, 준법성
- 정직한 사람들의 특성(장희선 외, 2011)
  - 양심적인 사람: 스스로에게 떳떳한, 당당함, 부끄럼 알기
  - 거짓말 않고 진실만 말하는 사람: 사실, 솔직, 자신의 잘못알기
  - 남을 속이지 않는 사람: 가식 없기, 솔직하게 행동하기
  - 공평한 사람: 남도 나와 똑같이 여김
  - 곧은 사람: 흔들림이 없는 사람, 타의 모범, 바른 것 추구
  - 합리적인 사람: 이성적, 사리분별, 알맞은 상황판단

– 일관적인 사람: 두말 않하기, 말과 행동 일치하기
– 타인에게 피해를 주지 않는 사람
– 준법 적인 사람: 질서, 법과 규칙, 편법 않기
– 용기 있는 사람: 불의에 참지 않고, 이익, 가치관에 반하여도 자신의 잘못을 인정하기, 대범하기

(4) 책임

책임은 상호의존적으로 결합된 인간 공동체 내에서 공동선(共同善)의 실현을 위해 각 구성원들에게 부여된 역할과 의무를 충실히 이해하는 것을 말한다(유병열, 2004). 인간은 누구라도 자신에게 맡겨진 책임이 있으며, 주어진 책임을 성실하고 충실하게 해낼 의무가 있다.

이러한 책임은 인간에게 주어진 과제, 곧 주어진 일을 다함으로써 사회에 이바지하는 것을 요구하고 공동생활을 위한 사회의 분업을 전제로 하여 개인의 행동을 전체 구성원의 목표로 연결시키는 도덕적인 덕목인 것이다(이규호, 1989).

역할(과제) 책임은 '자신의 존재에 대한 책임'뿐만 아니라 '가족 및 지역 공동체, 인류 공동체의 구성원으로서의 책임'으로 확장될 수 있다. 일반적으로 책임감이 높은 사람은 책임을 전가하거나 자신의 일에 대해 타인의 인정이나 칭찬을 요구하지 않는다. 자신에게 부여된 책임을 수행하고 주어진 의무를 다하려고 한다(정창우, 2017).

- 책임의 하위요인: 개인적 책임, 사회적 책임
- 책임감 있는 사람들의 특성(서경덕, 2013).
  – 자신이 할 수 있는 모든 것을 수행, 무책임한 행동을 하지 않음
  – 자신과 타인을 돌보고 존중할 줄 알며, 주어진 책임과 의무를 다하려 함
  – 자신의 생각과 감정, 행동에 대한 책임을 지며, 다른 사람에게 해를 주지 않음
  – 공동체 생활에 책임감 있게 행동하며 자기권리와 타인의 권리를 존중

2) 존중과 배려의 인성덕목

(1) 존중(Respect)

존중의 사전적 의미는 '상대방을 높이어 귀하게 대하는 것'으로 사람이나 사물의 중요성에 대해 경의를 표하는 것으로 사람과 사물의 가치를 소중히 여기는 것이다.

존중은 정중하고 사려 깊은 방식으로 다른 사람들을 대함으로써 그들이 존엄성을 가진 가치 있는 존재라는 것을 보여주는 것으로 모든 사람은 존엄하게 대우받을 권리를 가지고 있다. 존중은 폭력, 혐오, 착취 등을 예방하는데 중요한 기능을 하며, 자기존중, 타인존중, 생명존중으로 확대되는 특징이 있다(정창우, 2017).

먼저 자신을 사랑하고 아끼는 자신에 대한 존중이 선행되어야만 타인의 가치를 인정하고 타인의 생각과 행동을 존중, 소중하게 생각하게 된다.

존중하기 위해서는 타인과 내가 서로 다르다는 것을 인정하고 수용하는 자세가 필요하다. 인간관계에서 갈등의 근본적인 원인은 서로 다름을 틀림으로 보기 때문인데 '서로 같다/서로 다르다'의 의미가 '맞다/틀리다' 또는 '좋다/나쁘다'로 확대되기 때문이라 할 수 있다. 그러므로 각각 표현방식의 차이를 인정해야 한다.

글로벌시대에 여러 나라의 문화를 이해하는 방식에도 문화는 그 문화를 형성한 사람들의 삶의 방식과 가치관에 입각해서 이해하고 존중해야 한다. 문화라는 개념은 다양한 맥락에서 사용되므로, 문화는 그 문화를 형성한 사람들의 삶의 방식과 가치관에 입각해서 이해하고 존중해야 하며, 문화의 서로 다름과 차이에 대해 이해하고, 문화의 차이에 대해 우열을 매기려는 생각을 버리고 각각의 고유함을 존중해야 할 것이다.

- 존중을 위한 방법: 자신을 아끼고 사랑(자기존중), 타인의 생각과 행동을 신중하고 소중하게 대하는 생활습관(타인존중), 사람과 사물의 가치를 소중히 여기는 것(생명존중)

(2) 배려(Care)

배려는 '상대방에게 관심을 가지고 도와주거나 보살펴 주는 것'으로 배려는 상대방의 입장을 자신의 입장보다 우선하고 타인의 어려움이나 필요에 반응해 주는 것을 의미한다. 즉, 사회에서 연약하고 어린사람, 도움이 필요한 노약자나 장애인 등을 돕는 것 등이다(권미정, 2008).

배려의 의미는 '타인을 도와주거나 보살펴 주려고 마음을 씀, 남의 형편이나 처지를 걱정하고 함께 근심함'이라고도 하고, '돌보는 사람과 돌봄을 받는 대상 간의 상호의존적인 관계 속에서 이루어지는 실천'의 의미로 배려를 규정하기도 한다.

타인과의 관계 속에서 배려를 인식하고 그에 대해 반응할 때 지속적인 배려가 이루어지며, 배려의 '상호성'은 상호 신뢰에 영향을 미치는 관계적 속성이라고 할 수 있다.

배려는 타인의 요구를 더 중요하게 여기고 반응하여 구체적인 행동과 실천으로 나타나는데, 타인을 돕고 보살피는 배려의 하위요소에는 타인의 성격이나 성향에 대한 공감, 타인입장에서 감정을 이해하는 민감성과 타인의 어려운 상황에 대한 공감하고 이해하는 온정성, 타인의 이익을 위해 자신의 감정을 조정하고 사랑, 도움, 존경의 마음을 갖는 배려성, 타인에게 적절한 도움이나 격려, 위로를 주는 타인에 대한 관대한 배려의 하위요인들이 있다.

실천적 배려는 다른 사람에 대해 관심을 갖거나 이끌리는 특별한 감정(온정, 관심, 수용, 전념)으로 타인과의 관계성을 유지하고 향상시키며 사회적 존재로써 공동체와 함께 살아가기 위한 행동적, 실천적 의미가 크다고 볼 수 있다.

배려란 기본적으로 남에게 피해를 주지 않으려는 마음에서 시작되며 다른 사람에게 평상시에 베푼 작은 배려가 인간관계에 큰 힘을 발휘하여 원만한 대인관계를 유지할 수 있다.

배려의 덕목으로 타인에 대한 공감과 연민, 관용의 덕이 필요하다. 배려하는 사람의 따뜻하고 친밀한 태도와 더불어 책임감 있는 행동으로 표현되며, 배려의 능력과 성향은 행동과 실천 경험을 통해 길러지므로 배려받은 경험과 배려를 베풀었던 경험에 의해 획득되어 진다.

넬 나딩스는 기쁨이야말로 관계성의 실현을 의미하며 배려를 유지하고 배려에 헌신하도록 이끄는 것이라고 한다. 즉, 배려받을 때의 기쁨과 남을 배려할 때의 주된 보상은 기쁨을 의미하며, 이러한 기쁨은 서로에 대한 배려를 유지하도록 만든다고 한다(넬 나딩스 외, 2007).

- 인성교육에서 배려의 실천: 다른 사람들의 걱정과 요구에 반응하기, 다른 사람들에게 친절 · 공감 · 관대하기, 자선 참여와 자비 베풀기, 다른 사람들의 이익을 위해 자신을 희생, 비열 · 잔인 · 무감각하지 않기 등
- 상대를 배려하는 사소한 습관에서부터 공공예절까지 확대 실천

실천적 배려는 경험을 통해 대학생들이 자신의 의견을 개진하고 탐색할 수 있는 핵심적 요소라고 할 수 있다. 즉, 대학생들로 하여금 자신이 느끼고 생각한 것들을 타인과 공유하며, 그 과정에서 학생들의 아이디어를 발전, 확장할 수 있도록 이끄는 정서적 분위기를 형성하여 다양한 매체로 배려 관련 활동을 경험해 볼 수 있도록 해야 한다(김민성, 2011).

다음 제시된 토론주제와 자신만의 특별한 배려기술에 대하여 나눔 활동을 하면서 실천적 배려를 경험해보자.

생각해보기

■ 배려와 관련된 토론 질문

① 사람들이 자신에게만 몰두하고 다른 사람들을 배려하지 않는다는 말을 한다. 동의하는가?
② 사람들이 진실로 당신을 배려할 때 어떤 느낌인가? 당신이 다른 사람을 배려할 때 어떤 느낌인가?
③ 어떤 세상이 배려하는 세상이고, 더 배려하는 세상을 누가 만들 수 있을까?
④ 누군가 배려하지 않는다면, 친구, 학교, 공동체에 어떻게 영향을 미치는가? 보통의 청년이 공동체에 영향을 끼치는 것이 가능하다고 생각하는가?
⑤ 배려하는 사람은 별로이다. 이유는?
⑥ 길가의 낯선 이에게 돈을 주겠는가?(아이가 있는 엄마 / 노인 / 타문화 출신 등) 이유는?
⑦ 나와 다른 생각을 가진 상대방의 입장을 이해하고 존중하기 위해 어떤 노력을 기울이고 있는가?
⑧ 배려하는 사람의 본보기나 모범이 된 사례가 있나?
⑨ 배려하는 행위를 통해 배려하는 인간이 된다. 이유를 설명하시오.

출처: 권미정(2008), 배려윤리를 통한 도덕과 교육 접근 방안에 관한 연구. (일부 내용 수정)

■ 자신의 배려기술에 대해 생각해보기

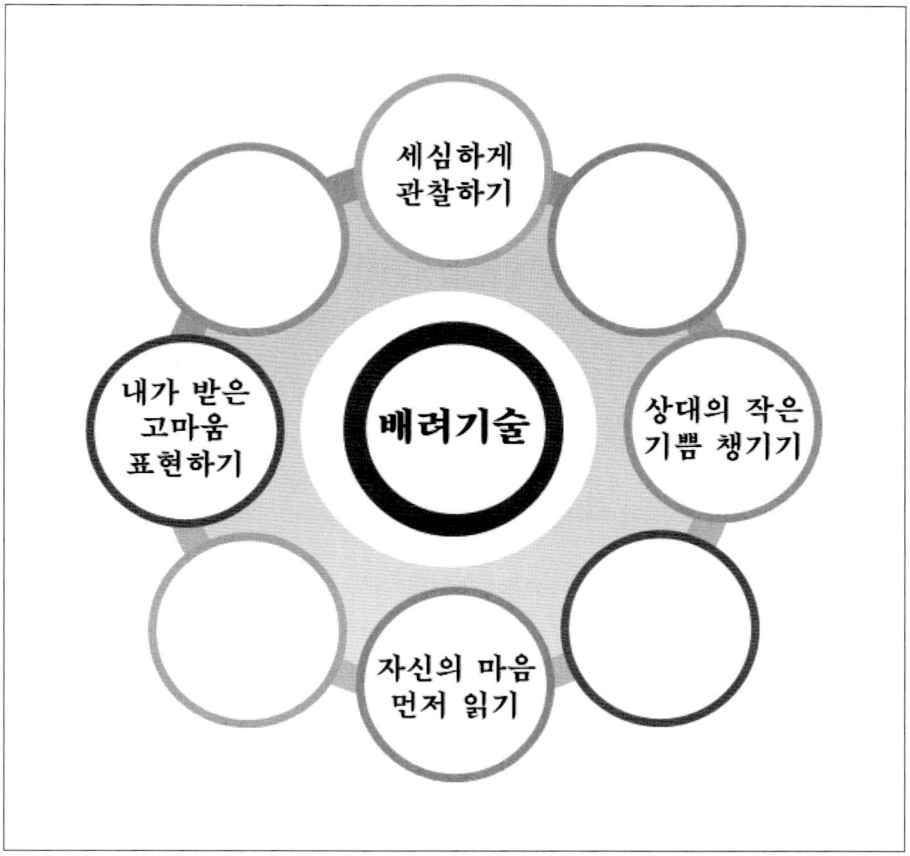

3) 소통과 협력의 인성덕목

(1) 소통

소통의 사전적 의미는 '사물이 막힘이 없고 잘 통함', '의견이나 의사 따위가 남에게 잘 통함', '뜻이 통하여 서로 오해가 없음 ' 으로 정의되기도 하며, 인간이 환경에 속한 대상과 느낌을 주고받는 과정으로도 정의할 수 있다(교육부, 2014).

자신의 생각을 전달하더라도 서로 배경지식과 상황이 다르면 전혀 다른 의미로 해석, 이해할 수 있다.

소통은 말보다 존중을 기본으로 관계를 형성하고 관계를 풀어가는 전술이라 할 수 있다.

소통에 관련된 문제를 근본적으로 해결하기 위해서는 소통을 단순한 의사전달의 수단으로만 인식하지 않고, 다른 사람에 대한 존중과 이해를 바탕으로 자신과 타인과의 상호작용에 대한 관점으로 인식할 필요가 있다(김옥인, 2013).

소통은 배려를 통해 타인이해와 더불어 원활한 공감대를 형성, 상대방의 마음을 잘 헤아려 돕거나 협동하는 가운데 서로의 생각과 마음을 주고받으며 상호작용을 하는 적극적인 노력이라고 할 수 있다(현주, 2014). 효과적인 소통을 위해 타인에 대한 공감과 배려가 필요하다.

소통은 말이 통하는 부분보다 존중을 기본으로 관계를 형성하고 관계를 풀어가는 전술이라 할 수 있다.

특히 대인관계에서 소통의 역량은 다양한 상황에서 타인의 관점과 감정을 이해하고 파악하며 타인과 우호적인 관계를 유지하고 소통하는 능력, 공동의 과제를 해결하기 위해 상호 협력할 수 있는 능력을 의미한다.

- 소통의 하위요소: 사교성, 개방성, 공유성, 피드백
- 소통 잘하는 사람의 특징: 적극적 경청, 공감적 경청

- 대화와 소통을 위한 노력: 말하기, 듣기, 공감과 경청, 명료성, 반복하기, 진심

(2) 협력(협동)

사전적 의미는 '서로 마음과 힘을 합하는 것으로 공동의 목표에 도달하기 위해 개인 간의 관계에서 나타나는 행동을 의미.(공동체 의식) 즉, 공동의 목표, 목적을 달성하기 위해 구성원들이 다 함께 활동하는 것이라 할 수 있다.

협력(협동)은 공동의 목표를 성취하기 위해 구성원들의 힘과 능력을 집약시켜 상부상조하는 것이다. 이러한 협력은 공동체가 발전하고 번영하기 위한 필요조건으로 공동체의 가장 작은 구성단위인 가정에서부터 사회, 국가, 인류공동체에 이르기까지 흥망성쇠를 좌우한다고 할 수 있다. 이러한 협력(협동)의 미덕은 공동체의식이나 연대성, 조화정신과 깊은 관련이 있고 이것은 사회 구성원들의 상호 결합성을 의미한다(정창우, 2017).

협력활동을 위한 팀웍(Team Work)은 공동의 기대와 목적을 가진 사람들이 서로 상호작용으로 조정, 통합하면서 공동의 목표를 달성하고자 노력하며 결과에 대해서도 책임을 지는 집단이라고 할 수 있다.

협력활동을 통해 구성원들이 공유하는 목표를 달성하기 위해 협력하는 과정에서 긍정적인 상호작용과 긍정적인 정서를 함양할 수 있으며 원만한 관계기술을 습득할 수 있다.

- 협력(협동)의 구성요소: 긍정적 상호의존성, 개별적 책무성, 대면적 상호작용, 사회적 기술, 집단과정(김형재 외, 2017)
- 협력(협동)활동: 사회성 향상, 자존감 향상, 공동체의식 향상

■ **협동(협업)능력 평가 체크리스트**

- 자발적인 협력활동을 통해 공동의 과제를 완성한 경험이 있는가?
- 서로 다른 가치관의 차이로 갈등이나 오해가 생긴 경우 사람들을 설득해 협력을 이끌어 낸 경험이 있는가?
- 공동과제나 단체활동을 즐기며, 구성원들로부터 좋은 동료로 인정받은(동료평가) 경험이 있는가?
- 공동과제 후 결과에 대한 평가에 공동으로 책임을 지는가?
- 어려운 상황이나 문제가 발생해도 일관된 모습으로 최선의 노력을 기울이는가?

3 인성역량을 위한 실천

인성교육을 위한 인성역량은 크게 '개인적 차원'과 '관계 차원'으로 구분하며 '개인적 차원에서의 인성역량'은 윤리적 관점에서 올바른 실천, 바람직한 자아상, 행복한 삶, 성공적인 삶 등을 추구하는 것과 관련되며 다음과 같은 덕목들이 요구된다(정창우, 2017).

① **도덕적 문제해결능력**: 어떤 문제를 윤리적 관점에서 합당하게 해결하는 능력

② **긍정적 태도**: 삶에 낙관적이고 긍정적인 관점으로 크고 작은 다양한 역경과 시련과 실패에 대해 도약의 발판으로 삼아 더 높이 뛰어 오르는 마음의 근력 즉, 회복탄력적 능력

③ **도덕적 자기관리능력**: 자신에 대한 참된 이해를 바탕으로 바람직한 자아정체성을 형성하고, 자신의 행동과 정서를 도덕적으로 관리하고 개발하는 능력

④ **도덕적 자기성찰 능력**: 자신의 행한 경험적 사실을 도덕적 관점에서 반추하면서 어떻게 살아갈 것인가에 대해 사색하는 능력

'타인과의 관계차원'에서의 인성역량은 갈등과 조정 문제해결 보다 적극적인 차원에서 다른 사람들과 도덕적 관계 형성을 지향하는 것으로 다른 사람의 입장을 이해하고 소통하며 관점을 공유하는 도덕적 의사소통능력과 원만한 대인관계를 유지하고 협력하는 능력의 덕목이 필요하다. 더불어 '공동체 관계차원'에서는 자신의 역할과 행동에 책임을 지며, 공동체 실현에 참여하고 공헌하는 공동체의식과 세계화, 다문화에서 문화적 다양성을 존중하고 지구적 문제를 해결하기 위해 참여하고 실천하는 능력이 필요하다(정창우, 2017).

1) 인성역량과 자기이해

자기이해는 자기와 타자와의 상호관계를 파악하는 태도이다. 건강한 인격의 요소인 자기수용에 이르기 위해서는 자기이해가 필요하며 의사소통에서는 상호이해하는 인간관계를 가능하게 하는 태도이다.[2]

자신을 잘 이해하는 사람은 자기도식의 특성이 확실하다. 자기도식이 있으면 정보를 빨리 처리할 수 있으며, 새로운 정보를 자신에게 맞게 여과하는 능력을 발휘한다. 예를 들면, 자신은 주변 사람들에게 예뻐 보이고 친절하며 인상이 좋아 보인다는 자기도식을 가지고 있다면 누군가가 자신에 대해 부정적이고 모순된 말을 해도 받아들이지 않

2) 네이버 지식백과 https://terms.naver.com

거나 무시해 버린다. 자신에 대해 긍정적인 자기도식을 가지면 자기존중감으로 자신을 보호할 수 있다. 자기이해는 대인관계에서도 긍정적인 역할을 한다. 자기이해 지능이 높은 사람은 주변환경으로부터 스스로를 독립된 존재로 인식하며 자율적으로 판단하고 행동한다. 자기이해가 부족하면 쉽게 마음의 문을 열지 못하고 폐쇄적으로 행동하며 진정한 인간관계에 몰입하기 힘들다. 자신의 감정과 행동에 대한 해석력이 없기 때문에 감정 자체에 쉽게 휩쓸려 대인관계를 악화시킨다(김춘경 외 2016).

그러므로 원만한 인간관계를 위해 현재의 '나'를 알고, 자신이 스스로를 얼마나 알고 있는지 점검하는 자기이해, 자기인식(self awareness)이 필요하다. '나는 누구인가(Who am I)?', '나는 무엇인가'(What am I)? 질문에 대한 답이 자신의 존재(being)와 역할(doing)에 대한 정체성을 확인할 수 있으며, 좀 더 나은 나를 발견하기 위해 시간과 공간을 확보하여 깊이 있는 내면을 성찰함으로써 '자신'을 바로 알 수 있다.

자기이해를 돕기 위해 객관적 검사나 투사적 검사를 활용하여 자신이 어떤 모습으로 보여지는지를 파악하고 여러가지 모습의 '나' 속에 '진실한 나'를 발견하는 것이 건강하고 성숙한 모습이라 할 수 있다.

2) 긍정심리와 강점발견

건강한 인성발달을 위해 객관적인 자기이해와 더불어 긍정정서를 증진시켜야 한다. 긍정심리는 행복과 자기실현이라는 적극적인 목표를 추구하며, 인간의 긍정적 성품과 강점에 초점을 둔 학문이다.

사람들은 자신 속에 있는 긍정적이고 새로운 나를 찾고 강점을 발견함으로써 진정한 행복을 추구할 수 있으며 이를 위해 스스로 강점을 발견하고 발전시켜야 한다.

강점(strength)이란 한 가지 일을 완벽에 가까울 만큼 일관되게 처리하는 능력으로 재능과 지식과 기술의 총합체로 마틴 셀리그먼의 대표강점(signature strength)이란 한 사람의 독특함과 개성을 나타내는 긍정적인 성격적 특징 또는 특질을 의미한다.

사람들은 자신이 가지고 있는 가장 특징적인 강점을 잘 활용할 때, 더 활기찬 열정을 느끼고 '진정한 자기'를 표현하고 느낄 수 있다. 즉, 일확천금보다 노력을 통한 성취감, 친밀한 대인관계, 삶의 의미가 행복한 삶에 있어서 보다 중요함을 발견할 수 있다.

자신의 강점과 덕성을 잘 알고 있는 사람은 불행과 고통을 완화시킬 수 있기때문에 생활의 활력과 행복을 찾을 수 있으며, 미래를 설계하는 중요한 시점에서 대학생들이 자신의 강점을 탐색하고 발견하는 것은 개인의 잠재력을 충분히 발현시킬 수 있으므로 상당히 의미 있는 일이라 할 수 있다.

대학생들은 성장과정에서 타인과의 친밀한 대인관계를 형성하는 주요한 발달과제를 안고 있는 집단이라고 할 수 있다(권석만, 1995).

대인관계가 원만하고 친밀한 교류를 할 수 있는 대상이 있으면 보다 적극적이고 능동적으로 사회 활동을 할 가능성이 높다. 이는 폭넓은 대인관계를 형성하고 유지하는 것이 삶의 만족도를 높이고 풍요로운 삶을 살 수 있으며, 대인관계가 불만족스럽고 비효과적이라면 정서적인 어려움을 겪게 되어 자신과 타인에게도 부정적 영향을 미치기 때문이다(권석만, 1995). 긍정심리학의 초점은 긍정적인 정서를 통해 행복하고 만족스러운 삶을 살도록 하는 점에서 볼 때 긍정심리는 원만한 대인관계와 사회적 관계를 형성하는 것과 밀접한 관련이 있다고 할 수 있다.

마틴 셀리그만(Martin Seligman, 2002)은 내적인 강점의 발견과 잠재력의 발현을 통하여 삶의 질을 높일 수 있다고 하였다. 자신만이 가진 긍정적 성품, 긍정 특질, 강점 등을 핵심으로 하는 긍정정서를 증진하는 훈련을 통해 삶의 만족과 원만한 대인관계를 형성 할 수 있다.

다음 질문을 통해 자신의 강점을 확인하고 강점을 활용하는 방법과 역할을 찾아보자.

- 성공: 지속적인 성과를 보이는 활동은?
- 본능: 확신없어도 도전감과 끌리는 활동은?
- 성장: 유난히 집중 잘되고 시간이 빨리가 몰입되는 활동은?
- 필요: 피곤해도 심리적으로 만족감과 힘을 주는 활동은?

> 행복한 삶의 공식은 자신의 대표강점을 일상생활
> 속에서 매일 발휘하여 커다란 만족과 진정한
> 행복을 경험하는 것이다.
> – Martin Seligman –

3) 자아존중감과 대인관계

자아존중감(Self Esteem)이란 용어는 미국의 의사이자 철학자이던 윌리엄 제임스(Willian James, 1842~1910)가 처음 사용하였다. 자아존중감(Self - Esteem)이란 자신이 그 자체로 사랑받을 만한 가치가 있는 소중한 존재이고 어떤 성과를 이루어낼 만한 유능한 사람이라고 믿는 마음이다.

자신에 대한 존엄성이 타인들의 외적인 인정이나 칭찬에 의한 것이 아니라 자신 내부의 성숙된 사고와 가치에 의해 얻어지는 개인의 주관적인 의식을 말한다.

자존감을 있는 그대로의 나 자신을 존중하고 사랑하는 긍정적 마음이라면, 자존심(Pride)은 비교나 경쟁을 통해, 즉 내가 아닌 타인의 평가를 통해 자기만족을 얻는 것에서 차이가 있다.

자아존중감 운동의 아버지로 불린 너새니얼 브랜든(Nathaniel Branden, 1930~2014)은 모든 부정적 사회문제의 원인은 낮은 자존감이라고 하며, 그는 자기 자신을 사랑하는 것이 중요하며 인간이 자기 자신에게 내리는 평가보다 더 중요한 가치 판단은 없다고 주장한다(강준만, 2015. 재인용).

Rosenberg(1965)는 자아존중감을 자신에 관한 부정적, 긍정적 태도와 자신을 가치 있는 사람으로 생각하는 것으로 정의하였고, 긍정적인 자아존중감은 자신에 대해 가치 있으며 현존하는 것은 존경받을 가치가 있으며, 안정적이다. 자아존중감이 높은 개인은 우울을 경험할 가능성이 낮고, 문제행동의 발생소지가 낮으며 심리적 안녕감도 높다고 한다. 반면 자아존중감이 낮은 사람은 자신에 대한 부정적인 태도와 멸시로 쉽게 짜증을 내며 갈등을 경험하는 부정적인 자아상태를 갖는다고 한다(Rosenberg, 1965).

자아존중감은 개인의 전 생애에 걸쳐 대인관계에 지속적인 영향을 미치며, 학업, 사회적관계, 자기판단 등 여러 영역에 영향을 미치는데 특히 사회적 관계나 대인관계에 영향을 미친다.

리어리와 맥도널드(Leary & Mcdonald)의 연구에 따르면 자아존중감이 높은 사람의 경우 친구와 긍정적인 관계를 맺는 경향이 높으며 더 친사회적인 성격을 가지지만, 자아존중감이 낮은 사람의 경우 반대로 외로움을 잘 타고 친구가 적다고 한다.[3]

자아존중감은 자신을 긍정적으로 바라보고 가치 있는 사람으로 여기며 자신감을 갖고 미래에 도전을 할 수 있는 용기를 갖게 하므로 사회적 관계에서 적응적으로 행동하고, 원만한 대인관계를 유지할 수 있게 하는 원동력이 되기도 한다.

권석만(2004)은 대학생들이 대학생활에서 원만한 인간관계를 발달시키지 못하고 대인관계에서 오는 불안으로 인해 부적응을 겪으면 대학생활 전반에 불만족과 의욕상실, 심리적 장애를 겪게 될 뿐만 아니라 자아정체감형성과 인격발달에도 큰 방해가 된다고

3) 네이버 지식백과 https://terms.naver.com 심리학용어사전, 2014.

한다. 따라서 자아존중감은 대학생들이 낯선 환경에서 보다 성숙하게 대인관계를 맺고 적응할 수 있는 필수적인 요소라 할 수 있다.

자신의 첫인상, 이미지메이킹, 행동매너, 인사매너, 복장매너, 언어예절, 인성의 핵심덕목(예, 효, 정직, 책임, 존중, 매려, 소통, 협동)등에 대한 자기이해와 성찰을 통해서 참된 자신을 발견하고 바람직한 삶을 위해 자기관리의 노력을 기울여야 할 것이다.

자기관리는 자신의 말과 행동, 마음을 바르게 다스린 후, 존중과 배려를 통해 상호협력과 긍정적인 대인관계를 이루기 위한 필수적인 실천덕목이다.

자기관리를 통해 내적인 강점발견과 잠재력을 발현함으로써 자아존중감을 증진시키고 깊이있고 성숙한 대인관계를 통해 삶의 질을 높일 수 있다.

생각해보기

1. 지금까지 살아오면서 내가 가장 듣기 좋은 칭찬은?

2. 자신이 변화되고 싶은 습관이나 버릇은?

PART

3

타인: 대인관리

MEMO

1 대인관계와 의사소통

1) 대인관계와 의사소통

인간은 태어나면서 그리고 생의 전반에 걸쳐 다른 사람과 관계를 맺으며 살아가는 존재이기 때문에 인간이 잘 적응해 나가는데 있어 대인관계가 차지하는 비중은 매우 크며 삶에 있어서 중요한 부분이라 할 수 있다(권석만, 2004).

인간은 독립된 개인이지만 타인과 사회적 관계 속에서 자신을 발견하고 인간답게 성장하는 사회적 존재라 할 수 있다. 사람들은 타인과 관계 속에서 화합과 조정의 끊임없는 상호작용을 이루면서 원만한 관계를 이루려 노력한다.

대인관계(interpersonal relation)란 인간과 인간 사이의 관계, 즉 두 사람 이상의 관계에서 개인이 타인에 대해서 어떻게 지각하고 어떻게 느끼는가, 타인에 대한 행위와 타인의 행동에 어떻게 반응하는가와 관련된다. 즉, 사람들은 대인관계를 통해 상호작용하면서 다른 사람의 행동이나 태도에 관심을 두게 되고 공동의 과제나 적응을 이끌어 내는 상호의존적인 관계라고 할 수 있다. 따라서 대인관계 능력은 다른 사람들과 효과적으로 관계를 형성하고 유지할 수 있는 능력이라 할 수 있다.

대인관계는 두 사람 또는 그 이상의 사람들 간의 역동적이고도 계속적인 상호작용의 복합적인 패턴으로서, 대인관계란 그 관계를 형성하는 둘 또는 그 이상의 구성원들의 상호지배, 상호의존적 요소로 정의하기도 한다(이형득, 1996).

인간은 관계 속에서 태어나 수 많은 관계를 통해 상호작용을 하며 성장한다. 부모자녀 관계를 비롯해 형제관계, 부부관계, 친구관계, 동료관계, 선·후배관계 등 수많은 인간관계 속에 그믈처럼 얽혀 사람들 간에 역동적이고 지속적인 상호의존적인 관계를 만든다.

이러한 인간관계의 특성에는 관계하는 사람마다 개별성, 독특성이 있으며, 다른 사람이 대체할 수 없는 대체 불가능성이 있다. 그러므로 인간관계의 기초는 사람마다 성장배경이나 학습경험에 따라 서로 다른 표현방식, 사고방식, 각자의 환경을 해석하고 반응하는 개인차를 먼저 이해해야 할 것이다.

우리는 타인과 상호작용을 하면서 삶을 이루고 일상의 많은 과정은 집단구성원의 상호작용을 통해 이루어진다. 대인관계를 잘 하는 것은 다른 사람들과 효과적으로 관계를 형성하고 유지할 수 있는 능력이라 할 수 있다. 따라서 대인관계를 원활하게 하느냐 못하느냐에 따라 사회생활의 성패가 좌우될 수도 있다.

대인관계 이론의 창시자인 Sullivan(1953)은 개인의 모든 성격, 정서, 행동은 대인관계적 맥락에서 이해할 수 있으며 대인간 상호작용을 통해 만족과 안정을 찾는다고 하였다. 이는 대인관계가 개인의 정서적 안녕과 사회적 기능에 필수적이라는 것을 의미한다. 그러므로 부정적인 대인관계는 정신질환의 근원이 되며, 불안(우울, 불안, 욕구좌절, 두려움)을 일으키고 인간은 그 불안을 해소, 회피하기 위해 동기화 된다고 한다.

Sullivan(1953)은 타인과의 상호작용에 영향을 받지 않는 사람은 없으며, 대인관계의 성질과 특성은 모두 다른 사람과의 상호작용에 의해 영향을 받은 결과라고 주장한다.

대학생 시기는 원만한 대인관계 유능성을 구축하는 심리사회적 발달단계로 대학생들은 성장하는 과정에서 타인과의 친밀한 대인관계를 형성하는 주요한 발달과제를 안고 있는 집단이라고 할 수 있다(권석만, 1995).

따라서 대학생은 타인과 경험을 공유하고 자신에 대해 알아가며, 상호작용을 통해 또래 집단과 긍정적 대인관계를 형성하여 사회구성원으로서의 역할을 익히는 시기라 할 수 있다.

대학생 시기에 안정적이고 원만한 대인관계를 형성하는 것이 중요하지만, 대학이라는 새로운 환경에서 대인관계를 맺는 일은 결코 쉬운 일이 아니므로 다양한 커뮤니케이션 기법을 활용하여 의사소통을 기술을 늘려야 한다.

타인과 원활한 소통으로 네트워크를 형성하고 더불어 함께 살아가는 마음으로, 자신을 표현하고 조절하며 타인과의 공감능력을 향상시키는 것이 급변하는 지식기반 사회에서 필요한 능력이라 할 수 있다. 단일 직무와 기술로 평생직장의 개념보다는 시대변화에 능동적으로 대처할 수 있는 융복합적 역량을 갖춘 인재 양성이 주안점이 되어야 한다(안미영 외, 2017).

이러한 융복합적인 역량을 갖춘 글로벌 인재를 양성하기 위해 적합한 역량은 다양한 커뮤니케이션 기법과 의사소통기술을 통해 원만한 대인관계를 형성하는 능력이라 할 수 있다.

의사소통(communication)이란, 가지고 있는 생각이나 뜻이 서로 통하는 것으로, 의사전달, 정보전달이라고도 하며, 개인이나 조직 간에 정보가 전달되는 과정, 의미를 이해하고 공유하는 과정으로 언어나 문자, 몸짓, 그림, 기호 등의 수단을 통해 서로의 의사나 감정, 정보를 주고받는 일이다.

즉, 의사소통은 두 사람 이상이 말이나 문자를 통한 언어적 요소는 물론 제스처나 자세, 얼굴표정, 눈맞춤, 목소리, 억양 등과 같은 비언어적 요소를 통하여 상호작용하는 과정이다.

긍정적 인간관계를 형성하고 발달시키기 위해서는 상호이해와 신뢰를 바탕으로 정확한 의사소통이 이루어져야 한다. 사회적 기술과 의사소통기법은 대인관계에서 억제된 생각과 감정을 적절한 방식으로 표현하는 자기표현능력이 강화되어야 하며, 만족할 만한 효과적인 의사소통을 위해서는 말하기와 듣기, 공감과 경청, 질문, 칭찬과 맞장구 등의 다양한 의사소통 기법과 활용이 필요하다.

또한 자기인식과 타인인식이 높을수록 의사소통능력이 뛰어나고 이것은 대인관계에 영향을 미친다고 한다. 깊이 있는 인간관계를 형성하기 위해서는 상대방을 존중하고 배려하는 태도로 상대방의 메시지를 정확히 이해하고 자신의 의도를 명확하게 전달하는 의사소통 능력이 필요하다. 그러므로 명확한 의사소통을 위해서는 언어적, 비언어적 표현방식과 의미를 이해하고, 활용하며 대화매너를 지켜야 한다.

의사소통은 구성원들 간에 공통된 생각을 공유하고 서로의 행동에 영향을 미치는 행위와 과정으로, 대화매너는 원만한 인간관계 형성을 돕는 한편 글로벌 시대에 기본적으로 인간이 갖추어야 할 덕목이라 할 수 있다.

2 효과적인 의사소통 기법

1) 말하기 기법

대인간 의사소통은 어떤 사람이 타인에게 영향을 주고 타인을 이해하는데 사용되는 모든 정보전달 수단을 포함한다. 즉, 개인의 생각, 감정, 태도, 신념 및 사실 등을 전달하는 과정을 말하며 언어가 일차적인 수단으로 사용될 수 있으며 얼굴표정, 몸짓, 눈짓 혹은 침묵과 같은 비언어적 신호나 단서를 통해 서로 의미를 주고받을 수도 있다.

언어는 직접적이고 효과적으로 메시지를 전달하는 방법이나 개인적 편차가 크고 같은 단어를 다른 의미로 사용하기도 하고, 어휘의 제한으로 인해 오해를 일으키기도 하므로 바른 언어사용으로 뜻과 의미의 명확한 전달이 필요하다.

매너 있고 예의 바르게 말하는 사람은 원만한 대인관계를 유지하며, 효과적인 의사소통 기법은 인간관계를 원활하게 할 수 있다.

(1) 공감적인 I-Message 기법

공감이란 (sympathy, 共感) '함께 느끼고, 함께 아파한다'는 의미의 그리스어로 스미

스의 견해에 의하면 이 개념은 타인의 아픔을 똑같이 아파할 수 없다는 것을 전제로 하면서 타인이 어떤 상황하에서 안고 있는 생각을 상징상의 입장교환을 통하여 뒤따른다는 것을 가리키는 의미이며[1], 상대방의 입장을 이해하여 같은 기분을 경험하거나, 상대방에게 자신의 입장을 적절히 전달하여 상대방이 자신을 이해할 수 있도록 하는 능력이다. 대인관계를 원활히 하는 데 필요한 정서 능력으로써 사회적 민감성, 감정이입 등과 관련이 있다(국립특수교육원, 2009).[2]

나 전달법 즉, I-Message는 '나'를 주어로 이야기하는 화법으로 미국의 심리학자인 토머스 고든(Tomas Gordon) 박사가 제시한 화법으로, 나-전달법은 상대방의 행동에 비난, 지적, 평가 없이 상대방의 구체적인 행위가 나에게 어떠한 느낌과 영향을 미치는지에 대해 표현하여 전달하는 방법이다.

공감적인 I-Message는 '나'를 주어로 상대방의 행동에 대한 내 감정과 느낌을 중심으로 메시지를 전달하기 때문에 상대방을 비난하지 않고, 상대방 행동에 영향을 주며 내 감정을 표현할 수 있다. 상대방의 입장을 이해하여 같은 기분을 경험하거나, 상대방에게 자신의 입장을 적절히 전달하여 상대방이 자신을 이해할 수 있도록 돕는 표현이므로 나의 행동이나 결정이 다른 사람에게 미치는 영향에 대해 인식할 수 있고, 상대방을 이해시키므로 협력적인 분위기를 만들 수 있는 장점이 있다.

You-Message는 '너'를 주어로 상대방이 행동한 것에 대해 비판과 비난을 표현하기 때문에 일방적이고 공격적이므로 상대방에게 상처와 거부감을 갖게 하며, 관계를 단절시킬 수 있다.

---

1) 네이버 지식백과 https://terms.naver.com 21세기 정치학대사전, 한국사전연구사

2) 네이버 지식백과 https://terms.naver.com 특수교육학 용어사전

■ You-Message의 표현법

"너는 왜 항상 그 지각이니?"
"지금 몇 시니? 넌 항상 그렇더라"
"넌 전화 한통 할 성의도 없냐?"

You-Message가 상대방을 무시, 비난하면서 폭력적으로 말을 하는 것이라면, I-Message는 나를 주어로 상대방 입장을 존중하며, 내 생각을 확실하게 전달하는 방법으로 솔직하고 개방적이어서 대인관계를 원만하게 할 수 있다.

■ **상황별 사례예시**

UCC 조별작업을 하기 위해 매주 수요일 1시간씩 만나 과제 수행을 하기로 했는데 간달프는 연락도 없고 참석도 하지 않다가 발표 1주일 전에 나타났다. 조원들이 간달프에게 말을 해야 하는데, I-Message와 You-Message의 표현방법을 비교해보자.

■ I-Message와 You-Message의 표현

- I-Message: 간달프야, 우리가 UCC 조별작업을 위해 매주 만나 과제를 하기로 했는데 너가 참석하지 않아서 함께 하기로 한 작업이 늦어져서 걱정이 돼. 혹시 무슨 사정이 생긴 거니?

- You-Message: 야! 간달프 너가 참석안해서 우리 조별작업이 진행이 안되고 늦어지잖아. 너 자꾸 이럴래? 너 때문에 ...
  너가 문제야 ~~

I-Message로 말한 경우 상황에 대한 사실만을 전달하며 자신의 감정과 생각을 솔직하게 말하면서 자신이 가지고 있는 염려스러움을 전달했다. 그러나 You-Message는 상대방을 비난하면서 조별작업을 제대로 수행하지 못한 원인을 상대에게 탓하며 공격적인 말로 상처를 줄 수 있다.

우리가 말을 할 때는 '나'를 주어로 I-Message로 상대의 관점에서 말을 한다면, 상대를 존중하면서 배려하게 되므로 원활한 소통이 이루어질 수 있다. 또한 상대방에 대해 부정적 평가를 하지 않기 때문에 방어나 부적응이 일어날 가능성이 적고 긍정적 관계를 유지할 가능성이 높다.

You-Message는 상대방을 탓하고 비난하며 심리적인 상처를 주기 때문에 상대는 비록 듣고 있어도 감정이 상해서 의욕과 효율이 떨어질 수 있다. You-Message는 자존심을 상하거나 배려받지 못하고 무시당한다는 생각을 갖기 쉽다. 비난을 받으면 마음에서 자신을 보호하기 위한 방어심리가 작동하기 때문에 말하는 사람이 전달하고자 했던 메시지가 마음에 전달되지 못한다.

일상에서 말을 할 때 I-Message를 쓰려고 연습과 노력을 한다면 어떤 상황에서라도 I-Message를 통해 내 감정과 의도를 오해나 비난 없이 전달할 수 있을 것이다.

I-Message 기법을 익혀 표현하는 연습을 해보자.

■ **공감적인 I-Message 기법**

1단계: 문제가 되는 상대의 행동을 구체적 행동(상황)을 이야기
2단계: 그로 인해 생겨난 나의 감정, 느낌을 이야기
3단계: 그 행동이 나에게 미친 이유, 영향을 설명
4단계: 상대에 대한 부탁이나 기대에 대해 표현

- 행동(상황): (네가) ~~~~ 할 때
- 감정(느낌): 나는 ~~~~ 라고 느낀다.
- 이유(영향): 왜냐하면, ~~~~~~
- 부탁(기대): 그래서 말인데요. ~~~

■ I-Message 실습

※ 상황설정

1. 시험공부중인데 동생이 밤늦은 시간까지 큰소리로 전화통화를 하며, TV 소리를 크게 틀어놓고 보고 있다.

I-Message 화법으로 표현해보자.

(2) 스몰토크(Small Talk) 화법

스몰토크(Small Talk)는 원만한 관계를 위해 안부를 묻고 중립적인 가벼운 주제로 잠시 부드러운 대화를 나누는 것이다. 언어적인 대화 형태이지만, 신체언어, 억양, 말

투 등 비언어적인 표현을 통해 전달되는 정보의 양이 더 많다.

스몰토크는 처음 사람을 만났을 때 주로 사소하고 논란의 여지가 없는 가벼운 주제로 이끄는 것을 의미한다. 스몰토크는 서로 호감도가 상승하고, 친밀감을 조성하는데 순기능 역할을 하므로 스몰토크가 진행 될 때 상대방 말에 경청하고, 공감과 적당한 맞장구를 쳐주는 추임새는 필수적인 매너라 할 수 있다(임민지, 2016).

스몰토크(Small Talk)는 잡담이나 수다가 아니라 어색한 분위기를 전환시키는 일상의 소소한 대화이다. 스몰토크는 진지한 대화는 아니지만, 누군가와 처음 만났을 때 어색한 분위기를 누그러뜨려 친밀한 대화를 이끌어 내며, 스몰토크에 능한 사람들은 상대방에게 존중받고 있다는 느낌과 함께 소속감과 편안한 분위기를 주기도 한다.

스몰토크(Small Talk) 주제는 날씨, 운동, 취미, 여행 등 부담 없는 주제에서부터 정치, 역사, 종교 하물며 개인적인 일상생활까지 가능하다. 스몰토크는 '오늘 날씨가 어때요?', '오늘 식사는 하셨나요?' 등 상대방과 부담 없는 대화로 가볍게 시작하는 것이 좋다. 그러나 정치적, 종교적 또는 세계관의 논쟁과 같은 비판과 비평 그리고 돈을 주제로 한 무거운 주제는 피한다. 다른 사람의 가족이나 친지등 개인사에 대해 묻는 것은 실례이다. 적절치 않은 스몰토크 주제들은 정치, 종교, 죽음 혹은 질병 그리고 험담, 비판, 조작된 헛소문, 돈과 관련된 주제 등이 있다(임민지, 2016).

스몰토크(Small Talk)는 웃고 즐기면서 이야기하는 것으로 의사소통의 시작에 중요한 상호작용의 하나가 될 수 있다. 서로 다른 사람들과 사회적, 정서적 유대감, 연대감, 친밀감을 형성하기 위한 대화로 사교적인 상황이나 회사, 업무용 미팅 또는 공공장소에서 언제든지 원활한 의사소통에 도움을 줄 수 있는 대화기법이라 할 수 있다.

사이토 다카시교수는 스몰토크(Small Talk)는 알맹이가 없는 것에 의의가 있다고 한다. 처음부터 꼭 해야 할 용건이나 논쟁이 될 만한 이야기로 시작하면 분위기가 딱딱하게 해서 대화를 차단할 수 있으므로 스몰토크는 누구나 관심 있을 만한 이야기로 딱딱한 분위기를 부드럽게 바꾸는데 간단한 인사, 칭찬 그리고 상대와의 공통점 찾기 등

작은 관심에서부터 시작한다. 상대방에게 조금만 관심을 기울인다면 소통이 어렵지 않고 대화의 폭을 넓혀갈 수 있다.

■ **스몰토크(Small Talk) 주제**

- 날씨, 운동, 취미, 여행, 음식 등 부담 없는 주제(스포츠, 취미)
- 나라별 취향 - 역사, 유명스타, 종교
- 뉴스를 통해 매일 글로벌 새로운 소식을 준비
- 베스트셀러 10권의 제목과 내용
- 서양인들은 건축에 관심이 많으므로 건축물 정보, 음악, 미술, 문화상식

(3) YES – BUT 화법

YES - BUT 화법상대방의 의견을 충분히 듣고 받아주고, 자신의 의견을 뒤이어서 제시하는 방식으로 안전하게 자신을 지키는 화법이다. 상대방 마음을 열기 위해 반감을 일으키지 않도록 주의한다.

YES - BUT 화법에는 다음과 같은 장점이 있다.

첫째, 상대방 거절에 대한 두려움을 반감할 수 있다. 어려운 부탁을 하는 사람은 상대방이 거절할 것에 대한 막연한 두려움을 갖는데 "Yes"를 듣는 순간 반감되는데 그 후에 "But"이라고 말하면 거절에 대해 훨씬 이성적으로 생각할 수 있다.

둘째, 상대에게 거부감을 주지 않고 자신의 처한 상황을 상세히 설명할 기회를 가질 수 있다. 처음부터 할 수 없다는 표현은 변명처럼 느껴져서 상대방의 설명을 들으려고 하지 않는다. "Yes"라고 먼저 말한 후에 거절할 수밖에 없는 자신의 상황을 설명하면 상대방도 좀 더 타인의 이야기에 귀를 기울여준다.

(4) 쿠션언어 화법

대화할 때 좀 더 부드럽고 원만하게 대화하도록 도움 주는 완곡형의 말로 완충작용을 해주는 표현을 쿠션언어라 하며, 부드러운 양해의 표현과 부드러운 거절의 표현을 할 수 있다.

부드러운 양해의 표현은 상대방에게 요청을 하거나 나의 입장에 대한 표명을 할 때 상대방의 이해를 구하기 위해 적절히 구사가 되므로 상대방과 나의 관계를 부드럽게 하는 역할을 한다.

부드러운 거절의 표현은 상대방의 요청 사항에 대해 내가 해드릴 수 없는 부분에 대한 충분한 설명과 함께 상대방의 상황을 충분히 공감 한다는 표현을 통해 상대방의 마음을 움직일 수 있다.

쿠션언어는 상대방에게 공손하게 말하고, 같은 부탁인데도 흔쾌히 승낙 받을 수 있는 표현으로, "죄송합니다만", "괜찮으시다면", "번거로우시겠지만" 등의 말을 앞에 붙이면 부탁하는 어려움을 부드럽게 만들고 기분이 나빠지는 것을 최소화할 수 있다.

이 같은 '쿠션언어'는 말 앞에 붙이기만 하면 불편함을 주지 않고도 상대방에게 의미를 전달할 수 있고, 거절하기 어려운 효과가 있으며, 특히 업무와 관련해서는 상대방에 대한 배려를 느끼게 함으로써 비즈니스 성공 확률을 더욱 높일 수 있다.

■ 쿠션언어 화법

- "죄송합니다만" ~~~~
- "괜찮으시다면" ~~~~
- "번거로우시겠지만" ~~~~
- "바쁘시겠지만" ~~~~
- "불편하시겠지만" ~~~

(5) 칭찬 화법

인간의 행동은 타인의 반응에 크게 영향을 받는다. 칭찬은 어떤 대상에 대한 장점을 말해주는 것이다. 칭찬은 상대의 기분을 좋게 해주는 효과가 있다. 그러나 경우에 따라 잘못된 칭찬은 상대에게 부담을 주며, 역효과를 불러오는 경우도 간혹 있다.[3)]

말하는 사람은 자신의 이미지에 대해 분명한 인상을 가질 때 의사소통에 쉽게 집중한다. 그러므로 듣는사람은 자신이 가지고 있는 화자에 대한 긍정적 감정을 직접 화자에게 피드백해 줌으로써 효과적인 의사소통과 좋은 인간관계를 형성할 수 있다. 이 때 칭찬은 아첨이나 빈정거림이 아니라 자신의 솔직한 감정 표현이 되어야 한다. 그러기 위해서는 칭찬받을 만한 일에 대해 칭찬해야 하며, 구체적인 행동에 대해 칭찬해야 한다(구인환, 2006).

칭찬의 긍정적 효과는 과정을 칭찬해 주어야 한다. 그렇게 한다면 결과가 기대에 미치지 못한다 하더라도 자신의 과정에 대해 만족을 하게 되고 노력을 인정받고 지지받는 기분을 느끼게 된다. 그러한 느낌은 후에 칭찬받는 사람에게 긍정적인 요소로 작용할 수 있다.

긍정적인 스트로크로 칭찬, 인정, 격려, 지지를 활용하여 칭찬을 하면 할수록 효과적인 의사소통을 이끌어 낼 수 있다.

맛있는 식사를 하였을 때, '맛있다'는 인사 한마디, 친절을 베푼 사람에게 '감사하다'는 인사 한마디가 자신의 품격을 높이는 매너가 될 수 있다.

---

3) 위키백과 https://ko.wikipedia.org/wiki

(1) 칭찬의 구체적인 방법

- 칭찬은 구체적으로 진심을 담아서 하라
- 칭찬은 반복하면 효과가 떨어진다.
- 칭찬을 하다가 끝에가서 비난으로 끝내지 않는다.
- 비난을 하다가도 끝에가서 칭찬으로 끝내라.
- 전과 비교하여 달라진 점을 찾아내 칭찬하라
- 칭찬은 제3자에게보다 직접 당사자에게 해주는 것이 효과적이다.
- 칭찬은 의외의 상황에서 효과적이다. (기대, 의도된 칭찬주의)
- 결과에 대한 칭찬보다 정보나 과정에 대해 칭찬하라.
- 칭찬은 근거있게 하라(소유물보다 태도, 재능, 감각을 칭찬, 비유적 칭찬)

(2) 마음의 문을 열게 하는 칭찬

영화 "이보다 더 좋을 순 없다"에서 강박증 환자 잭 니콜슨과 레스토랑 종업원 헬렌 헌트의 대화 중 일부이다.
잭이 헨렌에게 호감을 보이자, 헨렌은 잭에게 칭찬 한 가지를 해보라고 요구하자 고민을 하던 그는 큰 결심을 한 듯 이렇게 이야기를 한다.

잭 : "정신과적인 문제가 있는데 얼마 전부터 약을 먹기로 했어요. 약을 먹으면 좋아질 수 있데요."
헬렌 : "그게 무슨 칭찬이에요"
잭 : "당신은 내게 더 좋은 남자가 되고 싶게 만들었어요."
헬렌 : (잠시 침묵이 흐르면서 표정이 점점 변하며)
"내 생애 최고의 칭찬 이예요."

위 영화에서처럼 누구나 한 번쯤은 칭찬을 받고 기뻐했던 기억이 있다. 따뜻하고 진심 어린 칭찬은 상대를 변화시키고, 마음의 문을 사르르 열게 하여 인간관계를 더욱 좋아지게 한다.

칭찬은 긍정적인 표현법으로 칭찬을 받는 사람뿐만 아니라 말하는 사람도 기분이 좋아지게 한다.

칭찬을 잘하기 위해서는 상대에 대한 관심을 가지고 칭찬거리를 찾아 효과적으로 칭찬을 해야 한다. 그러나 형식적이거나 마음이 담기지 않은 칭찬, 결과만을 위한 칭찬은 오히려 부작용을 낳을 수 있다.

칭찬은 '사람이 다른 사람의 행동이나 특성, 또는 이루어 놓은 일을 좋거나 훌륭하다고 말하거나 높이 평가하는 것'으로 누군가로부터 칭찬을 받는다면 자세도 중요하다. 너무 겸손한 나머지 칭찬을 부정하거나 거부하는 것은 예의가 아니며 칭찬에 대한 뜻을 격려로 이해하고 감사한 마음을 가져야 한다.

칭찬의 효과는 매우 커서 타인과의 관계를 돈독하고 유연하게 만들기도 하며, 타인의 행동에 변화를 가져오게 함으로써 성장을 돕고 자신감을 갖게 한다.

2) 듣기 기법

듣기는 말하는 이와 듣는 이 사이에서 음성언어를 통해 이루어지는 의사소통 행위로 듣기는 말하는 이(화자)가 음성언어로 표현하는 의미를 이해하는 기능이다. 즉, 듣기는 청자가 화자의 말을 듣고, 들은 정보를 종합 · 분석 · 비판 · 감상하면서 의미를 새롭게 구성해 가는 인지적 사고과정이 필요하다. 듣는사람(청자)는 이 과정에서 말소리를 단어로 바꾸고, 단어를 엮어 문장을 만들고, 문장을 꿰어 문단을 이루고, 문단을 이어 더 큰 단위인 구성 단계를 거치면서 온전한 지식이나 정보 덩어리인 담화를 형성하는 것이다(구인환, 2006).

(1) 경청

경청의 한자어는 기울어질 경(傾)에 들을 청(聽)이다. 잘 듣기 위해서는 자연스럽게 상대를 향해 앞으로 약간 기울여지는 자세를 해야 한다.

상대방의 말을 단순히 귀로만 듣는 것이 아니라 전달하고자 하는 말의 내용, 내면에 들어있는 동기, 정서에 공감하며 귀 기울여 듣고 이해하여 상대방에게 피드백 해주는 것이다. 친밀감을 형성하고 유지시켜 주기 위해 몸과 마음으로 듣는 의사소통기술이라 할 수 있다.

즉, 상대방의 말을 공감적 경청하면, 상대방의 의중을 정확히 이해할 수 있으며 이는 상대방에 대해 진정한 이해로 충분히 이해받고 있다고 느끼면 상대에게 신뢰감과 유대감을 형성하여 말을 하는 사람은 마음을 열고 더 깊이 소통할 수 있다.

(2) 적극적 경청

경청에는 상대방의 말을 듣지 않고 무시하는 소극적 경청부터 상대의 말에 90%이상 공감해주는 공감적 경청까지 다양하며 듣는 태도에 따라 이해도가 달라진다.

적극적 경청을 위해서는 요약, 반영(반응), 명료화(질문), 환언(바꿔말하기) 등의 기법을 활용하는 것이 도움이 된다.

요약은 상대방이 하는 말을 들어주며 간략하게 요약을 함으로써 일정한 주제에 방향성을 갖게 한다.

반영(반응)은 상대방 말과 행동에 감정, 생각을 다른 말로 부언해주거나 고개를 끄덕임으로써 이해받고 있다는 인식을 갖게 한다.

명료화(질문)는 상대방이 하는 모호하거나 구체적이지 않은 경우 명확하게 이해하기 위해 구체적인 설명을 요구하는 방법이며, 관심을 갖는 질문을 통해 이야기의 중요성을 부여할 수도 있다.

마지막 환언(바꿔 말하기)은 말의 뜻에 초점을 두어 다시 말하는 것으로 강조되는 내용을 더욱 집중하게 해주는 효과가 있다.

경청할 줄 아는 사람은 성숙하고 겸손한 사람이라고 할 수 있으며, 원만한 의사소통을 하기 위해서는 적극적이고 공감적인 경청의 자세가 습관화 되어야 한다.

아래 경청의 5단계를 통해 자신의 경청하는 태도를 확인해보자.

■ 경청의 5단계

1단계. 무시하기

상대가 하는 이야기를 무시하는 단계로 실제 듣는다고 말할 수 없다. 상대방은 이야기를 하지만 듣는 이에게 전달되는 내용은 없는 상태로 대화가 지속될 수 없다.

2단계. 듣는 척하기

상대의 이야기를 단지 겉으로만 듣는 척하는 단계이다. 듣는 사람은 상대방의 이야기를 듣는 태도를 취하지만 자신의 생각 속에 빠져 이야기의 내용이 전달되지 않는다. 대화를 지속하는데 불편함을 느끼게 된다.

3단계. 선택적 경청

듣는 이가 이야기를 듣기는 하나, 말의 내용 전체에 집중하기 보다는 자신이 듣고 싶은 내용을 선택적으로 듣는 단계이다. 대화가 완료되면 말한 내용과 들은 내용에 차이가 발생하게 되어 오해나 왜곡, 일부 내용을 기억하지 못하는 반응이 나타날 수 있다.

4단계. 귀 기울여 경청하기

듣는 사람이 말하는 사람의 이야기를 충분히 귀 기울여 듣는 단계로 상대방 말의 내용에 집중하면서 듣는 단계이다. 이 단계에서 말하는 사람은 듣는 사람이 잘 듣고 있다고 느끼며, 듣는사람은 말하는 내용을 잘 이해할 수 있다. 바람직한 듣기 단계이다.

5단계. 공감적 경청하기

공감적 경청이란 상대방이 가진 준거틀의 내면에 들어가 상대방의 관점에서 사물을 보는 것으로 말의 내용에 집중하면서 표면적인 내용 외에 말의 이면에 숨겨진 의미까지 상대방 입장에서 이해하는 단계이다. 충분히 이해받고 있다고 느끼면 말을 하는 사람은 마음을 열고 대화에 참여하게 된다. 공감적 경청은 자기 자신의 생각, 느낌, 해석, 판단이 아니라 상대방의 내면에 들어가 진심으로 존중하고 이해하는 것이다.

출처: 공감적 경청(The 7 Habits of Highly Effective People, 스티븐코비)

자신이 가지고 있는 인식의 틀속에 있는 판단과 감정을 내려놓고 몸과 마음으로 상대방에게 관심과 주의를 집중해서 들어주면 상대방의 느낌과 감정을 충분히 공감해 줄 수 있다. 상대방은 자신을 이해하고 공감적 경청해주는 상대방을 신뢰하게 되어 인간관계의 돈독함을 이룰 수 있다.

■ 바른 경청법

- 상대방의 입장에서 내용과 감정을 이해한다.
- 상대방과 시선을 맞추고 맞장구를 치는 등 적절한 반응을 보인다(미소, 끄덕거림, 눈썹)
- 상대방의 말에 대하여 판단, 평가하지 않는다.
- 상대방의 말을 중간에 가로막지 않는다.
- 상대방의 이야기 도중 자신의 감정이나 선입견으로 미리 결론(판단)을 내리지 않는다.
- 상대방의 느낌과 감정을 반영 해주고 말하고자 하는 요점을 정리해준다.

■ **게임을 통한 경청연습**

1. 지시문 듣고 그림 따라 그리기
2. 두 사람이 짝이 되어 경청 게임(화자와 청자 1분 경청하기)

(3) 관심집중 SOFTEN 기법

언어가 아닌 비언어로 표현되는 대표적인 경청기법으로 S.O.F.T.E.N 기법이 있다. 부드럽게 한다는 뜻으로 글자마다 각각의 의미가 있다. 시작하는 연인이 카페에 앉아 차를 마시는 장면을 상상해보자. 서로에게 긍정적인 호감을 가지고 상대가 무슨 말을 하건, 어떤 표정을 짓든 모두가 그냥 지나칠 수 없다. 반짝거리는 두 눈에는 호기심이 가득차서 상대에게 눈을 뗄 수가 없을 것이며, 몸은 연인에게 기울여져 있고, 상대가 이야기 할 때마다 연신 고개를 끄덕이며 반응하기에 바쁠 것이다. S.O.F.T.E.N 기법은 시작하는 연인들의 서로에게 관심을 집중하며 경청하는 모습과 같다.

관심을 집중시키는 S.O.F.T.E.N 기법은 다음과 같다.

■ **관심을 집중시키는 SOFTEN 기법**

- Smile
- Open Posture
- Forward Lean
- Touch
- Eye Contact
- Nod

- Smile: 상대방을 향해 부드러운 미소를 짓는다. 미소 짓는 사람은 '더 유쾌하고 매력적이며 유능하고 정직하다'라는 이미지를 주어 상대가 편하게 말을 할 수가 있게 한다.
- Open Posture: 상대를 향해 개방적인 몸자세를 취한다. 팔을 크게 펴는 등의 개방적인 몸자세는 상대에게 호감을 전달한다. 팔짱 끼기, 다리 꼬기 등의 닫힌 몸자세는 상대방에게 경계, 방어, 적대적인 느낌을 줄 수 있다.
- Forward Lean: 경청을 할 때 때때로 상대방을 향해 몸을 기울여 앉는다. 대화 중 말하는 상대를 향해 상체를 기울이는 것은 상대방의 이야기에 집중하고 관심이 있음을 의미한다. 너무 과하게 다가가지 않도록 유의한다.
- Touch: 경청할 때, 적절한 접촉을 한다. 위로할 때 상대의 등을 살짝 두드려주거나, 손을 꼭 잡아주는 행동은 진심어린 표현으로 적절한 터치는 강력한 메시지로 전달된다.
- Eye Contact: 경청을 하면서 상대방과 시선 맞추기는 상대방의 말에 관심을 갖고 있는 것을 의미하며, 서로를 편하게 만들어준다. 대화를 나눌 때 다른 곳을 쳐다보는 것은 큰 실례로, 산만한 이미지를 주거나 신뢰감을 떨어뜨린다.
- Nod: 상대의 말을 들으면서 적절하게 고개를 끄덕이며 반응해 준다. 고개를 끄덕임으로써 상대방에 대한 긍정적인 태도와 이해의 정도를 표시할 수 있다. 또한 상대가 말하는 내용에 따라 고개의 각도를 달리한다. 대화가 무겁고 깊이 있을수록 고개를 크게 끄덕여 주고, 가벼운 대화라면 작게 자주 끄덕여 주는 것이 효과적이다.

(4) 맞장구 화법

맞장구 대화는 상대방의 이야기에 관심있게 들어주며서 잘 듣고 있다는 것을 상대방에게 알려주는 것이다.

맞장구를 잘 활용하는 사람은 상대방의 마음의 문을 열리게 하고 경계심을 낮추어 관계를 호의적으로 만든다. 맞장구는 추임새와 같은 역할을 하므로 상대방으로 하여금 즐겁게 많은 대화를 할 수 있으므로 많을 정보를 얻을 수 있고 다음을 기약할 수 있다.

■ 맞장구 화법

① 동의형 맞장구: "알겠어요.", "그렇군요." "아~ 그래?"
② 공감형 맞장구: "그런 일이 있었군요.", "저런, 참 어이가 없었겠네요.", "아마 나라도 그랬을 거예요."
③ 격려형 맞장구: "정말? 그래서요? 뒷얘기가 어떻게 됐나요?"
④ 정리형 맞장구: "네, 한마디로 이런 말씀이군요.", " 그러니까 그 말은 ~ 라는 거지?"

생각해보기

• 지금까지 내가 가장 듣기 싫었던 불쾌한 말은?.

• 사람들과 식사 시간이나 여행 중 불편했던 대화는?

• 자신이 어떤 말을 들을 때 불편한 반응이 나타나는가?

• 상대방과 대화할 때 고쳐야 할 자신의 습관이나 버릇은?

• 자신이 생각하기에 잘되는 소통의 기술에는 어떤 것이 있나요?

CHAPTER

09

직장 매너(manner)

학 · 습 · 목 · 표

- 직업의 의미를 이해하고, 직장에서 지켜야 할 매너를 익히고 활용할 수 있다.
- 올바른 직업윤리 의식을 가질 수 있다.
- 비즈니스 매너(이메일, 전화, 인터넷)를 익혀 품격 있는 통신예절을 지킬 수 있다.
- 소개와 명함 교환을 통해 자신을 알리고 소개받는 직장생활의 매너를 익히고 실천할 수 있다.

MEMO

1 직장 매너

1) 직업(職業)과 직장의 이해

직업은 성인의 삶의 전 영역에 있어 영향을 미칠 뿐 아니라 생활을 해나갈 수 있는 소득을 보장해준다. 그러나 직업은 소득뿐 아니라 사회적으로 얻게 될 기회나 지위, 정치성향에도 영향을 미치기 때문에 직업을 선택하고 유지하는 과업은 청년기 성인에게 매우 중요한 발달과업이라 할 수 있다.

자신에게 맞는 직업을 선택하기 위해서는 자신의 흥미나 적성, 지식과 능력, 성격과 가치관 등 다양한 요소를 고려해서 결정하게 되는데 자신만이 할 수 있는 역할과 자신이 추구하는 가치를 실현하는 수단으로 직업을 선택하는 것이 직업의 본질이라고 할 수 있다. 따라서 직업적으로 성공하게 되면 정서적으로도 크게 발전을 이루어 적응력, 자존감이 향상될 수 있다.

직업은 개인의 노동력을 제공하여 생산과 소비의 경제활동을 통해 생계를 유지한다. 또한 개인의 직업적 성장을 통해 자기개발과 자아실현을 이룰 수 있고 사회구성원으로서의 사회적 역할을 수행한다. 마지막으로 직업을 통해 삶의 의미와 가치를 발견함으로써 행복한 삶을 유지할 수 있다.

즉, 직업이란 생계를 유지하기 위해 자신의 적정성과 능력에 따라 일정기간 동안 계속하여 종사하는 일이라 할 수 있고, 직장이란 사람들이 일정한 직업을 가지고 일하는 곳이라고 할 수 있다.

직장이란 인간의 삶을 실현하고 자아성취를 할 수 있는 터전이다. 따라서 맡은 일을 해내기 위해서는 그와 관련된 지식과 능력을 갖추어야 하겠지만 업무능력과 더불어 동료와 화합하여 공동의 목표를 성취하기 위해서는 서로 간에 배려하는 태도와 매너가 필요하다. 직장에서의 매너를 갖추는 것은 직장인의 성공적 열쇠가 될 수 있으며, 직장생활을 즐겁고 보람되게 유지할 수 있다.

(1) 직장생활의 원칙(김선주 외, 2019).

① 공동의 목표를 최우선으로 생각한다.

② 회사의 기본방침과 업무규정을 준수한다.

③ 자신의 업무에 프로답게(전문가) 임한다.

④ 생산성과 능률을 먼저 생각한다.

⑤ 약속은 반드시 지킨다.

⑥ 상대방의 입장을 존중한다.

⑦ 인간관계를 중요시하고 원만한 관계를 유지한다.

■ **직업의 의미**

- 경제적 의미
- 사회적 의미
- 개인적 의미
- 자신의 직업관은?

■ **구글의 인재확보 전략 요인**

첫째, 함께 일하는 동료 사원들의 수준

둘째, 자신들이 하는 일이 의미 있는 것이라는 생각

출처 : 2017. 05. 24일 인사담당 책임자 라슬로 보크(Laszlo Bock)의 블룸버그 통신과 인터뷰 내용.
https://issuecutt.tistory.com/51

(2) 직업 윤리

직업이 자신의 직업 가치관, 특성과 잘 맞는다 하더라도 직업에서 요구하는 직무를 수행할 수 있는 능력, 담당업무에 대한 흥미와 적성 등 내적요인과 학력수준, 직업에 대한 비젼, 개인적, 사회적, 경제적 여건 등 외적요인을 함께 고려하는 것이 바람직하다.

직업윤리는 직업인들에게 요구되는 행동 규범이다. 원만한 직장 생활을 하기 위해 요구되는 자세, 가치관 및 올바른 직업관을 직업윤리라 할 수 있다. 성실하고 근면한 자세, 정직함, 봉사정신, 책임의식, 직장예절 등을 갖춰야 원만한 직장생활을 할 수 있다. 직업윤리는 근로윤리와 공동체윤리로 나눌 수 있고, 근로윤리는 성실성, 근면성, 정직성, 공동체 윤리는 준법성, 봉사정신, 책임의식, 직장예절로 구분할 수 있다.[1)]

직업윤리의식을 가지고 원만한 직장생활을 위해 직업인들에게 요구되는 직장매너에 대해 알아보자.

2) 직장 매너

(1) 직장매너

직장 내의 인간관계와 질서유지를 위한 개인예절을 바탕으로 직장인으로서의 자기관리와 대인관계를 위하여 원만한 사회생활 실현을 목적으로 한다.

직장은 계층과 연령이 서로 다른 사람들로서 구성된 조직사회이다. 출생, 성장, 교육, 취미, 소질, 가치관이 각기 다른 이질적인 사람들이 모여, 공동의 목표를 달성하기 위해 서로 협력하여 조직적으로 일하는 곳이기 때문에 직장사회에서 요구하는 매너는 더욱 엄격하다고 할 수 있다.

1) 네이버 지식백과 https://terms.naver.com 시사상식사전

직장매너가 부족하거나 결여되었을 때, 그 사람에 대한 평가가 좋지 않을 수 있으며, 업무능력이 뛰어나더라도 자신을 충분히 인정받지 못하거나 최대로 평가받지 못할 수 있다.

직장에서는 상사, 동료, 부하, 고객, 거래처 등의 다양한 형태로 인간관계를 형성하고 있으므로, 만족스러운 직장생활을 위해서는 여러 사람들과 원만함을 유지해야 하고, 원만한 관계를 수립하기 위해서는 기본적인 매너와 에티켓을 갖춘 직장예절이 중요함을 인식하고 유의면서 직장생활을 해야 한다(김기인, 2004).

최근에는 직장생활에서 매너교육이 더욱 강조되고 있다. 글로벌 시대에 맞는 국제감각과 무한경쟁에서 살아남을 경쟁력을 갖춘 인재를 필요로 하고 있으며 특히 고객만족을 위한 서비스 창출을 위하여 직장 매너교육 및 대인관계 예절에 중점을 두는 특징을 보이고 있다(김기인, 2004).

직장매너는 사회적 관계에서 상대방에게 호감을 주며, 상대방에게 폐를 끼치지 않고, 상대방을 존경하는 자세, 즉, 비즈니스 상황에서 상호간에 지켜야 할 매너로 타인에 대한 배려를 기본으로 한다. 사람으로서의 기본적인 자세라고 할 수 있다.

사회인으로 기본기를 갖추고 직원들 간에 예의바른 행동, 배려를 실천하는 사회생활에서 직장매너와 에티켓이 잘 지켜질수록 업무능률도 오르고, 직장생활에서 느끼는 보람도 클 것이다.

(2) 직장매너의 중요성

① 직장에서 개인의 이미지는 곧 기업의 이미지이므로 매너있는 자세와 친절한 서비스는 기업의 신뢰도와 호감도를 높여 기업의 성과에 영향을 미친다.

② 직장은 팀별로 협력하여 업무성과를 내므로 원만한 인간관계를 할 수 있는 매너와 인성을 갖춘 파트너를 선호하므로 직장매너가 중요하다.

③ 개인의 삶의 만족도는 직장 내 구성원들과 우호적 관계 및 친밀도에 영향을 받으

므로 상대방을 존중하는 직장매너가 필요하다. 이 외에도 상사, 동료와의 관계 등에 매너가 필요하며 개인의 직업적 성공은 매너 있는 인성과 예절이 좌우한다고 할 수 있다(김선주, 외, 2019).

(3) 직장에서 근무매너

■ 출 · 퇴근 매너

- 출근은 업무시작 10~ 20전에 도착하며 용모와 복장을 단정하게 한다.
- 출 · 퇴근시 밝고 힘찬 톤으로 인사하며 밝은 표정을 갖는다.
- 지각, 결근하는 경우 반드시 미리 사유를 알려야 하며, 상사에게 직접 늦은 사유를 보고한다.
- 퇴근 시에는 책상위를 정리하고 사무실 상황이나 동료, 상사의 업무처리 상황을 고려하여 퇴근하고 가능하면 업무를 마무리하고 내일 할 일을 간단하게 기록한다.
- 동료나 상사에게 “먼저 퇴근하겠습니다” 등의 간단한 인사를 하고 퇴근한다.

■ 인사매너

- 인사는 밝고 활기찬 목소리로 먼저 한다.
- 앉아 있을 때: 인사는 반드시 일어서며 인사한다.
- 복도나 계단에서 상사를 만날 때: 멀리서라도 먼저 목례한다.
- 적정거리에서 눈높이를 맞추고 멈추어 서서 인사한다.
- 인사 후 상사 옆을 지나갈 때 사선걸음으로 간다.
- 상대방이 먼저 인사할 때: 반드시 답례 인사한다.

■ **목례인사가 필요한 경우**

- 하루 중 여러 번 상대를 마주치는 경우
- 화장실에서 마주칠 때
- 엘리베이터 같은 좁은 공간에서
- 전화를 받고 있을 때

(4) 상황별 매너

■ **약속시간에 대한 매너**

- 시간관념은 시간을 매우 귀중한 것으로 생각, 스케줄을 중시하는 문화, 의미 없이 낭비나 허비하지 않고, 효율적으로 사용
- 불가피한 사정으로 지킬 수 없을 때 필히 사전에 얼마나 지연될지 통보, 약속시간 5~10분 전 도착하는 매너
- 약속은 이메일이나 우편을 통한 서면이나 전화로 연락, 반드시 확인

■ **장소별 상석 매너**

- 회의실의 상석은 입구로부터 먼 자리가 상석이며 출입문 쪽이 말석
- 회의식에서 전망이 좋은 자리 또는 스크린이 잘 보이는 자리가 상석
- 회의실에 책장이 있는 경우는 책장을 등진 자리가 상석(시선 분산을 방지)

■ **승용차 탑승매너**

- 승용차는 운전기사가 있는 경우 조수석 뒷좌석이 가장 상석, 운전사 뒷자리가 다음, 조수석이 가장 하위석
- 뒷자리에 3인이 앉을 경우는 뒷자리의 가운데 자리가 가장 하위석
- 운전사가 없이 상사가 직접 운전 시 조수석이 상석, 운전자 뒷자리가 하위석

- 승용차 탑승매너는 상위자가 먼저 타고 먼저 내리는 것이 원칙이며, 하위자가 먼저 하차하여 문을 열어주기도 함.

■ 엘리베이터 탑승매너

- 엘리베이터 탑승 후 문의 오른쪽이 상석, 내릴 때는 상위자가 먼저 타고 내리는 것이 원칙, 만원일 경우 문 앞에 있는 사람 먼저 내림
- 엘리네이터 탑승은 줄서서 차례로 타기, 모두 내린 후 탑승하기
- 엘리베이터는 상급자, 여성, 노약자, 어린이, 초대손님이 먼저 타고 먼저 내리며, 하급자인 경우 먼저타서 버튼을 누르고 내릴 때도 먼저 내려 밖에서 상급자가 편히 내리도록 도움

■ 계단이나 복도에서 매너

- 계단에서 마주칠 때 연장자나 상급자, 여자가 먼저 지나가도록 양보하기• 계단 올라갈 때는 방문객보다 1~2계단 뒤에서 내려올 때는 먼저 내려오기
- 계단앞을 추월하는 것은 실례이나 부득이한 경우 “실례합니다”라는 말을 하고 지나가기
- 복도에서는 상급자, 연장자, 여성을 중앙에 오게 하고 하급자나 남성은 벽쪽으로 걷기
- 연장자나, 상급자와 나란히 걸을 때는 연장자, 상급자가 오른쪽 연소자, 하급자가 왼쪽으로 가기

■ 지하철 탑승매너 – 지하철 에티켓 10

가) 혼잡시간대 무리한 승차 안 하기

나) 먼저 내리고 나중에 타기(줄 서기)

다) 임산부 · 어린이 동반자 · 장 애인에게 자리 내어주기

라) 에스컬레이터에서 걷거나 뛰지 말고 반드시 손잡이 잡기

마) 휴대전화기는 무음, 진동모드, 작은 소리로 통화하기

바) 지하철 내 잡상인에게 물건 안 사기

사) 뛰거나 큰소리로 떠들지 않기

아) 신문은 접어보고, 내릴 때는 가지고 내리기

자) 안전으로 가는 더 좋은 발걸음, 우측보행 지키기

차) 부정승차 하지 않기

(출처: 서울메트로 지하철 에티켓 캠페인 홍보물 1)

2 비즈니스 매너

비즈니스 매너란 사회적 관계나 직장생활에서 활용되거나 요구되는 관습에 의한 형식, 에티켓 등을 의미한다.

비즈니스 연락방식 중 가장 많이 활용되는 것은 이메일과 팩스, 전화이다. 이메일과 팩스는 양식과 틀이 다양하지만 기본적인 양식과 틀을 준수해야 한다. 품격있는 이메일 쓰는법과 전화를 걸고 받는 매너를 익혀 자신의 경쟁력을 높여보자.

1) 품격 있는 이메일 쓰기

모든 비즈니스를 이메일로 한다고 해도 과언이 아닐만큼 많은 사람들이 이메일을

사용한다.

이메일은 전자우편(E-Mail: Electronic mail)으로 공식적인 업무지시와 보고방법 중에 하나로, 비즈니스의 필수적인 요소 중 하나이다.

이메일은 공적, 사적으로 중요한 연락수단이며, 특히 업무를 위해 오고가는 이메일은 '공적인 서류'나 다름없기에 형식과 격식에 맞게 작성해야 한다. 물론, 보고서나 기획서처럼 철저하게 양식에 맞출 필요는 없으나 모바일 메신저로 보내는 글처럼 너무 쉽고 가벼워서도 안된다.

이메일은 비즈니스에 대한 정보교환, 계약서, 결과통보 등 주요 정보를 담고 있기 때문에 수신자의 회사, 이름과 주소를 정확히 확인하고 보내야 한다. 또한 이메일 내용에서 발견된 오류나 오타는 발신자의 부주의한 행동으로 간주되고, 전문성이 없는 것으로 오해받을 수 있다(임민지, 2016).

메일을 주고받을 경우 형식을 잘 갖추어진 내용을 전달받았을 때 깔끔하고 명확하며 때론, 품격이 느껴지기도 하지만 어떤 메일은 누가 보냈는지 모호하기도 하고, 전달하는 내용이 부족해 재요구하기도 한다.

현대는 비즈니스를 하는 직장인이 아니라도 모든 연령대의 일반인들도 이메일을 통해 일을 처리하거나 정보를 주고받으니 매너있는 이메일 작성법을 익혀 활용해보자.

(1) 이메일 관리법

시간이 지난 업무용 이메일과 스팸 및 광고성 이메일로 메일함이 꽉 차서 정작 필요한 메일을 놓치는 경우가 많다. 이메일을 자주 사용하는 경우라면 매일 시간을 내어 우편함을 확인하고 정리해야 한다. 이메일은 확인하여 일 처리 후 정리한다. 받은 즉시 삭제할 것인지, 참고용으로 저장, 중요 문서로 표시하여 저장할지 때론, 다른 사람에게 전달 및 추후에 좀 더 읽기 위해 보관할 것인지를 결정하고 처리한다.

(2) 이메일 작성법

① 메일 주소와 제목 쓰기

이메일은 이름과 주소를 정확히 확인하고 보내야 한다. 제목은 이메일 작성 시 가장 신경을 써야 할 부분으로 제목은 간결하게 하고 보내는 사람의 소속과 용건을 명확하게 쓴다.

받는 사람이 제목만 보고도 내용을 한눈에 파악할 수 있어야 하므로 모호한 제목 또는 내용과 상관없는 제목은 삼가는 것이 좋다. 읽는 사람이 시간을 낭비하고 있다는 느낌을 받아서는 안 된다.

일반적으로 소속은 [ ](대괄호) 안에 넣고 그 뒤에 보내는 내용도을 최대한 축약하여 쓴다. 중요도에 따라 순서가 바뀔 수도 있으므로 제목의 글자는 너무 길지 않고 간결하게 소속과 용건을 합하여 30자 내외가 좋다.

제목에 '요청, 공지, 참고' 등 머릿글을 달아주면 상대방이 분류하기 좋고 긴급한 공지는 '긴급, 필독, 회신요망, 중요'와 같은 메시지를 대괄호에 넣기도 한다.

② 이메일 내용

이메일 내용에는 크게 첫인사, 본문, 끝인사로 구성이 된다. 이메일 내용의 시작은 인사이다. 인사를 할 때는 '안녕하세요'라는 첫인사와 함께 이메일을 받는 상대방의 이름과 직위를 언급하는 것이 좋습니다. 상대방의 이름과 직위를 언급함으로써 상대방에게 존경심과 친근함을 표현하며 받는 사람은 관심을 느낄 수 있다. 인사 후 발신자의 이름, 소속, 직위를 언급하면서 첫인사 부분을 끝낸다.

이메일 본문은 중요한 내용을 가장 먼저 언급하고, 나머지 내용을 풀어쓰는 것이 좋다. 내용은 간결하고 꾸밈없이 작성ㅎ며 파일 첨부할 때는 이메일 내용에 첨부 파일 내용을 안내해 준다.

본문내용이 끝난 후에는 끝인사로 마무리한다. 끝인사는 '감사합니다'가 보편적인 표현적이지만 덕담이나 좋은 인사말로 대신해도 좋다.

③ 그 외에 체크해야 할 사항

- **오탈자 점검**: 맞춤법에 어긋나거나 오탈자가 있는지 보내기 전 꼭 체크한다. 많은 오탈자, 중복, 누락은 상대에게 이미지와 신뢰를 떨어뜨리고 전문성을 저해한다. 이메일을 보내기 전에 반드시 내용을 재검토함으로써 오탈자를 교정하도록 한다.
- **첨부파일 확인**: 첨부파일은 적을수록 좋다. 첨부파일을 여는것도 상대방에게는 일이기 때문에 파일사이즈가 크거나 파일 5개 이상인 경우에는 꼭 압축해서 첨부하는 것이 좋다. 가장 많은 실수는 파일을 첨부하지 않는 것이므로 반드시 파일을 확인한다.
- **참조(cc)용도 점검**: 참조는 이메일의 용건과 간접적으로 연관이 있는 사람에게 보내는 주소이다. 즉, 이 이메일의 내용을 전달해야 하지만, 답장을 회신 할 필요가 없을 경우에 해당된다.
  숨은 참조는 이메일을 보내는 사람에게만 이메일 주소가 노출되고 받는 사람과 참조인에게는 보이지 않는다. 업무에 관여하지는 않지만 업무진행 사항을 알아야 할 사람에게는 숨은 참조를 이용하는 것이 좋다.
- **답신 메일쓰기**: 메일을 받으면 너무 늦지 않게 답신 메일을 보내야 하며 즉시 답신 메일을 보낼 수 없는 상황이라면 언제쯤 보낼 수 있는지에 대해 알려주어야 한다. 메일확인을 했는데 답신메일이 없으면 상대방이 궁금할 수 있으므로 상대에 대한 배려이다.

■ 이메일 작성예시 1

제 목: [현장실습운영팀]현장실습 사전직무교육 요청 관련자료

첫인사: 안녕하세요. 000 선생님.
현장실습운영팀 000입니다.
용 건: 사전직무교육 강의 관련하여 요청드리는 자료와 일정 안내문을 첨부파일로 송부합니다.
끝인사: 감사합니다.
000 올림

■ 이메일 작성예시 2

제 목:[학사행정팀] 기말과제 출제 요청 관련

첫인사: 안녕하세요. 000 교수님. 학사행정팀 000 대리입니다.
용 건: 다름이 아니라, 2020년 2학기 토론/과제를 요청드리고자 합니다
끝인사: 한 주 마무리 잘 하시고, 즐거운 주말 보내시기 바랍니다.
감사합니다.^^
000 올림

2) 전화 매너

따뜻한 마음과 친절한 응대는 언어나 태도로 나타나며 서로의 마음을 움직인다. 따라서 서로 얼굴이 보이지 않는 전화상의 대화 응대는 품위 있게 해야 한다.

전화통화는 수신가능한 시간에 최대한 간결하고 짧게 끝내며 이를 위해 사전에 전달하고자 하는 내용을 요약, 정리해 두는 습관이 필요하다. 자신의 품격을 높이는 전화매너를 익혀보자.

- 전화는 항상 친절하고 예의바른게 전화 응대를 하며 전화를 통한 메시지 전달을 확인한다. 목소리 톤은 너무 높거나 낮지 않게 하고 말투는 공격적, 불안한 감정을 드러내지 않도록 한다.
- 껌이나 음식물을 넣고 통화하거나 다른 사람과 이야기 나누면서 전화를 걸거나 받지 않는다.
- 전화통화를 하기 전에 전달내용과 주제, 용건을 미리 메모하여 정확히 전달할 수 있도록 하며 소속, 부서, 학과, 이름 등 자신을 소개한다.
- 상대방에게 인사를 먼저하고, 전화를 받을 수 있는 상황인지 확인한 후 전화를 건 용건과 내용을 설명한다.
- 담당자가 부재중일 때는 메모를 남기고 전화 받은 사람의 이름을 확인해 둔다. 전화를 받은 경우는 메모한 내용을 복창한 후 자신의 소속과 신분을 밝히고 내용을 정확히 전달하겠다고 안심시킨다.
- 상대방의 상황을 고려하여 너무 이르거나 늦은 시간에 전화하지 않는다. 오전 9시 이전과 밤 9시 이후는 삼가며 금요일 오후부터 일요일까지 업무시간 외에는 전화를 삼가한다.
- 전화를 받을 때는 소속, 지역 이름을 밝히고 전화내용을 다 듣고 요점을 정리하여 이해한 것을 재확인한다.

- 통화가 끝나면 정중히 인사하고 전화를 건 사람, 연장자나 상사가 먼저 끊는 것을 확인 후 수화기를 내려놓는다.

(1) 전화를 거는 매너

전화 걸 용건정리(6하원칙), 전화거는 시간, 장소, 상황 확인하기, 인사 후 자신의 소속과 신분 명확히, 용건은 결론부터 먼저 말하기, 감사인사 후 전화 끊기(전화기는 천천히 살짝 내려놓기)

(2) 전화를 받는 매너

3단계로 신분을 밝히며 전화 받기(인사, 소속, 이름), 밝고 친절한 목소리, 상대방 확인하기, 용건을 확인하면서 메모(복창), 끝인사를 한 후 전화 끊기

(3) 휴대전화 매너

- 공공장소, 직장에서 무음, 진동모드 설정
- 공공장소에서 최대한 목소리 낮추고 짧게 통화
- 상대방에게 전화통화가 가능한지 확인
- 잘못 걸린 전화도 친절하게 응대, 잘못 걸었을 때는 얼버무리지 않고 분명하게 사과
- 통화 후 상대방이 선배나 어른이라면 먼저 끊기를 기다리기

3) 인터넷 매너(네티켓)

1994년 미국 플로리다대학 버지니아 셰어 교수가 제안 '넷티켓의 핵심원칙'을 발표,

2000년 6월 15일에 정보통신윤리위원회에서 '네티즌 윤리강령'을 선포하여 보이지 않은 사이버공간에서의 인터넷 매너를 강조하였다. 정보통신윤리강령에 따라 관계법령과 규정을 준수하여 정보통신인으로서의 책임과 의무를 다한다.

■ **네티켓의 10대 원칙**

1. 가상공간에서 만난 상대방도 인간임을 기억하라.
2. 현실생활에서와 동일한 기준과 행동을 유지한다.
3. 현재 접속한 공간의 문화에 적응하여 행동한다.
4. 상대방의 시간을 존중한다.
5. 온라인 상에서 나 자신을 멋있게 만들어간다.
6. 전문 지식을 공유한다.
7. 논쟁을 할 경우, 감정을 절제하면서 참여한다.
8. 상대방의 사생활을 존중한다.
9. 자신의 권력을 남용하지 않는다.(특히 관리자들)
10. 상대방의 실수를 용납한다.

(1) 네티즌의 기본정신

- 사이버 공간의 주체는 인간이다.
- 사이버 공간은 공동체의 공간이다.
- 사이버 공간은 누구에게나 평등하며 열린 공간이다.
- 사이버 공간은 네티즌 스스로 건전하게 가꾸어 나간다.

■ **네티즌 윤리강령**

1. 우리는 타인의 인권과 사생활을 존중하고 보호한다.
2. 우리는 건전한 정보를 제공하고 올바르게 사용한다.
3. 우리는 불건전한 정보를 배격하며 유포하지 않는다.
4. 우리는 타인의 정보를 보호하며, 자신의 정보도 철저히 관리한다.
5. 우리는 비 · 속어나 욕설 사용을 자제하고, 바른 언어를 사용한다.
6. 우리는 실명으로 활동하며, 자신의 ID로 행한 행동에 책임을 진다.
7. 우리는 바이러스 유포나 해킹 등 불법적인 행동을 하지 않는다.
8. 우리는 타인의 지적재산권을 보호하고 존중한다.
9. 우리는 사이버 공간에 대한 자율적 감시와 비판활동에 적극 참여한다.
10. 우리는 네티즌 윤리강령 실천을 통해 건전한 네티즌 문화를 조성한다.

출처: 2000년 6월 15일 '네티즌 윤리강령' 선포식에 발표된 내용

(2) 네티켓

- 보이지 않는 사이버 공간에서의 인터넷 매너
- 게시판의 글은 명확하고 간결하게 쓰며, 문법과 맞춤법에 맞는 표현을 사용
- 채팅할 때 자기 자신을 먼저 소개한 뒤 대화하기
- 경어 사용하기
- 다른 사람을 비방하거나 욕설하지 않기
- 같은 내용의 말을 한꺼번에 계속 반복하지 않기
- 개인 정보를 올리거나 받지 않기
- 저작권을 침해하지 않는 범위 내에서 자료 사용하기

3 소개와 명함 매너

1) 소개

소개는 첫 만남에서 큰 영향을 주므로 자신을 당당하면서도 정중하게 소개할 줄 아는 지혜가 필요하며 다른 사람을 소개 받을 때에도 예의 바르게 받아들이는 매너가 필요하다.

자신을 소개할 때는 이름과 직업, 담당업무, 간단한 프로필을 간략히 소개하는 것이 좋으며 직책이나 지위는 과시하는 것으로 오해받기 쉬우므로 피한다. 자신을 지나치게 과장하거나 낮추는 것도 이미지에 좋지 않으므로 주의한다.

자신의 풀네임(full name)을 밝히고 Mr, Mrs같은 존칭은 생략하며 소개와 동시에 '잘 부탁드립니다.' 또는 '만나서 반갑습니다.'등의 친근한 인사말과 더불어 밝은 표정과 목소리로 소개하는 것이 좋다.

미국에서는 인사할 때 통상 초면에는 "Nice to meet you(반갑습니다)"라고 하며 두 번째 만남부터는 "Nice to see you(반갑습니다)"라고 한다.

(1) 소개하는 순서

- 이성 간에는 남성을 여성에게 소개한다.
- 아랫사람을 윗사람에게, 하급자를 상급자에게, 후배를 선배에게, 미혼자를 기혼자에게 소개한다.
- 사회적 지위가 낮은 사람을 높은 사람에게 소개한다.
- 직원을 고객에게 소개하며 소개하는 사람의 담당업무, 역할, 칭찬이나 능력을 덧붙여서 소개하기도 한다.

- 지위나 연령이 같은 경우는 친한사람부터 먼저 소개한다.
- 개인과 단체를 소개할 경우는 개인을 여러 사람에게 먼저 소개하며, 가장 직급이 낮은 사람 또는 연령이 낮은 사람을 먼저 소개한다.

(2) 소개 시의 에티켓

- 소개할 때는 소개하는 사람, 소개 받는 사람 모두 일어나 인사를 한다. 특히 남성이 여성을 소개받을 때는 반드시 일어난다.
- 연장자나 상급자를 소개받을 때는 남녀 관계없이 일어난다.
- 연장자, 상급자, 선배를 소개받을 때는 상대방이 악수를 청하기 전에 손을 내밀지 않는다.
- 연장자, 상급자, 선배가 간단한 인사나 목례 할 때에는 이에 따른다.
- 외국인 부부를 소개받는 경우는 동성 간에는 악수를 하고, 이성간에는 간단한 목례로 대신한다.
- 소개받을 때는 짧은 인사말과 함께 정중한 인사를 한다.

2) 명함 매너

명함은 비즈니스 파트너의 필수적인 개인정보만을 포함하여 요약된 자기소개서이다. 명함을 건네는 행동은 새로운 비즈니스 관계를 제안하는 역할을 한다. 그리고 명함을 받는 사람의 태도는 제안을 받아들일 것인지를 보여준다.

상대방의 직함에 대한 정보는 명함을 통해 얻을 수 있다. 만약 상대방의 직함을 정확히 모를 경우 그들의 명함을 참고해야 한다. 명함은 제2의 '나'라고 해도 과언은 아니다. 명함은 이름, 주소, 전화번호, 직장, 직책 등을 기입한 것으로 자신이 누구인지,

무엇을 하는지 알려주는 역할기능을 한다(임민지, 2016).

최근에는 IT시대에 맞추어 효율적인 명함관리를 위한 앱이 출시되기도 하고, 명함정보를 스마트폰, 태블릿, PC 등에서 연동하여 공유할 수 있도록 효율적으로 명함관리를 하고 있다.

또한 기존의 틀을 벗어나는 창의적이고 독특한 이색 명함이 인기를 끌고 있다. 예를 들어 '구워야 보이는 명함'이라던가, '먹어서 없애는 명함' 등도 등장했다. 땅콩, 껌, 과자류에 새긴 명함은 받는 즉시 먹어 버리는 독특한 발상으로 인기있는 명함이다.

독특한 이색명함과 더불어 인터넷을 통해 자신만의 명함을 주문 제작하는 등 명함은 비지니스에서 필수적으로 사용하고 있다.

인사와 더불어 명함을 주고받는 태도는 상대방에게 자신을 인식시키는 것으로 개인과 기업의 인상을 한 번 더 각인시키기 때문에 올바른 명함매너는 대인관계에서 영향력이 크다고 볼 수 있다.

처음 마주하는 대인관계에서 자신을 소개하고 타인을 소개받을 때 간략하고 정확하게 자신을 알릴수 있는 방법 중 에 하나가 명함 주고받기이다. 특히 비즈니스를 위해 사람을 소개받거나 소개할 때 빠뜨릴 수 없는 것이 명함이므로 올바른 명함 매너에 대해 숙지하고, 자연스럽게 명함을 전달하면서 자신을 소개해보자.

(1) 명함의 유래

명함의 유래는 프랑스의 루이 14세부터 시작되었다고 한다. 사교계에서 귀부인들이 자신의 이름을 카드에 써서 왕에게 올린 것이 시초가 되었다.

독일에서 유래된 명함은, 16세기경 이탈리아에서 유학했던 한 독일 학생이 공부를 마치고 귀국 인사차 스승을 방문했는데 스승은 마침 부재중 이었다. 그래서 독일 학생은 스승에게 쪽지를 남겼는데, 이 쪽지가 명함의 시초로 전해지기도 하며, 또 다른 유래로 최초의 '명함'은 18세기 유럽에 귀족, 왕족과 하인 사이에 쓰였던 알림방식으로 하인이 그들의 주인에게 도착했다는 것을 알리는 의미에서 사용되었다고 한다(손일락, 2010).

중국에서는 예부터 친구나 지인의 집을 찾아갔다가 상대방이 부재중이면 이름을 적어놓고 오는 관습이 있었는데 이것이 명함의 유래가 되었다고 한다.

(2) 명함의 중요성

- 명함은 '제 2의 나의 얼굴'이며 분신이다.
- 자기를 소개하는 수단이다.
- 인간관계 형성과 인맥관리의 중요한 도구이다.
- 구겨지고 더럽혀진 명함은 본인의 인상을 좌우할 수 있으므로 자기 이미지를 손상시킬 수 있다.
- 명함은 자신의 정보와 이미지를 담고 있어 명함집에 넣어 깨끗이 보관한다.

(3) 명함의 종류

'사교용 명함 또는 방문 명함(Visiting Card)'과 '업무용 명함 또는 비즈니스 명함(Business card)'로 구분하여 사용한다.

① **사교용 명함**(Visiting Card, Calling Card): 보통은 Mr, Mrs, 또는 Mr and Mrs의 존칭과 이름만 인쇄하나 주소나 직책 정도만 넣기도 한다. 사교용 명함은 인사 · 축하 등을 위한 메시지 전달의 한 방편으로 꽃이나 선물을 보낼 때, 또는 파티날짜와 시간을 적어 초청장을 대신해서 사용하는 명함이다.

② **업무용 명함**(Business Card): 회사의 로고나 상징, 성명, 주소, 회사명, 직책, 연락처, 팩스번호, e-mail 주소, 웹사이트와 같은 연락이 닿을 수 있는 정보를 제시한다. 회사가 자신의 이미지와 존재를 알리기 위해 사용되는 중요한 요소로, 비즈니스

에서 명함 사용은 회사의 상품을 판매하기 위한 서비스나 회사를 알리고 지속적인 거래를 하기 위함이다.

그래서 대부분 서양인들은 비즈니스 관계가 아니라면 초면에 명함을 교환하지 않는다. 명함은 비즈니스에서 중요한 정보를 제공하기 때문이다.

(4) 명함 교환 방식

- 명함은 아랫사람이 윗사람에게 먼저 건넨다.
- 명함은 간단한 자기소개와 인사, 그리고 악수가 끝나고 나서 교환하는 것이 올바른 순서이다.
- 명함집에서 깨끗한 명함을 꺼내 본인의 명함인지 확인한다.
- 상대방이 받았을 때 바로 이름을 읽을 수 있는 방향으로 건넨다.
- 명함 전달 시 자세는 왼손을 받쳐서 오른손으로 건네고 명함을 받을 땐 양손의 엄지와 검지, 두 손으로 받는다.
- 명함을 동시에 맞교환할 때는 왼손으로 받고 오른손으로 건네준다.
- 명함을 주고받을 때는 반드시 일어서서 명함을 건넨다.
- 명함 전달 시에는 밝은 표정으로 자신의 소속과 이름, 적당한 멘트(인사말)를 한 후 건넨다.
- 명함은 두 손으로 받으며 상대방 이름과 직함을 확인한 후 성이나 본은 어디인지, 외국인의 경우 발음은 어떻게 되는지 등 관심 있게 물어보거나 복창으로 확인하는 것은 호감을 나타내는 효과적인 방법이다.
- 명함교환 후 받자마자 가방 속에 넣어버리는 것은 매너가 아니며 테이블 위에 명함을 두고 상담이나 대화가 끝난 후 지갑 또는 명함집에 넣는다.
- 명함은 회사별, 업종별로 명함철에 관리하며, 면전에서 상대방 명함에 메모를 하는 것은 실례이나, 헤어진 후 상대방의 특징 등에 대해 메모하면 좋은 기억방법

될 수 있다.

- 서양인들은 비즈니스가 아니면 첫 대면에서 명함을 교환하지 않고 충분히 대화를 나눈 후 헤어질 쯤에 명함을 교환한다.

■ 명함 만들기– 10년 뒤 나의 모습은?

〈앞면〉

〈뒷면〉

생각해보기

1. 직장 매너를 왜(Why) 지켜야 하는지 토론해보자.

2. 승용차 탑승 시 상급자에 대한 에티켓은?

3. 엘리베이터 탑승시 상급자에 대한 에티켓은?

CHAPTER

10

관계 증진을 위한 사회생활 매너

학 · 습 · 목 · 표

- 경조사 예절을 통해 부조금 봉투를 써보고, 특별한 행사에 맞는 격식과 행동으로, 마음을 전달할 수 있다.
- 글로벌 선물 매너를 익힐 수 있다.
- 올바른 테이블매너를 통해 자신을 점검할 수 있다.
- 밥상머리 교육을 토론해보고 자신이 생각하는 이상적인 밥상머리 교육에 대해 자기의견을 개진할 수 있다.
- 동양 및 서양의 식생활 문화와 전통을 이해하고 테이블 매너를 익히고 실천할 수 있다.

MEMO

1 경조사(慶弔事) 예절

경조사는 경사스러운 일과 불행한 일을 말하며 경조사는 특별한 행사인 만큼 최대한 격식을 갖추어 매너있게 행동해야 하며, 그에 합당한 표현과 행동을 해야 한다. 즉 결혼, 생일, 기념일, 장례식 등에 격식을 갖추어 매너있는 행동으로 진심을 전달할 수 있어야 한다.

1) 결혼(結婚)식 축하예절

① 결혼식에 참여할 때에 옷차림은 품위 있고 단정한 정장차림을 하며 정장에 어울리는 화사한 악세서리를 한다.

② 여성인 경우 결혼식 주인공인 신부를 위한 날이므로 신부의 흰색 드레스를 배려하여 흰색 옷은 삼가며, 검정색 정장이나 청바지, 티셔츠, 운동화는 삼가 한다.

③ 결혼식장에 도착하면 신랑 또는 신부의 부모님께 축하의 인사말과 함께 인사를 드린다.

④ 축의금이나 선물 등을 먼저 전달한 후 행사에 동참한다.

⑤ 축의금 봉투의 앞면에는 축 결혼(祝 結婚) 등으로 쓰고 뒷면에는 자신의 소속과 함께 이름을 적는다. 이때 신랑 측은 축 화혼(華婚) 또는 축 결혼(結婚)이라 쓰고 신부 측에는 축 혼인(婚姻) 또는 축의(祝儀)라고 쓰는 것이 바람직한 표현이다.

2) 조문 예절

돌아가신 이의 영좌에 죽음을 슬퍼하며 예를 드리는 것을 조상(弔喪)이라 하고, 상주에게 위문(위로)하는 것을 문상(問喪)이라 한다. 따라서 조문이라 하면 돌아가신 이에게 예를 드리고 상주를 위로하는 모든 것을 의미한다.

문상이란 문상과 조상의 합성어로 최근에는 문상과 조상, 조문을 같은 의미로 쓰고 있다. 문상을 하는 시기는 상례를 치르는 가족과 아주 친근한 사이 또는 친척이라면 소식을 듣고 바로 문상을 가서 상제를 돕는 것도 좋지만 절친한 관계가 아니면 입관의 절차가 끝난 후(성복제를 마친 후)에 방문하는 것이 예의이다.

(1) 조문 시 복장 매너

- 복장은 검정색, 회색수트가 원칙이나 준비가 어렵다면 회색, 감색, 진한 갈색 등 무채색 옷을 입는다. 남자의 경우 검정색 정장에 검정색 넥타이, 흰색 셔츠, 검은 양말과 검정 구두가 무난하다.
- 여성의 경우도 검정색, 무채색 복장에 구두와 핸드백이 적절하며 화려한 장식이 있는 구두나 핸드백은 삼가한다.
- 신체노출을 자제하며 삼복더위라 할지라도 상의나 하의는 긴팔 옷을 입는 것이 원칙이다.
- 여성의 스커트는 무릎 아래 길이가 무난하며 상의는 팔꿈치를 덮는 정도, 민소매일 때는 상의를 입는 것이 좋다.
- 진한 색조화장은 피하고 단정한 머리스타일에 화려한 머리핀, 매니큐어, 악세서리 등은 삼간다.
- 결혼반지 외의 악세서리는 착용을 삼가고 보석반지의 경우 빼두거나 보석을 안쪽으로 살짝 돌려서 착용한다.

(2) 부의(賻儀) 준비

- 부의는 초상집에 부조로 보내는 돈이나 물품을 나타내는 것으로 부의금, 조의(弔意)금, 부조(扶助)금으로 쓰인다.
- 위로의 문구, 금액과 전달하는 사람의 이름, 날짜 등을 적은 속지에 돈을 싼 후 겹 봉투에 넣는다.
- 봉투의 앞면에는 근조(謹弔), 부의(賻儀), 조의(弔意)라 쓴다. 뒷면에는 자신의 소속과 함께 이름을 적는다.
- 봉투는 이미 판매되고 있는 부의 봉투를 이용하기도 하고, 사회활동이 많은 사람은 그 직위와 이름이 새겨진 별도의 봉투를 제작하여 활용하기도 한다.
- 부조금을 넣은 봉투는 봉하지 않는다.

(3) 조문절차

- 행사를 주최하는 집안의 가풍, 종교에 맞추어 예식에 동참하도록 한다. 장례식은 고인과 가족을 위로하기 위해 참석하는 것이므로, 자신의 종교를 고집하지 않는다.
- 꽃이 있는 경우에는 헌화를, 향이 있는 경우에는 분향을 한다. 향은 1개만 집어서 불을 붙이며 불꽃은 불어서 끄지 않고 가볍게 흔들어서 끄고 공손히 두 손으로 향로에 꽂고 일어선다.
- 헌화 또는 분향을 한 후 두세 걸음 물러나서 영정을 향해 절을 하면서 돌아가신 분을 추모 하는 예를 표한다(절은 재배하며 남자는 2회, 여자는 4회가 기본이나 통상 2회 한다). 헌화를 한 경우는 머리를 숙여 묵념을 한다.
- 상주(常主)가 있는 쪽을 향해 맞절 한 뒤 위로의 말을 전한다. 이 때 인사말은 "얼마나 상심이 크십니까?, 뭐라 위로의 말씀을 드려야 할지 모르겠습니다." 정도의 인사말을 건넨다.

- 두 손을 겹쳐 공손한 자세를 취하는 공수를 한다. 이때 장례식에서는 남자는 오른손을 여자는 왼손이 위로 올라오는 공수를 한다.(평상시와 반대임)
- 영전에 조문을 하고, 상주에게 위로의 말을 건넨 후 부의금을 전달한다. 상가 측에서 받는 경우도 있지만, '부의함(賻儀函)'이 준비되어 있는 경우 함에 부의 봉투를 넣는다.
- 조객록이 있는경우 조문을 다녀갔다는 의미로 자신의 소속과 이름을 적는다.
- 가까운 사이인 경우 함께 오랜 시간을 함께 있어주고, 필요한 일을 돕는 것이 유족들에게 큰 위로가 될 수 있다.

(4) 조문 시 유의사항

- 유족들에게 계속 말을 시키거나 고인의 사망원인, 경인 등을 상세하게 묻지 않는다.
- 가까운 친척이나 반가운 친구를 만나도 큰소리로 이름을 부르거나 반가움을 크게 소리 내지 않는다.
- 지나친 음주나 고성방가, 건배를 하지 않는다.
- 호상이라며 웃고 떠드는 건 돌아가신 분에 대한 예의가 아니다.

3) 답례 예절

① 장례를 치른 뒤에는 조객록이나 메모를 참고하여 참석했던 분들께 서신 또는 전화로 인사를 드리도록 한다.

② 결혼식 당사자는 예식에 참석해 주셨던 분들께 서신, 전화 등으로 감사의 인사를 드리며 신혼여행에서 돌아오면 주례를 서주셨던 주례사님께 간단한 선물을 준비해 인사를 드린다. 과공비례로 너무 부담스럽고 과한 선물은 자제한다.

관혼상제 문화와 관련하여 우리사회가 개선해야 할 문화중의 하나가 부조문화이다. 부조문화는 상부상조의 전통에 기원하는 것으로 어느 정도의 부조는 미풍양속으로 볼 수도 있지만 과도한 부조는 양방간 모두에게 부담이 될 수 있다. 취업포털 잡코리아가 남녀 직장인 1640명을 대상으로 경조사비 부담 정도를 조사한 결과, 우리나라 직장인들은 월 평균 1.57건의 경조사에 참석하며 7만원 내외를 지출하였다. 경조사에 지출하는 월 평균 비용(1건 기준)은 20대가 6만6714원, 30대가 7만9641원, 40대 이상이 8만7480원이었다. 경조사 종류(복수응답)는 결혼식이 93.8%로 가장 많았고 부모님 · 친지의 조사(57.5%), 돌잔치(44.6%) 순이었다. 부조를 받으면 반드시 부조를 해야 하기 때문에 경제적 부담을 가중시킨다. 더욱이 부조는 부정부패와 연결될 수 있는 만큼 지양되어야 한다(출처: 제101차 월례토론회 2016.3.24〉 김용하 교수 발제문. 정신적 풍요와 함께 하는 착한 선진화: 실천방안.)

※ 참고사항

김영란법(부정청탁 및 금품 등 수수의 금지에 관한 법률)에 따르면 국회 · 법원 · 정부와 정부 출자 공공기관, 국 · 공립 · 사립학교 임직원, 언론 종사자 등 음식물 · 선물 · 경조사비 상한액인 '3 · 5 · 10 규정'을 '3 · 5 · 5, 농축수산물 선물비 10만원'으로 조정하는 청탁금지법 시행령 개정안을 가결했다.
경조사비의 경우 현금 경조사비 상한액을 기존 10만원에서 5만원으로 낮추되 화환(결혼식 · 장례식)은 10만원까지 가능하도록 했다.

출처: 조선일보 2018.08.30. 기사 중 발췌

■ 경조사 봉투 쓰는 법

■ 경조사 봉투 써보기(실습)

앞면　　　　뒷면

2 글로벌 선물매너

선물에 대한 매너는 일상생활 속에서 적절한 형식과 의식이 필요하며 그 나라의 문화적 관습과 전통에 따라 필요한 예우를 갖추는 글로벌 매너가 필요하다.

일반적으로 서양은 오찬만찬 초대 시 간단한 선물(꽃, 초컬릿, 사탕, 특산품, 공예품 등)을 가지고 가는 것이 매너이지만 동양에서의 선물매너는 다르다.

국가별 주의해야 할 선물예절을 유의하면서 국가별 문화와 풍습에 대한 이해와 더불어 글로벌 매너와 에티켓을 실천 해보자.

선물은 상대방에 대한 고마움, 축하, 위로 등의 감정을 물질적으로 표현하는 방법이기 때문에 상황적 배경을 최대한 고려하여 선물을 결정해야 한다.

한국에서 명절 때 선물을 주고받는 것은 오래된 전통이고 선물은 그 자체만으로도 사람들을 행복하고, 즐겁게 만들고 돈독한 사이를 만든다.

비즈니스 관계에서 선물은 파티에 공식적으로 초대를 받았을 때 감사의 의미를 표현하기 위해 주는 경우가 가장 많은데 이때 선물은 상대방이 부담감 없이 받을 수 있는 적정한 가격의 일반적인 것이 좋다. 고가의 선물이나 상품권은 최대한 피하는 것이 좋으며 지나치게 비싼 선물은 부담감을 줄 수 있으니 삼가야 한다.

서구에서는 공식 파티에는 보통 선물을 가져가지 않으나 자신이 주빈으로 초청된 경우 꽃이나 선물을 지참한다. 서양은 꽃 포장에 신경을 쓰지 않는데, 이유는 포장을 선물하는 것이 아니라 꽃을 선물하는 것이라고 생각하기 때문이다.

한국에서는 선물을 받았을 때 손님이 돌아간 후에 포장을 뜯어보지만, 서구인으로부터 선물을 받으면 그 자리에서 뜯어보고 즐거운 표정과 감사의 뜻을 표하는 것이 매너이다.

또한, 우리나라는 선물을 줄 때 겸양의 미덕으로 "별 것이 아닙니다."라고 표현하지만 그보다는 "잘 어울리실 것 같아서 골랐습니다.", "필요하실 것 같아서 골랐습니다." 등의 말을 하는 것이 자신감 있고 긍정적인 표현이 될 수 있다.

서양은 어린아이에게 선물을 줄 때도 각자에게 이것은 '네 것'이라는 것을 명확히 하고 각자 자기 소유를 분명히 해 주는 것이 우리와 다른 선물문화라고 할 수 있다.

각 나라의 주의해야 할 선물 매너와 에티켓을 익히는 이유는 어느 나라든 어느 민족이든 고유한 공간과 시간 속에서 만들어온 삶의 모습과 철학, 사고방식이 있기 마련이며 그것에 대한 포용력와 관대함이 없이는 대인 간에 관계 맺음이 쉽지 않기 때문이다.

다양한 문화에 대한 이해, 다문화 수용, 다문화 의식, 문화적 개방성은 글로벌 대인관계 영역에 직접적 관련이 있다. 각 나라와 그 사람들에 대해 넓은 마음으로 문화적 다양성을 이해, 존중하는 자세가 글로벌 매너와 에티켓의 시작이라 할 수 있다.

■ 글로벌 선물매너

국가별 주의해야 할 선물매너		
1	중국	• 선물: 선물을 받기 전에 세 번 정도 거절하는 것이 예의/ 3번 이상 권하는 매너, 특산품 등 • 저녁식사, 파티 초대에 먹을 음식 선물은 실례 • 경조사 선물: 경사(결혼식)는 짝수금액, 애사는 홀수금액, 받은 선물은 바로 열지 않음 • 금지(주의): 우산(이별, 결별의미), 괘종시계, 손수건, 흰색 꽃(죽음을 상징), 국화(장례식용), 매화, 배
2	일본	• 선물: 일상용품 선물(간단한 식료품/연하장), 선물이 일상화되어 간소한 선물준비, 선물은 바로 열지 않고 상대방과 헤어진 후에 포장을 열어 봄 • 금지: 포장에 검정, 흰색, 빨간색 주의, 첫 만남에 선물 증정이 좋고, 선물은 홀수로 준비
3	말레이시아	• 선물: 정성스런 카드 준비, 장신구 등 종교와 무관한 선물 • 금지: 강아지(개) 형상이나 그림, 옷(부정적 의미), 사람의 형체를 닮은 물건은 거부감
4	미국/캐나다	• 선물: 고가의 선물이나 현금 부적절, 전통 공예품, 기념품 적합, 선물에 답례카드나 편지 필수 • 저녁식사, 파티초대 시: 포틀러 파티로 각자 만든 음식을 가져가거나 꽃, 과일, 와인 등 준비 • 금지: 백합꽃 (죽음의미)
5	유럽/독일/영국	• 선물: 주지도 받지도 않음(뇌물로 오해), 부담없는 선물로 와인 , 꽃 , 한국 차, 기념품 등 준비 • 선물을 준 사람 앞에서 풀고 기쁨과 감사를 표현 • 금지: 흰 국화, 흰 백합꽃, 카네이션(빨간 장미는 구애의미)13송이(불행의미), 칼, 가위, 우산(불길함)
6	프랑스	• 선물: 비싼 선물은 뇌물로 오해 역효과, 부담 없는 선물준비 한국 차, 전통공예품, 기념품 등 • 금지: 카네이션(장례식용)/향수선물 주의
7	아랍	• 선물: 큰 선물을 좋아하여 상대방 호감을 얻음 • 금지: 술(음주금지 국가)
8	러시아	• 선물: 선물의 의미를 중시함, 정성 있는 기념품, 공예품, 와인, 초컬릿 등 선물준비

▣ 밥상머리 예절

우리는 가족들과 식사시간을 공유하면서 정서적 안정을 느끼고, 유대감을 가질 수 있다.

선조시대 때의 이름난 재상인 서애 류성룡 집안에서도 가족과 함께하는 식사시간을 어른이 먼저 수저를 들 때까지 기다려야 하는 태도인 절제와 같이 나누어 먹는 태도인 타인에 대한 배려를 자연스럽게 익히는 예절교육의 장이 되었다.

미국의 캐네디 집안의 식사예절에는 식사시간을 어기면 밥을 주지 않음으로써 자녀들에게 약속과 시간의 소중함을 일깨웠고, 미국의 오바마 대통령은 바쁜 공무 중에도 저녁 6시 반을 가족과의 저녁식사 시간으로 정해놓고 이 규칙을 엄격하게 지켰으며, 훗날 오바마 대통령에게 가족과 함께한 저녁시간은 백악관에서의 힘든 생활을 버틸 수 있는 큰 버팀목이 되었다고 한다.

경쟁과 소비가 강조되는 현대 사회 속에서 TV와 스마트폰을 잠시 끄고 가족과 함께 식사시간을 가져보는 건 어떨까요?

생각해보기

- 우리 집만의 밥상머리 교육은?

3 동양의 식생활 문화와 매너

1) 한국 식사문화와 매너

(1) 한국 식생활 문화의 특징

- 우리나라는 사계절의 변화가 뚜렷한 기후로 철마다의 식재료가 다르므로 봄, 여름, 가을, 겨울 사계절음식이 발달해 있다.
- 벼를 비롯하여 곡류 중심의 식문화가 발달되어 있다.
- 주식과 부식이 명확히 구분되어 있다.
- 좌식 상차림으로 1인 외상이 기본이다.
- 수저를 사용하는 문화가 발달해 있다.
- 공간전개형 상차림이 기본이며, 각 음식을 놓아야 할 위치가 정해져 있다.
- 상의 맨 앞줄에는 밥을 왼쪽, 국을 오른쪽으로 놓고 숟가락을 앞에, 젓가락이 뒤로 가도록 하고 상 끝에서 3cm정도 밖으로 나오게 놓는다.
- 기본적인 상차림은 반상이며 주식에 따라 면상, 주안상, 다과상 등으로 나뉠 수 있고, 상차림의 목적에 따라 교자상, 생일상, 초례상, 차례상, 제사상 등으로 구분된다.
- 반상은 밥, 국, 김치, 장류, 찌개류를 제외한 반찬의 수에 따라 나뉘며, 3, 5, 7, 9, 12첩 반상이 있다. 12첩은 예로부터 수라상이라 하여 임금님께 올렸던 반상을 말한다(생활문화연구회, 2017).

(2) 한식 테이블 매너

- 연장자가 먼저 상석에 앉으시면 따라서 앉아 식사를 시작한다. 상석은 출입문에

서 먼 쪽, 상의 한가운데로 병풍이나 그림 등을 등지는 자리이다.

- 자리에 앉을 때는 발로 방석을 밟지 않도록 주의한다.
- 식사할 때는 허리를 펴고 바른 자세로 앉고 상위에 손이나 팔꿈치를 올리지 않는다.
- 식사 전에 식사를 준비한 분께 감사 인사를 하고 먹는다.
- 연장자가 먼저 숟가락을 든 다음에 식사를 시작한다.
- 수저를 적절히 사용하며 숟가락으로 국이나 김치국물을 먼저 떠먹은 후 밥을 먹는다.
- 숟가락과 젓가락을 동시에 양 손에 쥐고 먹지 않는다.
- 반찬의 양념을 털어 내거나 뒤적거리며 골라 먹지 않는다.
- 여러 번 베어 먹어야 할 경우는 잘라 먹은 음식을 자신의 밥그릇에 놓는다.
- 자신이 좋아하는 음식만 탐하여 먹지 않는다.
- 밥이나 국을 먹을 때 그릇을 들지 않고, 상에 놓은 상태에서 숟가락으로 떠서 먹는다.
- 음식은 흘리지 않게 한입에 들어갈 정도만 먹으며 음식이 입안에 있을 때는 다 먹은 후 말한다.
- 식사를 할 때는 함께 먹는 사람의 속도와 잘 맞추되 너무 늦거나 빨리 먹지 않도록 주의한다.
- 다른 사람보다 빨리 식사가 끝난 경우 숟가락을 국그릇 위에 걸쳐 놓았다가 모두 식사가 끝날 경우 내려놓는다.
- 식사 중 재채기를 할 경우 냅킨에 대고 하며 돌을 씹거나 이물질을 뱉어야 할 경우 다른 사람이 불편하지 않게 조심해서 처리한다.
- 식사 전후에 트림 또는 밥상 앞에서 이를 쑤시지 않는다.
- 물을 마실 때는 양치질하듯이 소리 내어 마시지 않고 식사가 끝나면 상차림 그대

로 놓아둔다. 그릇을 포개어 놓거나 위치를 바꾸지 않는다.

- 식사 후에는 음식에 대한 칭찬과 더불어 감사 인사를 한다(생활문화연구회, 2017).

2) 중국의 식사문화와 매너

(1) 중국 식생활 문화의 특징

중국은 국토의 면적이 넓어 음식도 지역별로 기후, 풍토, 재료 등이 다르므로 식생활 문화의 차이가 크고 조리법이 매우 다양한 편이며, 불이나 뜨거운 물, 기름을 이용해 익혀 먹는 숙식 위주의 조리법을 기본으로 한다.

또한 재료의 선택이 자유롭고 광범위하다. 중국의 음식문화는 풍부한 식재료가 가장 큰 특징이다. 중국의 지리환경 및 기후, 역사, 여러 민족 등의 각종 요소와 불가분의 관계가 있으며 그로 인해 다양한 식물과 동물이 식재료로 사용되고 있으며, 오리를 재료로 하는 요리만 해도 50여 가지가 될 정도라고 한다.

그리고 조미료와 향신료의 종류가 풍부하다. 재료 특유의 잡내를 제거해주거나 감칠맛을 더해주는 향신료와 조미료의 종류 또한 다양하다. 일반 식당에서 쓰는 양념의 종류만 해도 50여 가지가 되고, 조미료의 종류도 500여 종에 이른다. 중국요리의 맛이 독특하고 풍부한 것도 이처럼 많은 종류의 조미료와 산초, 계피, 파, 마늘 등의 향신료를 적절히 사용하기 때문이다.

조리기구가 간단하데 비해 조리법이 굉장히 다양하다. 일반적으로 많이 사용하는 조리법은 국 요리, 기름에 튀기는 법, 기름에 볶는 법, 팬에 약간의 기름을 두른 후 지지는 법, 직접 불에 굽는 법, 약한 불에 국물을 넣고 오랜 시간 쪄내는 법, 훈제하는 법 등이 있는데 이 중에서도 중국인들이 일상생활에서 가장 많이 사용하는 방법은 볶는 방법이다. 이외에도 다음과 같은 특징이 있다.

- 음식의 수분과 기름기가 분리되는 것을 방지하기 위해 녹말을 사용하는 요리가 많다.
- 재료와 맛, 향이 다양하고 화려하여 세계적인 요리로 인정받고 있다.
- 재료의 모양이나 본래의 맛을 파괴하지 않고 담백한 맛을 내는 찜요리가 많다
- 마늘, 생강, 양파, 파, 굴소스 등 향신료를 많이 사용하며 색을 중요시한다.
- 기름과 녹말을 많이 사용하는 편이다.
- 순서대로 음식이 나오는 시간 전개형 요리이다.
- 중국요리는 각 지역의 독특한 재료와 기후풍토로 인해 지방마다 독특한 식문화가 발달 되었는데, 크게 네 가지로 분류하여 북경요리, 광동요리, 사천요리, 상해요리로 대표된다(생활문화연구회, 2017).

(2) 중국의 테이블 매너

- 중국 요리의 식탁은 2단 회전식 원탁이 기본이다. 원형식탁은 둥글고 원만하고 영원하다는 의미를 갖는다.
- 원형식탁의 윗단은 요리를 얹어 회전하게 되어 있으며, 아랫단에는 개인용 접시와 숟가락, 젓가락, 술잔, 물컵, 냅킨, 소스를 덜어먹는 접시 등이 세팅된다.
- 젓가락은 받침을 사용하여 상의 우측에 세로로 놓는다.
- 요리는 큰 접시에 담아 나오므로 각자 나눔 젓가락을 이용하여 개인용 접시에 덜어 먹도록 세팅되어 있다.
- 출입구에서 가장 먼 쪽이 상석이고 그 상석을 기준으로 좌석의 왼쪽, 오른쪽, 다시 왼쪽, 오른쪽의 지그재그 순서로 자리 배치를 한다.
- 식사 접대를 할 경우 주인은 출입구 가까운 쪽에 앉고 주빈은 주인과 정면의 상석에 앉는다. 상석은 연장자 또는 지위가 높은 순서로 앉는다.

- 시간 전개형 요리이므로 시간을 두고 계속해서 음식이 나오므로 한 가지 음식을 많이 먹지 않는다.
- 탁자의 윗단에 있는 요리를 덜 때에는 나눔 젓가락을 사용해서 덜어 먹는다.
- 윗단의 요리는 개인용 접시에 덜어 먹는데, 요리가 바뀌면 개인용 접시도 바꾸어 덜어 먹는다.
- 개인용 접시는 손으로 들지 않고 식탁 위에 놓은 상태로 먹는다.
- 요리가 있는 윗단을 돌릴 때에는 다른 사람이 덜고 있지 않은지 확인해야 하며, 시계 방향으로 돌려야 한다.
- 수저의 사용이 엄격하게 구분되어 숟가락(렝게)은 탕을 먹을 때만 사용하며, 사용 후에는 엎어 놓는다. 밥이나 면류을 먹을 때는 젓가락을 사용하며 그릇을 들고 입 가까이 대고 먹는다.
- 요리, 밥, 탕의 순서로 먹되, 밥과 요리는 같이 먹어도 좋으나 탕은 요리를 먹은 후 마지막에 먹고 찬음식이 먼저 나오고 따뜻한 음식이 뒤에 나온다.
- 만두나 빵은 손으로 작게 잘라 몇 번에 나누어 먹는다.
- 중국 음식은 식사 전과 후뿐 아니라 식사 중간 중간에 차를 마시는 데, 이는 전에 먹었던 음식의 맛과 향을 제거하고 다음 요리의 맛과 향을 제대로 즐기기 위한 것이다.
- 음식은 약간 남겨두는 것이 매너이다.
- 생선이 나올 경우 연장자나 주빈이 덜어 먹은 후 먹도록 하며 생선을 뒤집어 먹지 않는다(생활문화연구회, 2017).

■ 중국의 식사 예절에 어긋나지 않는 것들

- 식사 중에 담배를 피우는 것
- 밥을 젓가락으로 긁듯이 먹는 것
- 먹다 남은 뼈, 가시 등을 테이블에 올려놓는 것
- 면을 먹을 때 소리를 내는 것
- 식사를 할 때 큰 소리로 이야기하며 웃는 것
- 이 빠진 그릇에 음식을 내는 것(오랜 역사와 전통을 의미)

■ 중국의 식사 예절에서 금기사항

- 수저로 밥그릇을 두드리지 말 것(거지를 의미)
- 수저를 밥 위에 꽂지 말 것(제사상을 의미)
- 술잔을 사이에 두고 젓가락을 양쪽이 하나씩 놓지 말 것 (헤어짐을 의미)
- 젓가락 사용주의(입에 물거나, 포크처럼 사용금지)

3) 일본의 식사문화와 매너

(1) 일본 식생활 문화의 특징

- 일식요리는 생선이나 어패류 등 해산물 요리가 주를 이루며 육류요리가 발달되지 않았다.
- 재료의 본래 맛을 살려서 조리하며 향신료를 진하게 사용하지 않는다.
- 식기는 기본적으로 1인분씩 따로 쓰며 도자기, 칠기, 대나무 제품, 유리제품 등을 요리의 내용이나 계절에 따라 선택해 사용한다.
- 일본 음식 특유의 맛은 미소(일본된장), 미림(조미술), 가쓰오부시, 다시마, 곤약,

와사비(고추냉이) 등을 사용하여 낸다.

- 계절적인 요리를 매우 중요시한다.
- 주식과 부식의 구분이 뚜렷하며 쌀, 콩을 주로 이용한다.
- 일본 된장(miso)과 간장이 널리 사용된다.
- 낫토나 두부요리가 다양하게 발달되었다.
- 요리의 맛뿐 아니라 시각적인 면을 중요하게 여겨 예술적인 기교를 많이 도입한다.
- 공간 전개형 상차림이 기본이나 정식만찬의 경우 시간 전개형으로 상차림을 하기도 한다.
- 일본은 식사 예절이 엄격하고 복잡하다. 겸상은 하지 않으며 개인별로 상을 차리는 것(1인 외상)이 원칙이다.
- 일본요리는 혼젠요리, 가이세키요리, 쇼징요리로 구분된다.
- 1즙 3채(국물요리 1품, 주반찬 1품, 부반찬 2품)의 상차림이 기본이다.
- 젓가락을 사용하여 먹는 것이 기본이므로 젓가락만을 가로로 상의 맨 앞쪽에 놓는다.
- 그릇은 주로 도자기류나 칠기에 담아 대접한다.
- 우리나라와 같이 밥을 왼쪽, 국을 오른쪽에 놓는다.
- 모든 음식을 적게 담아 상차림 한다.
- 음식의 색, 모양, 그릇과의 조화, 상차림의 장식 등에 주의를 기울여 세팅한다(생활문화연구회, 2017).

(2) 일식 테이블 매너

- 식사하기 전 자리에 앉을 때는 아랫사람이 먼저 앉고, 식사가 끝난 후 자리에서 일어날 때는 연장자가 먼저 일어난다.

- 좌석 배치는 문에서 먼 쪽이 상석이고, 장식 벽면이나 벽장 앞이 상석이다.
- 식사를 할 때는 반드시 잘 먹겠다는 인사부터 하고 젓가락을 든다.
- 식사가 끝날 때까지 허리를 굽히지 않고 자세를 바르게 해야 하며, 음식 먹는 소리가 나지 않게 한다.
- 밥은 왼손으로 밥공기를 손에 들고 입 가까이에 가져간 후 오른손으로 젓가락을 사용하여 먹되, 밥 한 번에 여러 가지 반찬을 먹지 않고 한 가지 반찬을 먹었으면 다시 밥으로 한 번 돌아왔다가 반찬을 먹는다.
- 국은 두 손으로 들어 입 가까이에 대고 나누어 조금씩 마시되, 국물을 마신 후 건더기는 젓가락으로 건져 먹는다.
- 생선회는 간장에 고추냉이를 풀어 찍어 먹으면 향이 날아가 버리며 지저분해 보이므로, 고추냉이를 생선회에 약간 발라 간장을 찍어 먹는다.
- 음식은 조금씩 먹되 항상 왼쪽 손을 받치고 먹는다.
- 달걀찜은 젓가락으로 젓지 않고 앞에서부터 떠서 먹는다. 뜨거울 경우에는 그릇 밑의 종지를 받쳐 들고 먹도록 한다.
- 차는 두 손으로 들어 오른손으로 잔을 잡고, 왼손으로 받쳐서 먹되, 식사 전과 후에 마시며 식사 중에는 마시지 않는다.
- 생선구이는 머리쪽부터 먹되 뒤집어 먹지 않는다.
- 튀김은 바삭거릴 때 바로 먹되, 여러 가지가 풍성하게 나왔을 경우 모양이 쓰러지지 않도록 아랫것을 빼먹지 말고 위에 있는 것부터 차례로 먹는다.
- 초밥을 먹을 때에는 젓가락을 세로로 하여 집으면 밥이 잘라져 떨어지기 쉬우므로 젓가락을 가로로 하여 초밥을 집는다.
- 연회 시에는 식사 전에 연회가 시작하자마자 건배를 하는데, 이때는 잔을 오른손으로 들어 눈높이 정도에 올리고 '간빠이'라고 외친 후 마신다.
- 식사 중 술을 곁들일 때는 술잔이 비워지기 전에 1/3 정도 술이 남았을 때 첨잔을

해주는 것이 매너이다.
- 그릇 뚜껑은 어떤 경우에도 포개놓지 않으며, 음식을 다 먹으면 모두 원래대로 덮어 둔다.
- 식사가 끝나면 잘 먹었다는 답례의 인사를 한다(생활문화연구회, 2017).

4 서양의 식생활 문화와 매너

1) 서양 음식문화의 특징

서양의 서유럽과 미주지역의 식생활문화의 역사는 B.C. 5세기경부터 생활문화를 기초로 발전하였다. 지역이나 종교적인 문화와 접목되어 발전해 온 식생활 문화는 서양의 개인주의적인 사고방식에 근거하여 발달하여 집단주의적 문화인 동양과 차이가 있다.

19세기 이후에 테이블 매너와 같은 형식적인 틀이 갖추어지고 일반적으로 식사를 위해서 반드시 지켜야 할 매너로 발전하였다. 테이블 매너는 함께 식사하는 사람에게 불편함이나 피해를 주지 않으면서 즐겁게 음식을 나눌 수 있는 기본적인 태도이다(생활문화연구회, 2017). 테이블 매너와 더불어 프랑스 음식문화는 2010년 유네스코 세계무형문화유산으로 등재가 될 정도로 문화예술로서 가치가 높다.

(1) 식생활 문화의 특징

- 서양음식이란 미국, 영국, 프랑스 등 서구의 각 나라의 요리를 말한다.

- 식재료의 사용이 광범위하며 음식의 맛과 색, 테이블 세팅 등에 주의를 기울인다.
- 의례적 정찬인 경우, 크게 세 가지로 구분하여 식전요리인 에피타이저, 메인 요리, 디저트의 순서로 음식이 나온다.
- 코스에 따라 순서대로 음식이 나오는 시간 전개형 방식이다.
- 포크와 나이프를 사용하여 식사를 한다.
- 포크와 나이프는 각 요리에 따라 각각 다른 것을 사용한다.
- 식탁보, 냅킨, 초 등의 장식에 주의를 기울인다.

2) 서양의 테이블 매너(Table Manner)

테이블 매너는 식사 시에 자기 이외의 다른 사람들에게 불쾌한 감정이나 느낌을 주지 않기 위하여 식사 할 때 지켜야 하는 예법으로 공식적인 연회는 물론 그 밖의 격식을 갖춘 식사 시에 타인들에게 실례가 되지 않도록 하여 즐거운 식사를 하는데 목적이 있다.

가정이나 사회에서 동서양을 막론하고 테이블 매너가 중요 하지만 각 나라마다 식사 문화와 성향은 매우 다르다. 서로 즐겁게 식사 하기 위한 배려로 서양 테이블 매너를 익혀보자.

(1) 식사 전

① 초대시간에 늦지 않도록 약속시간 5~10분 전에 회합 장소에 도착하여 주최자에게 인사한 후 응접실에서 기다린다.

② 회장에 들어가기 전에 반드시 화장실에 가서 손을 씻고 일을 마친다. 식사 도중에 자리를 뜨면 실례가 된다.

③ 회장에는 불필요한 물건을 가지고 들어가지 않는다.

④ 회장에는 종업원의 안내에 따라 들어가 지정해준 자리에 앉는다. 테이블 매너로 레이디 퍼스트가 기본이므로 여성이 먼저 자리에 착석한다.

⑤ 착석한 자세도 테이블 매너의 기본이 되므로 주의를 요한다. 테이블과 가슴과의 거리는 주먹 2개가 들어갈 정도로 떨어져야 하므로 의자를 잡아당겨 바싹 앉고 가슴을 편다. 다리를 꼬지 않으며 테이블에 팔꿈치를 괴지 않도록 한다.

⑥ 냅킨은 전원이 착석한 후 펴서 무릎 위에 놓는데, 냅킨의 접힌 부분이 본인의 몸을 향하도록 놓는다. 냅킨을 옷이나 목에 걸지 않고 입을 닦거나 손가락에 묻은 소스를 닦는 용도로 사용한다.

⑦ 아페리티프(식전주)는 식욕촉진을 위한 술이므로 자기의 기호에 따라 분명하게 주문하고, 익숙하지 않은 것이나 강한 것을 마시지 않도록 한다.

⑧ 식사를 시작하기 전에 양옆에 앉은 사람에게 가볍게 인사하고 간단한 자기소개를 하여 식사 중의 환담에 도움이 되도록 한다.[1)]

(2) 식사 중

① 식사의 순서에 따라 사용하는 나이프 · 포크 · 스푼 등은 차려 놓은상태에서 바깥쪽에서부터 차례대로 사용한다.

② 포크는 왼손에, 나이프는 오른손에 쥐고 사용한다.

③ 식사하는 시간도 대부분의 사람들과 보조를 맞추어 혼자 너무 빠르지도 느리지도 않도록 한다.

④ 수프는 안쪽에서 바깥쪽으로 뜨며, 소리 내지 않고 먹는다.

⑤ 빵은 한 번에 입에 넣기 좋은 크기로 떼어 버터를 발라 먹도록 한다. 큰 덩어리째로 버터를 바르지 않도록 한다.

1) 네이버 지식백과/ 두산백과 https://terms.naver.com

⑥ 버터는 적당한 양을 자기 접시에 덜어다 놓은 후 빵에 바른다.

⑦ 빵은 나이프나 포크를 사용하지 않고 손으로 떼어 먹는다.

⑧ 생선이나 육류요리를 서비스받을 때는 무리하여 자기가 덜어 오지 말고 서비스하는 사람이 덜어 주는 대로 받도록 한다.

⑨ 육류에는 레드와인이 어울리고, 생선, 어류에는 화이트 와인을 마시는 것이 일반적이며, 샴페인 혹은 와인은 잔의 목부분을 잡아야 한다.

⑩ 식사 중에는 즐거운 분위기를 만들기 위하여 옆 사람들과 가벼운 담소를 나누어야 한다. 묵묵히 식사만 하는 것도 실례가 된다.

⑪ 때에 따라 식전 또는 식사 후 디저트를 먹을 때 테이블 스피치를 할 때가 있는데, 이 때는 사회자가 지명하면 스피치를 하며, 결혼 축하연 · 각종 축하연 · 기념회 · 송별회 등에서는 스피치할 사람이 많으므로 3분이 넘지 않게 간단하게 끝낸다.

⑫ 식사 도중에 자리를 비우는 것은 실례가 되나 불가피하게 자리를 떠나야 할 때는 냅킨을 의자 위에 두고 나갔다 온다.

⑬ 나이프나 포크를 바닥에 떨어뜨렸을 때는 스스로 집지 말고 서비스하는 사람에게 얘기하면 새것으로 가져다준다.

⑭ 소금이나 후추는 팔을 길게 뻗어 집어오지 않고 옆 사람에게 부탁하여 건네받는다.

⑮ 식사가 끝나면 나이프와 포크를 접시의 오른쪽에 가지런히 놓고, 식사 중일 때는 접시 양쪽에 팔(八)자형으로 걸쳐 놓는다. 본인에게 배분된 음식은 되도록 남기지 않고 깨끗이 먹는다.

⑯ 물과 와인은 본인의 오른쪽에 있는 것을 마시고, 빵과 샐러드는 왼쪽에 있는 것을 먹는다.

⑰ 생선요리는 뒤집어 먹지 않는다. 위쪽을 먹은 후 뼈를 추려낸 후 그대로 아랫부분을 먹는다.

⑱ 로스트 치킨과 통째 내놓은 옥수수와 빵은 손으로 먹어도 좋으나, 그 외의 음식은 손으로 먹지 않는다.

⑲ 핑거 볼에는 양쪽 손을 함께 넣고 씻지 않고 한 손씩 씻는다.

⑳ 커피를 다 마신 후 스푼은 접시 위에 놓는다.

- 식사 중에는 팔꿈치를 테이블 위에 올리거나 손으로 턱을 괴는 자세를 하지 않으며, 머리를 만지거나 테이블에서 화장을 고치는 등의 행동은 삼간다.[2)]

(3) 식사 후

① 식사 후 냅킨은 자리에서 일어날 때 적당히 접어 접시의 왼쪽에 올려 놓는다.

② 퇴석할 때는 옆 사람들에게 가볍게 인사를 한다.

③ 퇴장할 때는 주최자에게 반드시 감사 인사를 한다.[3)]

어떤 독일 대기업에서 고위 경영진 자리를 위해 사람을 찾았다.
많은 채용시험과 면접 이후 3명의 후보자가 선택됐다. 최종 시험을 위해 모든 후보들은 저녁을 먹기 위해 뮌헨의 유명한 식당으로 초대 받았다. 그 중 한 후보는 최종 선택 후보로 꼽혔다. 그 후보는 작은 빵을 빵 바구니에서 가져와 틀린 접시에 내려놨다. 그리고 그후보는 빵을 칼로 중간을 자르고 버터를 두껍게 발라 반을 손에 잡고 매우 즐겁게 뜯어 먹었다. 식사가 끝난 후 테이블 위에 식기를 올려 두었다. 결국 그 후보는 최종 합격하지 못했다. 그 이유는 유아적인 좋지 않은 식사매너를 보였기 때문이다(임민지, 2016, 재인용). 식사매너를 통해 여러분의 인품과 성격이 평가된다면 올바른 식사습관이 중요하지 않을까요?

2) 네이버 지식백과/ 두산백과 https://terms.naver.com
3) 네이버 지식백과/ 두산백과 https://terms.naver.com

3) 식사 시 글로벌 매너

서양에서 남자들은 오랫동안 '레이디 퍼스트' 교육을 받아왔으며 여성존중의 문화(Die Frauen zuerst)에 익숙하다. 한국은 레이디 퍼스트 문화에 익숙하지 못해 어색해 한다. 하지만 '레이디 퍼스트'는 특정문화의 행동과 사고방식이 아니라 지켜야 할 할 글로벌 비즈니스 매너이다.

음식물을 먹을 때 입을 다물고 씹고, 소리를 내며 먹지 않으며, 커피나 차를 마실 때 소리를 내지 않고, 음식을 입에 넣고 말을 하지 않는다. 이러한 행동들은 비위생적이고, 그리고 사람들이 보는 앞에서 고기를 자를 때 몸동작을 크게 해서는 안 된다. 지나치게 큰 몸동작은 식사하는 사람들의 매너에 어긋나는 행동방식이다. 냅킨을 펼치면 식사시작을 알리는 신호로 무릎 위에 한번 접어서 놓는다. 그리고 식사를 할 때 신경 써야 하는 부분은 팔꿈치나 손을 테이블 위에 올리거나 기대고 혹은 머리카락을 만지며 식사하는 것은 비위생적인 것으로 받아들여질 수 있다. 성별에 상관없이 식사를 할 때 다리를 꼬는 것은 매너에 어긋난다. 상대방의

먹는 속도에 맞추어 함께 식사를 끝내야 하며, 특히 남성이 여성보다 혹은 부하직원이 상사보다 먼저 식사를 끝내는 일은 없어야 한다(손일락, 2009).

식사 시 대화의 주제로 휴가, 스포츠, 취미생활, 음악, 와인 등은 담화에 좋은 소재이다. 와인은 색, 향, 맛을 차례대로 느끼며 여성에게 먼저 따른 후 시계방향으로 따르는 것이 기본이며 와인을 따를 때 글라스를 잡고 있지 않도록 한다.

생각해보기

1. 자신이 알고 있는 테이블매너에서 대해 이야기 해보자.

2. 식사 시 담화에서 피해야 할 질문과 분위기를 즐겁고 부드럽게 만들어, 긴장감을 풀기 위한 질문은 어떤 것들이 있는가?

CHAPTER 11

대인관계를 위한 차(茶)와 음주매너

학 · 습 · 목 · 표

- 대인관계 형성을 위한 차에 대한 이해와 차의 효능과 기능을 설명할 수 있다.
- 차를 통한 다담과 명상체험을 통해 자신을 이해하고 자신의 관점만 고집하지 않는 다양성을 가질 수 있다.
- 타인에게 친근한 태도로 이야기 나눌 수 있다.
- 인간관계의 중요한 매체로 활용되는 술의 종류와 음주 매너를 이해하고 자신의 음주태도를 점검할 수 있다.

MEMO

1 차(茶)와 대인관계

1) 차와 대인관계

차(茶)에 대한 사전적 정의를 살펴보면, "차나무의 어린잎을 달이거나 우린 물, 또는 식물의 잎이나 뿌리, 과실 따위를 달이거나 우리거나 하여 만든 마실 것을 통틀어 이르는 말"[1]로 생강차, 인삼차, 모과차 등이 있다." 차(茶)란 차나무잎을 우려낸 음료로 일반적으로 식물을 우려낸 음료를 차라 부르기도 한다.

차(茶)는 식사 후나 여가에 휴식을 취하며 즐겨 마시는 기호 음료를 의미한다. 그러나 정확한 의미의 차란 차나무의 순이나 잎을 재료로 해서 만든 것만을 차라고 할 수 있으며 매실차, 모과차, 유자차, 레몬차, 생강차 등 차나무가 아닌 다른 것을 원료로 해서 만든 차는 대용차라 한다(석용운, 1987).

차는 기호식품으로 건강뿐만 아니라 심신을 안정시키고 정신문화를 추구하는 매개체의 역할을 하는 것으로 전해진다.

예로부터 차는 선비에게는 정신수양을 위한 음료이며 일반 백성에게는 약용으로 차의 기능적 성분과 효능이 이용되었다.

차를 활용하는 문화는 차를 단순히 마시는 음료로만 생각하지 않고 예술분야나 정신문화와 관련하여 차와 관계되는 문화 전반에 대한 인식이 차문화라는 개념으로 재조명되고 있다. 차문화는 다도, 다례, 차의 역사뿐만 아니라 차 산업, 제다, 차 음식, 다구, 차나무와 관련된 식물학, 차의 의학적 효능, 차 교육 등 차와 관련된 사회의 모든 분야를 포함한다.

차문화는 차를 매개체로 하여 생활 속에 구현되는 정신문화로서 차를 마시는 가운데

1) 네이버 어학사전. http://dic.naver.com

건강한 신체와 정신을 맑게 하여 정신수련을 닦아 인간의 삶의 도리를 추구하는 덕을 쌓는 행위로 오랜 역사를 거쳐 이어져 왔다(정상구, 2001).

차를 마시는 행위의 예법인 다례와 자기수련을 위한 도구로서 정신문화의 기반인 다도는 건강한 신체와 정신의 수련을 통해 덕을 쌓는 행위로 여겨왔다. 이러한 다도와 다례는 개인의 신체건강과 삶의 만족도를 높이는 정신건강에도 영향을 미친다.

정신문화는 차문화의 여러 분야 중 다례(茶禮)와 아주 밀접한 관계가 있다. 다례(茶禮)란 '신(神)이나 사람에게 예절에 맞게 차를 우려 대접하는 행위'이다(정영선, 2003).

차를 우리거나, 우린 차를 사람이나 신께 올릴 때 정성스럽게 예를 잘 갖추어야 하는데 이때, 나타내는 예(禮)는 일상의 모든 면에서 필요한 예절이라 할 수 있다.

다례는 차생활을 통해 구현되는 정신과 마음을 넓혀주고 겸양과 예의를 지키는 생활예절로도 활용되며, 차는 건강을 증진시키는 식생활 차원과 더불어 예절 · 존경 · 사랑 · 여유 등 정서적 차원에서도 다양한 덕목을 지니고 있다(염숙, 2001). 따라서 차를 통하여 신체적 건강과 정서적 안정을 얻을 수 있으며, 정신건강 외에도 바른 예를 갖추어 스스로 차를 우리고 대접함으로써 대인관계를 증진시킬 수 있다.

상대방에게 차를 대접하는 일련의 과정에서, 차를 우리기 전 몸과 마음을 잘 다스리며, 차 도구를 하나하나 준비하면서 정성스런 손길로 해야 한다. 즉, 차를 우릴 때는 다법(茶法)에 맞게 잘 우리며, 상대방에게 차를 대접할 때도 공경스런 마음으로 예(禮)를 갖추어 차를 대접해야 한다. 이와같이 다례에는 정성스러운 마음과 공경하는 마음이 예(禮)로 가장 잘 나타나 있다고 할 수 있다.

더불어 차는 자기관리를 위한 수양의 도구로써 육체적, 정신적 건강을 증진시키며, 상대방에 대한 배려와 정성스러움은 대인관계에서 좋은 인간관계를 맺을 수 있는 소통의 매개체 역할을 한다.

다담(茶談)이란 차를 마시며 나누는 대화를 말하는데 상대를 위해 한 잔의 차를 정성으로 우려낼 때 차의 깊고 오묘한 맛을 낼 수 있으며, 다담을 통해 경직된 마음이 열리고 여유로움을 갖게되면 상대방과 진실한 소통이 이루어질 수 있다.

원만한 대인관계 형성을 위한 차는 일상생활 속에서 가장 가까이 자연스럽게 자연을 느끼게 하는 중간 매체로써 역할을 한다.

즉, 차문화는 사람과 사람, 사람과 자연을 연결시키는 가장 효과적인 방법이며 차가 중간 매체의 연결 도구가 되어 대인관계 향상과 자아통합 향상에 도움이 된다(김인숙, 2016).

차문화를 체험하고 소통하는 과정 속에서 대인관계 능력이 증진되고 삶의 만족감이 증가할 수 있다. 이러한 소통의 매개체인 차는 오감을 만족시키는데, 이것은 눈으로 차의 색을 감상하고, 귀로 물소리를 듣고, 코로 차의 향을 맡고, 입으로 맛을 보며, 손으로 차 도구의 따뜻함을 느끼면서 차를 마시기 때문이다.

2) 차의 기원과 효능

(1) 차의 기원

차의 기원은 중국에서 기원전 2700년경에 차가 처음 발견되었다는 기록이 있고, 신농이 지었다는『식경(食經)』에 '차는 오래 마시면 힘이 나고 마음을 즐겁게 한다'는 기록이 있는 것으로 볼 때, 신농(神農) 황제 때인 기원전 2737년 무렵에 인류가 처음 차를 마시기 시작했다고 보는 것이 신농설의 내용이며 신농(神農)은 농업의 신, 지혜의 화신으로써 전설 속 인물이다.

차의 유래는 여러 가지가 있으나 육우의『다경(茶經)』에 의하면, 신농은 자연에서 나는 모든 풀을 일일이 먹어보고 그 효능을 알아보던 독초를 먹고 중독이 되었는데 바람에 날려온 윤기 있는 차잎에 반해 이를 맛보고 해독되었다고 한다. 찻잎을 씹어 먹고는 정신이 맑아지고 말끔히 나아 찻잎이 해독 작용을 한다는 사실을 알게 되었고 그때부터 차를 마시게 되었다고 한다.

이로써 인류와 차의 첫 인연이 시작됐다는 것이 가장 널리 알려진 차의 기원설이다. 이처럼 신농설에 따르면 최초의 차(茶)는 약용으로 사용하였다.

(2) 차의 기능과 효능

차는 신체적으로 영양소공급과 기호를 만족시키고 신체 건강을 유지시키며, 정신적으로 마음을 치료하여 정신건강의 한 요소로서 효능이 있다.

차의 생잎 중에는 약 75~80%가 수분이고 나머지가 고형분인데 이 고형분의 40%는 물에 녹는 수용성 성분이고 나머지는 불용성 물질이다. 차의 맛과 향에 영향을 주는 가장 중요한 수용성 성분에는 폴리페놀 · 아미노산 · 카페인 · 당류 · 사포닌 · 유기산 · 미네랄 · 비타민 C 등의 여러 성분이 함유되어 있어 맛과 향뿐만 아니라 여러 가지 신체적, 정신적 보건 효과가 있다고 한다.

청차에는 티폴리페놀과 같은 성분이 체내 지방산을 분해하고 염증제거, 신진대사를 원활하게 하여 다이어트로 아주 효과적이며 청차 속에 함유된 풀루오린이 충치예방과 구취제거에 도움이 된다.

또한 차속에 비타민C가 함유되어 있어 노화방지, 피부염, 아토피 예방에도 좋으며 차는 살균효과 신진대사에도 도움이 되며 노화방지와 항암효과, 고혈압 예방, 당뇨병 치료 등 성인병 및 기타 퇴행성 질환을 예방하는 작용을 한다.

차의 기능성 성분이 우리 체내에서 약리작용을 한다는 이러한 인식이 확산되면서 성분과 효능에 대한 분석이 활발히 연구되었고, 오늘날 보건기능성 성분이 부각되면서 건강음료 또는 정신건강 음료로도 주목받게 되었다.

차의 효과는 차를 마심으로써 얻어지는 신체적 건강은 물론 사회적 정신적인 건강을 모두 증진시켜주는 효과를 지닌다. 차의 유효성분 중 아미노산의 일종인 데아닌 성분은 신경전달물질이며, 생리 활성화에 관여하는 성분으로 정신적 안정과 긴장을 완화시켜 기억력 증진과 학습행동을 강화하는 효과가 있으며 우울증 개선에도 도움을 주는 것으로 밝혀지고 있다(김율리, 2017).

3) 차의 분류

같은 차나무에서 생산되는 똑같은 찻잎으로도 다양한 차를 만들수 있다. 이러다 보니 차의 분류법 또한 제조 과정, 찻잎을 따는 시기, 발효 정도, 품종, 탕색 등의 여러 방법을 통해 구분하는데, 이 가운데 발효 정도에 따른 분류법이 가장 과학적인 분류법이라고 할 수 있다.

정확한 의미의 차는 차나무의 순이나 잎을 재료로 해서 만든 것만을 말하며 차나무가 아닌 다른 것을 원료로 해서 만든 차는 대용차라 한다(석용운, 1987).

(1) 발효 정도에 따른 분류

찻잎을 어느 정도 발효시켰는지에 따라 불발효차(不醱酵茶), 반발효차(半醱酵茶), 발효차(醱酵茶), 후발효차(後醱酵茶)로 나눈다. 찻잎을 적당한 온도와 습도를 유지한 환경에 두면 찻잎에 존재하는 산화효소에 의해 폴리페놀이 산화되어 찻잎은 본래의 색이 아닌 황색과 홍색을 띠게 된다.

이것이 바로 차의 발효 과정이다. 이때 찻잎은 색이 변할 뿐만 아니라 독특한 향과 맛을 지니게 된다.

불발효차는 녹차로, 찻잎을 따서 바로 찌거나 솥에 덖어서 산화효소의 활성화를 막아 찻잎 고유의 빛깔을 그대로 유지시켜 만든다.

반발효차는 찻잎을 딴 후 야외나 실내에서 찻잎을 시들리고 이를 서로 섞어주는 과정을 통해 일부를 산화시키는데, 대표적인 차가 중국 남부와 대만에서 많이 생산되는 오룡차(청차), 황차, 청차, 백차다. 이러한 반발효차들은 오랜 시간이 지나도 맛과 향이 변함없다는 특징을 지닌다.

대표적인 발효차는 홍차로 찻잎의 80퍼센트 이상을 발효시킨 차로 인도, 스리랑카, 중국 등의 아열대 지방에서 주로 생산된다. 고품질의 홍차일수록 제다한 찻잎이 약간 광택을 지닌 암갈색을 띠고, 타닌 성분을 많이 함유한다.

후발효차는 녹차를 제다할 때처럼 일단 열로써 찻잎의 효소를 파괴한 후, 공기 중에 떠다니는 미생물의 번식을 유도해 찻잎의 발효를 일으켜 만든다. 후발표차를 흑차라고도 하는데 흑차의 대표적인 차는 보이차로 이러한 발효 과정 때문에 '살아 숨 쉬는 차'라고도 한다.

(2) 탕색(色)에 따른 분류

차의 발효 정도에 따라 차를 우려낸 뒤의 탕색이 다르게 나타나는데 이를 통해 차의 종류를 녹차, 백차, 황차, 청차, 홍차, 흑차로 분류하나 탕색이 차의 색을 나타내지는 않는다.

(3) 제다방법에 따른 분류

또한 제다방법에 따라 분류하기도 하는데 차의 가공에는 찌거나 덖는 방법이 있으며, 증제(찐차)는 수증기를 이용하여 산화효소를 없애는 방법이며, 부초(덖음차)는 찻잎을 뜨거운 가마솥에 넣고 덖어서 산화효소를 없애는 방법이다.

찻잎의 상태에 따라 말차인 가루차가 있고, 잎차, 고형차로 구분되기도 한다.

2 차와 명상

1) 차와 명상

차를 앞서 설명한 바와같이 다례(예법)와 다도(자기수련)는 차를 매개로 생활 속에서 구현되는 정신문화이며 건강한 신체와 정신의 수련을 통해 덕을 쌓는 수신(修身)의 도구로 활용되어 왔다.

차는 우리에게 신체적 이로움을 줄뿐만 아니라 정신적 여유와 사유의 여백을 주고 예술적 심미안을 향상시켜 주는 등 정서적으로 인간의 삶을 풍부하게 하는 역할을 하고 있다(염숙, 2001).

차를 활용한 다례와 다도의 목적은 차의 예절과 수련을 통해 덕을 쌓고 드러나는 행동을 바르게 함으로써 원만한 대인관계를 이루어 자신은 물론 주위의 사람들과 더불어 행복한 삶을 영위하는 것이라 할 수 있다.

명상의 목적 역시 '행복하고 의미 있게 잘사는 것'이다. 차생활이 본래 가지고 있는 정신수행의 요소와 명상의 수행체계를 접목하여 차생활의 정신수양 효과를 극대화하고 명상수행을 수월하게 하기 위한 도구로 차(茶)와 일상의 행위들을 이용하여 여러 형태의 명상방법을 이용하고 있다(지장, 2012).

명상은 내면을 다스리는 수련활동으로 집중력이 좋아져 건강하고 균형 잡힌 삶을 살 수 있으며 탐욕과 마음을 명상을 통해 비우고 정화하여 심리적으로 안정을 얻게 한다.

명상의 사전적 정의는 "고요히 눈을 감고 깊이 생각함. 또는 그런 생각"을 의미하며, 마음의 고통에서 벗어나 아무런 왜곡 없는 순수한 마음 상태로 돌아가는 것을 초월(transcendence)이라 하며 이를 실천하려는 것이 명상(meditation)이라 한다.[2)]

동양종교에서는 얽매임과 갈등이 없는 참다운 나를 얻는 것이 명상수행의 목적이다.

이렇듯 현실적인 심리적 고통에서 벗어나 즐거운 의식상태를 유지하고자 하는 열망으로 동양의 명상이 서양에서 크게 보급되었다. 1960년대 후반부터는 쉽게 수행할 수 있는 초월명상이 보급되면서 스트레스에 따르는 정신적, 신체적 질병의 예방과 대처에 효과가 있다는 것이 여러 경험적 근거로 검증되었고, 이후 더 관심을 갖게 되었다.

힌두교의 대표적인 명상법은 요가이며, 요가는 신체적 수행을 통하여 해탈 또는 깨달음이라 불리는 상태에 이르는 내면의식으로 몰입하는 것이다. 불교는 모든 잡념을 떨치고 공(空)이나 무심(無心)의 상태에 이르는 것을 목표로 명상을 한다.

현대인에게 명상은 개인의 신념, 가치 등의 주관적 관념에서 벗어나 보다 밝고 자유로우며 새로운 방식으로 사물을 바라보도록 하는 데 그 목적을 두고 있다. 의식, 정체성, 현실에 대한 깊은 통찰력으로 심리적인 안녕을 얻고 최적의 의식상태에 도달하는 것으로 정의할 수 있다(김춘경 외, 2016).

명상과 관련된 뇌파 연구결과 명상상태에서 뇌에서 알파파가 증가되며 더 깊은 상태로 몰입하면 세타파가 현저히 증가하며 베타파가 감소되어 뇌기능의 자기조절 능력이 향상되어 내면의 안정과 통찰을 촉진시킨다고 한다.

차명상은 차를 매개체로 약화된 집중력을 강화시키고 심리적 안정감을 향상시켜 자신의 내면을 들여다보게 하여 자신에게 충실할 수 있도록 하고 삶의 균형을 찾고 스스로 행복해지는데 목적이 있다고 할 수 있다.

다례의 전반적인 과정은 오감을 두루 활용하면서 이루어지는데 이때 다양한 감각기능이 경험되면서 자각과 집중이 효과적으로 증진되도록 한다. 다례의 과정은 정적이면서도 여러 동작이 어우러져 동적인 과정의 연속이기 때문에 행위나 느낌 등에 용이하다(지장, 2012). 또한 다례는 예절을 수반하므로 이를 통해 남을 배려할 수 있는 대인관계 기능을 향상 할 수 있다.

---

2) 네이버 지식백과. https://terms.naver.com 심리학 용어사전

(1) 명상을 위한 호흡훈련

호흡 훈련은 주로 동양의 요가나 명상에서 실천하는 호흡법에 기초하며, 몸과 마음의 긴장 상태를 이완하는데 큰 도움이 될 수 있다. 호흡을 가능한 한 천천히 길게 하면서 특히 주의할 점은 들이마시는 호흡보다 내쉬는 호흡을 더 길게 하는 것이 이완을 가져오는 데 효과적이다. 공기를 충분히 들이키면 횡격막이 확장돼 긴장을 야기하지만 숨을 내쉬면 이완되기 때문에 내쉬는 호흡을 들이마시는 호흡보다 길게 해야 한다. 즉, 단전 호흡법을 한다.

호흡 훈련이란 느리고 규칙적이며 깊은 호흡으로 바꾸는 훈련이다. 숨을 내쉴 때 나의 모든 긴장이 내쉬는 이 숨을 통해 모두 '날아가 버린다'고 상상하면 더욱 효과가 있다. 이런 호흡을 많이 연습하면 할수록 스트레스 상황에서 자동적으로 이완 반응이 일어날 수 있다(장현갑, 2003).[3)]

(2) 명상을 위한 이완훈련

명상은 지금 이 순간에 충실하면서 상념을 버리고 사물을 있는 그대로 바라보는 것이 익숙해져, 점점 일상에서도 자신의 마음과 행동을 알아차릴 수 있게 되는 것이다. 명상에서는 내면에 들어가서 나의 신체적 느낌, 생각, 감정을 통찰하는 것에서 출발해서 결국 내면의 근원을 발견하고 지혜, 즉 통찰을 얻는 것이라고 할 수 있다. 편안한 마음으로 호흡하면서 몸과 마음, 느낌에 집중하면서 다음 동작을 따라 해보자.

- 눈을 감고 가장 편안한 자세를 취한다.
- 각 신체부분의 힘을 완전히 풀어 잠을 자듯 몸에 힘을 푼다.
- 얼굴(눈, 입), 목, 어깨, 팔, 가슴, 배, 허리, 다리의 순서로 온몸의 긴장을 풀고

3) 네이버 지식백과 https://terms.naver.com

편안하게 느낀다.

- 규칙적이고 길게 심호흡을 한다. 들숨에는 몸이 붕 뜬다는 느낌, 날숨에 몸이 가라앉는 느낌을 유지한다.
- 천천히 신선한 공기가 내 몸 안으로 들어간다는 느낌과 노폐물이 빠져나간다는 느낌이 들도록 천천히 호흡한다.
- 어떤 생각이던 신경쓰지 말고 흘러가도록 몸과 마음을 비운다.
- 다시 얼굴(눈, 입), 목, 어깨, 팔, 가슴, 배, 허리, 다리의 순서로 온몸을 무겁게 느끼도록 한다.(30초)
- 자신을 느끼고 마음, 감정 그 자체를 느껴보도록 노력한다.
- 모든 소리를 신경쓰지 말고 무심하게 흘러가게 하고 몸과 마음을 비운다.
- 마지막으로 심장의 고동소리를 느껴보며 처음부터 천천히 다시 반복한다.

(출처: 2016 인간관계 훈련 워크숍, 정신보건간호사 수련자료에서 인용)

2) 다도(茶道)와 스토리텔링

차생활은 다례(茶禮),다예(茶藝),다도(茶道)라는 말로 표현되기도 한다.

다도(茶道)란 차를 통해서 얻어지는 깨달음의 경지로 형이상학적 경지에서 최고도로 승화되어 이루어진 절대의 경지요 진리의 차원이다. 이 경지에 이른 사람을 우리는 성인(聖人), 군자(君子), 도인(道人)이라고 말한다. 또한 한 잔의 차는 참선(參禪)의 시작이며 깨우침을 얻어 오도(悟道)하게 된다고 했다. 이러한 도의 경지에서는 힘쓰지 않아도 중용(中庸)을 행하고 생각하지 않아도 중용을 알며, 자연의 조화와 같이 저절로 되는 경지를 말한다.

한 잔의 차는 시간적으로 여유를 갖게 하여 마음이 편안해지고 기운이 생기며, 깊은 자기 내면으로 들어가 자기 성찰을 도와주고, 다른 사람들과도 자연스럽게 이야기를 나눌 수 있어서 대인관계를 활성화할 수 있다(김인숙, 2007).

차(茶)는 소통과 대화의 대표적인 매개체다. 인간의 언어·비언어적 의사소통으로 사람들과 관계를 형성하고 사고 및 감정의 교류를 할 수 있다. 차를 마시는 평온한 분위기에서 타인과의 대화뿐만 아니라 자신의 내면적 대화도 자연스럽게 이끌어 낼 수 있다. 또한 서로 간의 대화를 통한 긍정적 의사소통은 심리적 갈등이 해소되고 삶의 만족도를 높일 수 있다.

차를 통한 스토리텔링은 대인관계에서 억제된 생각과 감정을 적절한 방식으로 표현하는 상호작용을 통해 적극적으로 자기표현과,지지, 격려, 수용 받는 경험을 통해 깊이 있는 대인관계를 형성하는데 도움이 될 수 있다.

차를 통한 스토리텔링 즉, 다담이란 차를 마시며 나누는 이야기로 차를 마실 때 품격에 맞는 시서화 이야기, 계절이야기, 덕담 등 진실한 마음을 나눈다. 근거 없는 이야기를 하지 않도록 주의한다.

조용하고 차분한 분위기 속에 평정한 마음과 청결한 환경을 마련한 후 정성껏 우린 차를 마시며 담소를 나눈다.

사진출처: 차문화공간 '사발'에서 저자촬영.

> **한 잔의 차를 마셨을 때 당신은 낯선 이이고,**
> **두 잔의 차를 마셨을 때 당신은 친구가 되고,**
> **세 잔의 차를 마셨을 때 당신은 우리의 가족이 된다**
>
> 그레그 모텐슨의 〈세 잔의 차〉 중에서 ..
> Three Cups of Tea는 천천히 관계를 맺으라는 말

3) 차를 대접하는 예절

	① 찻물 끓이기, 예열하기 차를 우리는데 사용하는 물은 종류에 따라 차의 맛이 달라지기 때문에 좋은 차 못지않게 중요한 것이 물맛이다. 가볍게 목례를 한 후 탕관의 끓인 물을 물식힘 사발에 먼저 따른 후 다관에 붓고 난 후 다관의 물을 찻잔에 나누어 따른다. 예열이란 찻잔을 데워 찬 기운을 없애기 위한 것으로 차를 따뜻하게 대접하기 위한 정성스러움이다.

	② 물 식히기 탕관의 끓인 물을 물식힘 사발(숙우)에 부어 물을 식힌다. 일반적으로 차가 우러나는 적정온도는 70 ~ 80°c이나 차의 종류에 따라 물의 온도는 다르게 식힌다.
	③ 차 넣기 차호에서 차를 꺼내 다관에 차를 넣는다. 차의 양은 보통 잎차의 경우 1인당 2~3g(1작은수저) 정도이며, 4~5인인 경우 6~8g(3작은수저)이 적당하나 기호에 따라 다르게 양을 넣는다.

 	④ 차 우리기 차를 우릴 때 물의 온도에 따라 차의 맛이 달라지므로 물 온도가 중요하다. 일반적으로 녹차는 낮은 온도로 우려서 떫은맛 성분이 적게 우러나오도록 하는 것이 바람직하며 잎차는 보통 세 번 정도 우려 마신다. 물식힘 사발의 물을 70 ~ 80℃정도로 식혀서 다관에 붇고 차가 우러나도록 1~2분 정도 기다린다. 이때 예열했던 찻잔의 물을 퇴수기에 버리고 차건으로 물기를 닦은 후 찻잔을 제자리에 놓는다.
	⑤ 차 따르기 우려진 차를 찻잔에 따를 때는 한 번에 따르지 않고 차의 맛을 고르게 하기 위하여 나누어 따른다. 여러 잔이 있을 경우 좌우로 돌려가며 따르거나 물식힘 사발(숙우)에 모두 따른 후 각 잔에 따르기도 한다. 다관에 찻물이 남아있으면 차가 계속 우러나와 차맛이 떫어지므로 마지막까지 모두 따라낸다.
 	⑥ 차 대접하기 받침을 들어 왼손바닥에 놓고 그 위에 찻잔을 올려, 두 손으로 손님의 다반 앞에 내려놓는다. 잔을 드릴 때는 가볍게 목례를 하고 다 드신 후 차를 더 드실지 여쭙는다.

사진출처: 소엽 박경숙 선생님. 차문화공간 '사발'에서 저자촬영.

■ **차를 대접할 때 유의할 점**

- 상대의 찻잔이 빌 경우 계속 따라주는 것이 예의이다.
- 찻잔에 가득 따르지 않고 찻잔의 반 정도만 따른다.
- 차를 따라주는 사람이 권하거나 자신의 찻잔에 손을 댄 후에 마시는 것이 예의이다.
- 손님은 갈증이 나지 않더라도 맛보는 것이 예의이다.
- 갈증이 나더라도 한번에 차를 마시지 않는다.
- 시음시에 소리내서 마시지 않는다.
- 대화가 오가는 중에 차를 마시지 않는다.
- 찻잔에 찻잎이 들어가도 손으로 빼지 않으며 입안에 찻잎이 들어가더라도 조용히 씹어 삼킨다.
- 차가 뜨거워도 불지 않으며 다른 찻잔에 따르지도 않는다.

4) 차를 마시는 예절

- 주인이 차를 우리는 동안 상대방은 차우리는 모습을 지켜보며 조용히 기다린다.
- 주인이 차를 우린 후 손님께 목례를 하며 차를 권하면 가볍게 답례를 하고 오른손으로 찻잔을 감싸듯 잡고 왼손으로 찻잔을 받쳐 차의 색, 향, 맛을 음미하면서 한 번에 다 마시지 않고 분음하여 마신다.
- 주인이 찻잔을 들거나 차를 한 모금 음미하면 손님도 차를 마시는데 찻물이 뜨겁다고 '후후' 불거나 소리 내어 마시지 않는다.
- 차를 더 권하면 그에 응대하여 받으며 말차(가루차)인 경우 다식을 먹고 난 후에 차를 마신다.
- 차는 연장자부터 드리는게 원칙이며 일반적으로 왼쪽 찻잔부터 잔을 채우므로 순서를 기다린다.

• 좋은 차를 준비해준 팽주(차를 우리는 사람)에게 감사 인사를 드리며 다담(茶談)을 나눈다.

5) 다구(茶具) 명칭

다구란 차를 우려기 위한 여러 도구를 말하는데 차상, 다관, 찻잔, 차탁, 숙우, 차호, 차측(차수저), 퇴수기, 다건 등이 있다.

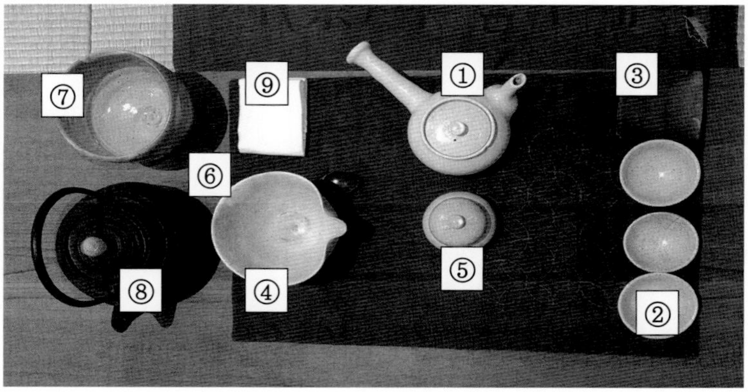

사진출처: 차문화공간 '사발'에서 저자촬영.

① **다관 (茶罐, 차우림기, 찻주전자)**: 끓인 물을 붓고 차잎을 넣어 맛과 성분을 우려내기 위한 그릇. 다관은 끓인 물과 차잎을 넣어 차의 맛과 성분을 우려내기 위한 그릇으로 급수(急須)·차주(茶住) 등으로 불리기도 함.

② **찻잔(茶盞, 찻종)**: 찻잔은 차를 마실 때 쓰는 그릇으로 찻잔은 모양이 여러 가지로 찻잔(茶盞)은 잔의 입이 넓고 크며 굽이 낮은 잔찻종(茶鐘)은 종의 모습을 축소하여 뒤집어 놓은 듯 한 모양

③ **차탁(茶托, 찻잔받침)**: 찻잔을 받치는 것으로 잔만 사용하지 않고 반드시 받침을

사용, 찻잔을 받치는 데 쓰이는 다구로서 차탁 이라고도 함

④ **숙우(熟盂, 물식힘 그릇)**: 탕관에서 끓인 물을 옮겨 차를 우려내기에 적당한 온도로 물을 식히거나 우려낸 찻물을 찻잔에 나눌 때 사용하는 그릇으로 사발 모양이며 물을 따를 때 흘러내리지 않게끔 한쪽에 귀때가 달려 있어 '물식힘 그릇'(귀때 그릇)라고도 함

⑤ **차호(茶壺)**: 를 넣는 항아리(독), 그릇으로 차를 담아놓는 통을 말함

⑥ **차측(茶測, 차칙, 차수저)**: 차 숟가락, 차통(차호)에 들어 있는 차를 떠서 다관에 옮기는 다구로 차칙(茶則)이라고도 함

⑦ **퇴수기(退水器)**: 퇴수기(헹굼 그릇)은 잔을 데운 물을 버리거나 차를 마시고 난 다음 차 도구를 씻는 그릇으로 찻잔을 덥힌 물을 버리기도 하고 차 찌꺼기를 씻어내기도 함.

⑧ **탕관(湯罐)**: 물을 직접 끓이는 주전자

⑨ **기타 다구(茶具)**: 다건(찻잔을 닦을 때 사용하는 수건 또는 행주), 개반(뚜껑받침, 다관의 뚜껑이나 차호의 뚜껑을 올려놓는 도구) 등

> 대인관계에 있어서 차의 중요성은…
> 한 잔의 차를 정성(誠)으로 우려낼 때
> 차의 깊고 오묘한 맛을 낼 수 있으며,
> 상대방과 소통(疏通)하게 한다.

3 음주 예절(禮節)

사회생활에서 매너있게 술을 마신다면 모임의 의미와 흥미를 높일 수 있으나 잘못된 음주 매너는 모임의 목적을 흐리고 인간관계를 악화시킬 수 있으므로 올바른 음주문화에 대한 재고가 요청된다. 술은 인간관계의 중요한 매체로 활용될 수 있으나 절제와 매너가 요구되며 특히 사회생활을 위한 음주매너를 익힐 필요가 있다.

음주문화는 그 나라의 주도와 관련된 것으로 우리나라는 예로부터 어른들 앞에서 주도를 배우고 마셔야 과음이나 술주정을 하지 않는다고 인식하였다. 음주를 통하여 표현되는 사람의 행동과 표정은 다양하고 음주로 인한 다양한 문제가 발생하는데 이는 음주량과 음주문화에 대한 이해 및 인식부족에서 발생한다고 볼 수 있다.

서양에서는 자연스럽게 술을 권하며 강제성이 없다. 지금까지 한국의 음주문화가 적극적으로 권하는 것이 관례였다면 새로운 음주문화에 대한 인식변화가 필요하다고 본다.

공자는 " 술의 양은 정하지 않았으나, 난잡할 정도로 마시지 않고 또 모든 음식은 지나치게 먹지 않는다."며 과음, 과식에 대한 절제를 강조했다.

1) 술을 대접하는 예절(禮節)

- 대접 할 상대에게 무슨 술을 마실지 의견을 묻는다.
- 가능하면 안주도 의견을 묻고 준비한다.
- 술을 여러 가지 혼합하는 것을 피한다.
- 상대방의 주량을 짐작해가며 모자라지 않도록 한다.
- 상대방이 싫다는 의사를 표하면 억지로 권하지 않는다.
- 상대방이 취한 것 같으면 지혜롭게 절제한다.
- 어른에게 술을 권할 때는 먼저 어른에게 " 술을 올리고 싶은데 마시겠는지요? 라고 여쭙고 승낙하면 무릎을 끓고 두 손으로 어른의 술잔을 자기 앞에 가져와 술을 붇고 그 잔을 두 손으로 받들어 어른앞에 놓아 드린다. 절대 어른에게 술잔을 들게하고 술을 따르지 않는다. 그 이유는 어른이 나의 술을 마시기 위해 술잔을 드는 수고를 하지 않게 하기 위한 것이다.
- 아랫사람에게 술을 권할 때는 술을 마실지 의견을 묻고 술을 따라준다.
- 상대에게 술을 권할 때는 상대가 마시던 잔을 이용하여 따르고 술잔을 돌리지 않는 것이 예의이다.

2) 술을 마시는 예절(禮節)

- 술을 마시는 방법에는 술의 맛을 보며 조용히 즐기는 것이 도락의 경지이다. 과음으로 술이 만취하여 자제력을 잃거나 폭음으로 건강을 해치거나 가정을 외면하고

모든 것을 잃지 않도록 절제가 필요하다.

- 연장자, 상급자에게 먼저 따르는 것이 매너이며 연장자에게 왼손을 받쳐서 따르고 어른이 마신다음 아랫사람이 마신다.
- 술의 라벨이 보이도록 술병을 잡고 보통 잔의 70%만 따르며 자신이 마신 술잔을 타인에게 돌리지 않는 것이 좋다.
- 연장자 앞에서 마실 경우 술잔은 무릎을 끓고 감사 인사를 하고 살짝 옆으로 돌아앉아 술을 마시는데 이는 과거 관례 시의 초례예법에서 전해오고 있다.
- 먼저 술을 받으면 반드시 그 사람에게 답주를 권한다.
- 어떤 경우라도 억지로 술을 강요하지 않으며 평소 자신의 주량을 알고 어려운 자리는 주량보다 적게 마시는 지혜가 필요하다.
- 술잔, 주전자, 그릇소리 등 소란스럽지 않게 마신다.
- 술을 마시면 말을 지나치게 많이 하거나 목소리가 커지거나 마음속에 있는 불만을 털어 놓거나 하여 평소와 다른 모습을 드러내지 않도록 자제하며 조심스럽게 마신다.
- 술자리에서 실수는 상대에게 안좋은 이미지를 줄 수 있으므로 대인관계에 영향을 미치지 않도록 말과 행동을 주의한다.
- 술을 마시지 못하는 경우에도 그 날의 행사를 축하하기 위한 건배에는 참여하며 건배 이후 술을 거절하는 것이 매너이다.
- 술을 거절할 때는 술잔을 내려놓거나 엎어놓는 것보다 술잔을 손가락으로 살짝 덮는 표현을 하는 것이 좋다.
- 이슬람 문화권에서는 술을 금지하므로 권하지 않는다.

■ 글로벌 술자리 매너

한국	• 술을 연장자(어른)에게 먼저 따라 올린다. • 어른이 술을 따라 주실 때는 잔을 두 손으로 받는다. • 어른이 잔을 비우고 나면 옆으로 얼굴을 돌려서 마신다.
일본	• 한 손으로 따르거나 받아도 실례가 되지 않는다. • 술잔을 돌리는 것을 삼간다. • 첨잔(술이 비워지기 전에 술을 채워주는 것)을 하는 것을 상대에 대한 배려라고 생각한다.
중국	• 첨잔할 수 있지만, 술잔은 돌리지 않는다. • 건배를 하면 술잔의 술을 남김없이 마시자는 표시이므로 잔을 비운다. • 주인 또는 연장자에게 먼저 권하는 것이 예의이며 일어나서 권하면 더 좋다.(상대방도 일어나는 것이 상례) • 연장자의 술잔보다 낮게 들어야 한다.(존경의 뜻) • 술을 강요하지 않고 마실 수 없는 경우 명확히 말해야 한다. 술에 약한 사람은 음주 전에 미리 양해를 구한다. • 술주정은 자신을 조절하지 못하는 사람으로 인식되기 때문에 금물, 음주한 사람에 대해 관대하지 않다. • 상대가 마시는 만큼 같이 마신다. • 상대방의 눈을 맞추며 마신다.
독일	• 과음은 절대 금물이다. • 타인에게 술을 마시게 강요하지 않는다. 마실 수 없는 경우는 명확히 의사를 표현한다. • 안주를 거의 먹지 않고, 첨잔을 하지 않으며 잔이 비었는데 따라주지 않으면 실례가 된다. • 윗사람과 건배할 때, 자기잔을 더 높이 들어서는 안된다.

생각해보기

- 자신의 술자리 매너에 대해 이야기해 보자. 술자리에서 잘 실천되고 있는 매너와 개선되어야 할 매너에 대해 나눔 해보자.

PART

4

우리: 공동체의식

CHAPTER

12

팀웍(Teamwork)과 공동체의식

학 • 습 • 목 • 표

- 공동체의식에 대한 개념을 이해하고 설명할 수 있다.
- 공동목표(과제해결)를 달성하기 위해 함께 상호협의하여 계획 수립과 역할분담을 하며, 결과에 대한 책임을 공유한다.
- 영화 속 장면이나 대사를 통해 긍정적인 팀웍을 모델링 할 수 있다.
- 팀웍(협업)으로 공동과제를 해결하려는 상호작용을 통해 팀원 간에 서로 격려하고 지지하는 경험을 할 수 있다.
- 팀원 간 다양한 의견과 자발적 참여활동 경험은 문제해결능력을 높이고 공동체의식을 가질 수 있다.

MEMO

1 팀워크(Teamwork)

1) 팀워크(Teamwork)의 정의

> 과거에는 천재성이 있는 소수의 인재가 특허를 통해 조직을 먹여 살렸지만, 이제 모든 혁신은 협업(협력)을 통해 이뤄진다."
>
> – 조 케저(Joe Kaeser), 지멘스(Siemens) 회장의 인터뷰 내용 –

팀웍(Teamwork)에 대한 개념은 연구자마다 다양하게 정의하고 있다. Shonk(1997)는 팀을 공동의 목표를 성취하기 위해 조직된 구성원들이며, 팀은 문제 해결과 과업을 수행하기 위해 상호의존적으로 업무하는 개개인들의 집단이며, 목표를 위해 상호협조하며 성과에 대한 책임을 함께하는 것으로 정의한다.

팀웍(Teamwork)이란 집단이나 조직의 팀구성원들이 공동의 목적을 달성하기 위해 각자가 맡은 역할에 따라 책임을 다하고 서로 협력적으로 행동하는 것을 말한다.

따라서 팀웍은 개인의 능력보다 팀의 단합, 협동의 노력을 통해 팀의 잠재력을 초대한 발휘하는데 초점을 둔다.

팀제가 도입됨에 따라 팀웍 역시 중요하게 되었고 팀웍이란 팀에서 개개인이 능력을 합하여 일을 하는 것이다. 특별히 효과적, 효율적, 능률적으로 연합된 팀으로서 함께 일하는 구성원들 사이의 협력과 협조라는 의미를 지니고 있다.

윤정헌(2014)은 조직구성원이 공동의 목표를 성취하기 위해 각자 개인의 역할에 대해 책임을 다하며 협력적으로 행동하는 것을 팀웍이라 하였고, 팀제 하에서는 많은 자율성이 부여 된다고 한다.

Brill(1976)은 팀웍은 전문적 기술과 행동을 결정하는 방법과 이론을 공유하여 정리하기 위해 모여진 사람들의 그룹에 의해서 행해지는 업무이며, 협동과 협력(cooperation, collaboration), 상승작용(synergy), 협회(association) 그리고 관계(relation)와 같은 단어로 규정 된다고 보고하였다.

팀웍(Teamwork)은 협동(cooperation)의 노력을 통해 이루어지는데 협동은 서로 마음과 힘을 하나로 합해 집단의 공동목적을 달성하기 위하여 협력적으로 행동하는 것을 말한다. 협동은 경쟁자체가 아니라 뚜렷한 목표의식을 갖고 각자의 역할과 책임을 다하는 것이다.

2) 팀웍(Teamwork)의 구성요소

Michael과 Thomas는 팀웍의 구성요소로 구성원의 협력, 도와주는 행동, 문제해결 방식, 공동 목표 공유, 의사소통, 평등한 대응 등을 제시하면서 조직 구성원들이 구성요소를 실천하는 능력과 실질적 행동이 수반되지 않을 경우 조직은 와해될 것이라고 보고하였다.

기능적 팀웍은 조직 구성원의 각 개인이 직무수행에 있어서 능력과 책임을 가지고 목표를 공유하며, 목표 성취를 위한 상호작용으로 팀원간의 단합된 분위기는 팀의 응집력을 높여 준다.

팀웍의 구성요소로는 협력(협동), 공유, 인정, 리더십, 문제해결 방식, 의사소통, 상호의존성, 공동목표, 단결된 분위기(응집력) 등을 공통적으로 나타내고 있다.

성공적인 팀웍크를 유지하기 위한 기본요소는 다음과 같다(조은경, 2007).

① 목표의식과 도전의식을 공유한다.

② 각자의 책임과 역할을 다한다.

③ 솔직한 대화로 서로를 이해한다.

④ 팀원 각각 강한 자신감으로 상대방의 사기를 드높인다.

⑤ 경쟁체제가 아닌 협력체제를 형성한다.

⑥ 의구심을 버리고 신뢰감을 갖는다.

3) 팀웍(Teamwork)의 영향

조직 내에서 신뢰는 협력행동의 동기요인이 되며, 많은 연구자들이 신뢰가 협력행동의 중요한 선행요인임에 동의하고 있다. 협력행동은 팀웍에서 가장 중요한 부분을 차지하며, 조직에서 리더에 대한 구성원의 신뢰는 협력의도, 자발적 조직행동과 같은 부하의 행동성과에 영향을 미친다.

팀은 조직 내 생존에 필요한 최소 단위이며 팀웍은 집합에서 나오는 응집력이다. 조직 목표 달성에 반드시 필요한 기본 단위로서, 팀웍과 직무만족, 직무몰입에 유의미한 영향을 미친다.

팀웍(Teamwork)은 집단이나 조직의 팀구성원들이 공동의 목적을 달성하기 위해 각자가 맡은 역할에 따라 책임을 다하고 서로 협력적으로 행동하는 것이지만, 팀구성원의 조직에 대한 이해 부족과 서로 사고의 차이로 팀웍(Teamwork)를 저해할 수도 있다.

조직에 대한 이해 부족, 이기주의, 과잉된 자아의식, 질투나 시기로 인한 분쟁, 그릇된 인정, 사고방식의 차이에 대한 무시, 자기희생적 팀웍 강요 등은 팀웍을 저해하는 요소가 된다(한국전문대학교교육협의회, 2010).

따라서 목표달성을 이끄는 성공적인 팀웍을 이끌기 위해서는 다음과 같은 요소가 필요하다(조은경, 2007).

① 팀의 궁합이 가장 중요하다.

② 팀의 공동목표에 대한 이해가 필수적이다.

③ 중간점검으로 목표의식이 느슨해지지 않게 조절해야 한다.

④ 팀원의 개개인의 역할과 책임을 분명히 해두어야 한다.

협동심, 팀웍(Teamwork)을 함양하기 위해서는 팀의 구성원들이 조직의 공동목표를 생각하면서 존중과 신뢰가 쌓여야 한다. 팀웍은 시너지를 일으켜서 개인적인 한계를 넘는 역량을 발휘할 수 있으며 구성원들의 생각과 의견을 공유함으로써 중대한 실수를 줄일 수 있다. 또한 팀웍은 적극적인 팀활동에 참여하도록 동기부여로 하고 그 수행결과에 대한 공로나 책임도 모든 구성원들이 공평하게 나누어 분담한다. 이러한 팀웍(Teamwork)은 팀원간의 협력과 조화를 이루면서 서로에 대한 존중과 배려를 기초로 하고 있다.

4) UCC 과제를 통한 팀웍(Teamwork) 개발

(1) 영화를 통한 팀웍 탐색

대인관계이론의 선구자인 Sullivan(1953)은 인간이 느끼는 모든 불안의 원인은 대인관계에서 비롯되므로 정신건강을 위해서는 바람직한 대인관계를 형성하고 유지하는 것이 중요하다고 주장하며, 원만한 대인관계는 삶의 안정감과 심리적 만족감을 주는 중요한 요인이라 할 수 있다. 의미있는 대인관계는 타인과의 상호작용에 따라 영향을 받으며 역동적인 상호작용은 건강한 심리사회적 발달을 돕는다. 원만한 대인관계 속에서 격려와 사회적 지지는 위기나 스트레스 상황을 대처하며 사회적, 정신적, 심리적 안녕을 주는 요인이 될 수 있다.

청년기의 원만한 대인관계 경험은 개인의 인격발달과 정체감 형성에 긍정적인 영향을 주며, 원만한 인간관계를 형성하지 못하게 되면 대인관계 불안으로 인하여, 생활전반에 불만족과 의욕상실, 심리적 장애를 겪게 되며, 자아정체감 형성과 인격발달에 큰 어려움을 경험하게 된다(권석만, 1995).

팀웍(teamwork)을 통해 공동체의식을 강화하기 위한 노력으로 창작활동, 체육활동, 문화활동 등 다양한 형태의 활동들이 있으나 대학생들이 팀원간의 협력과 조화의 중요성을 경험하기 위해 쉽고 편하게 접근할 수 있는 영화를 통해 팀웍을 개발하고자 한다.

영화는 새로운 생각과 부정적 사고방식을 개선할 수 있도록 도움을 주며 영화 속 인물의 행동을 기준으로 무엇을 해야 할지와 무엇을 하지 말아야 할지를 배울 수 있다(Hesly & Hesley, 2001).

영화라는 공통의 경험을 공유하면서 공감대를 형성하고 친밀감을 느끼게 되어 쉽게 자신을 개방할 수 있다.

영화속 장면을 해석하는 기준들은 각자 다르지만 자신이 느낀 감정과 경험을 팀원들과 공유함으로써 팀원간에 상호작용을 촉진시킬 수 있다. 이러한 나눔과 공유활동은 팀에 에너지를 주고, 토론을 활성화시키면서 친밀한 대인관계를 형성하고 성공적인 팀웍을 이루게 한다.

영화 속 굿 모델링을 통해 자신의 팀웍을 점검하고 재발견 할 수 있으며, UCC 공동의 목표를 성취하기 위해 개인의 역할에 책임을 다하면서 협력적 행동을 할 수 있다.

다음 사항을 논의하며 영화를 통해 본인팀의 팀웍을 점검 해보자.

※ 팀웍(Teamwork)을 위해 논의할 부분

- 팀원이 갖추어야 할 기본요소 논의
- 팀웍(Teamwork)을 저해하는 요인 탐색
- 성공을 이끄는 팀웍(Teamwork) 요소 탐색

생각해보기

■ 영화를 통한 팀웍(Teamwork)의 재발견

	'인턴십'(The Internship, 2013) 장르: 코미디, 미국, 15세 관람가 감독: 숀 레비 출연:오웬 윌슨(닉), 빈스 본(빌리), 아날로그 방식이 익숙한 두 명의 중년 샐러리맨. 정리해고된 이들의 마지막 대안은 '구글'의 인턴사원이 되는 것. 젊고 새로운 디지털 시대에 고군분투하는 '빌리와 닉'의 이야기 출처 : https://movie.naver.com

- 영화 속 등장인물과 동일시 된 사람은?
- 영화 속 '라일팀'은 어떻게 보이나요?
- 나는 우리팀에서 어떤 역할을 하나요?
- 영화 속 '라일팀'이 과제를 해결하는 방법은?
- 우리팀의 해결방법은? (문제해결능력과 대인관계능력을 탐색)
- 우리팀 중에 마음에 들지 않는 조원이 있다면 어떻게 해결할 것인가?(대안/노력)
- 우리팀만의 자랑할 만한 '필살기'는?
- 구굴리즘과 공동체의식 비교

영화를 통한 팀웍(teamwork)탐색

학번 이름

구분	항목	느낌, 경험
1	가장 인상 깊은 장면이나 대사는?	
2	영화속에서 teamwork 활동	
3	기대하는 teamwork (팀웍에 대한 비교, 점검)	

(2) UCC 동영상을 통한 팀웍(Teamwork) 개발

UCC란 '손수제작물'이라는 용어로 UGC를 국립국어원에서 순화한 말로, 국내에서 UCC로도 많이 불린다. (UGC: User-Generated Content/UCC: User-Created Content User Created Contents) 즉, 사용자가 직접 창작한 컨텐츠를 의미하며, 최근에는 특정한 공익적 목적을 가지고 캠페인성 UCC 공모전이 활성화 되어 시청자이자 생산자인 시민들의 의식 개선에도 큰 도움이 되고 있으며, UCC를 통해 어려운 주제도 쉽게 접할 수 있어 친근한 매체라는 평가를 얻고 있다. [1]

팀웍(teamwork)을 개발하기 위해 대학생들에게 UCC 동영상 과제를 부여함으로써 목표 성취를 위한 구성원들 간의 상호작용이 이루어지며 팀원들의 단결된 분위기로 팀의 응집력이 높아지는 것을 직접 경험할 수 있다.

영상을 잘 찍는 것보다 UCC 영상을 만드는 내용과 과정을 중시 하며, 팀원간의 의견과 감정을 자연스럽게 표출하고 수용할 수 있으며 직접 제작한 영상의 내용과 의미를 깊이 있게 이해할 수 있다.

UCC 영상촬영을 하면서 구성원들의 적극적인 개입과 참여가 이루어지며 연대감을 형성해 잠재적인 창의성과 독창성을 표현함으로써 팀웍(teamwork)을 개발할 수 있다.

팀 구성원간의 신뢰와 친밀감으로 긍정적인 상호작용이 이루어지면 관계가 긴밀해지고 UCC 목표 결과물을 만들기까지 자연스럽게 협력적인 팀웍(teamwork)이 형성된다. 토의와 토론, 팀 과제를 수행하면서 활동내용을 공유하고 피드백을 주고 받으며 전반적인 팀의 역할과 자신의 역할을 통해 팀웍과 리더십을 점검할 수 있다. 또한 전체적인 평가와 동료평가를 실 시 할 수 있는데, 동료평가의 내용에는 팀구성원의 역할 분담과 팀 구성원의 기여도를 평가하거나 팀의 활동에 얼마나 적극적으로 참여하였는가를 평가할 수 있다.

자체평가는 내용의 충실성, 독창성, 내용의 구체성, 주제에 대한 주장과 논리가 얼마

---

1) 위키백과 https://ko.wikipedia.org/wiki/UCC

나 잘 나타나는가 등을 평가 할 수 있다.

UCC 동영상 제작의 모든 단계는 토의와 공유를 통해 협력적으로 이루어지며, UCC 동영상 제작을 효과적으로 진행하기 위해서 다음과 같은 사항을 유의하면서 동영상 제작 계획표를 작성할 수 있다. 팀원들은 동영상 제작계획에 자발적으로 참여하고, 과제발표를 통해 UCC 제작활동에서 무엇을 배우고 느꼈는가에 대한 나눔을 공유하며 평가와 피드백을 공유한다.

아래내용을 바탕으로 UCC 동영상 제작 계획표를 작성해보자.

■ UCC 동영상 제작을 통한 팀웍(Teamwork) 개발

- 영화를 통해 팀웍(협동, 공동체 의식)의 중요성을 인식하고 팀원간의 존중과 배려를 실천
- 동영상 안내 및 준비사항 점검하기
- 동영상 주제선정 하기(매너와 인성관련 주제)
- 동영상 촬영방법, 장소 정하기
- 역할 구성하기(촬영, 편집, 배경음악, PPT 발표 등 각조원의 역할과 책임분담)
- 팀원간의 친밀감과 협동심을 바탕으로 UCC 동영상 과제를 창의적, 도전적 수행하기
- UCC 과제를 수행하며 활동한 경험 공유하기
- 동료평가 및 자체 평가(계획, 실행, 평가를 학생들 스스로 평가)– UCC 과제발표 시 진행

UCC 동영상 제작 계획표

제출자(조원):

조		제출일	년 월 일
대상	- 참여대상이 누구인가? (연령, 성별, 인지적 수준, 문화적 차이 고려)		
UCC주제 (목적)	- 제목에 UCC 주제와 목적 표현(매너와 인성 관련된 주제)		
주제선정 이유	- UCC 주제선정 이유(개인, 대인관계, 공동체적 issue)		
역할구성	- 조원들의 역할과 구성(촬영, 편집, 배경음악, PPT 발표 등)		
나눔 (평가)	※ UCC 과제발표 시 진행 - UCC 과제를 수행하며 활동한 경험 공유하기 - 동료평가(팀웍과 리더십 평가) - 자체 평가(계획, 실행, 평가를 학생들 스스로 평가)		

2 공동체의식

1) 공동체의식의 개념

공동체는 높은 정도의 인격적 친밀, 정서적 깊이, 도덕적 헌신, 사회적 응집, 시간적 연속성 등을 특징으로 하는 모든 형태의 사회관계를 포함하는 용어이다. 공동체는 지역, 종교, 민족, 인종, 직업, 개혁운동 등에서 찾아볼 수 있으며, 다만 상징적으로 표현되기도 한다. 또한 공동체는 원천인 공동적인 관심(interst)과 공동의 관심을 추구하는 의지(will)에 의해 형성된다.

또한 Mcmillan & Chavis(1986)의 이론은 전체적인 공동체의식의 특성에 초점을 두고 공동체의식의 구성요소로 구성원감정(membership), 상호영향의식(influence), 욕구의 충족과 통합(integration and fulfillment of needs)그리고 정서적 연계(emotional connection)의 4가지를 제안하였다.

여기서 구성원감정(membership)은 소속감과 인정의 욕구로 개별적인 것을 공유하고 있는 감정이며, 상호영향의식(influence)은 구성원이 집단에 중요하다는 느낌을 의미하며, 욕구의 충족과 통합(integration and fulfillment of needs)은 강화로서 구성원들의 욕구가 그 집단의 구성원 자격을 가지게 됨에 따라 받게 되는 자원을 통하여 욕구가 충족되는 것을 말한다. 마지막 정서적 연계(emotional connection)는 구성원들이 역사적 장소, 시간 및 경험을 공유하며 또 공유하게 될 것이라는 기대와 믿음 또는 헌신을 의미한다.

즉, Mcmillan & Chavis에 따르면 공동체 의식은 구성원들 간의 소속감, 자기 자신이 그 집단에서 중요한 존재라는 느낌, 협력을 통한 문제해결을 통해 자신의 요구와 집단의 요구가 함께 충족될 수 있다는 의식, 그리고 구성원들 간의 정서적 유대감 등을 의미한다. 공동체의식은 Mcmillan & Chavis(1986)의 주장처럼 소속감과 정서적 유대감

같은 개인이 가진 기본적인 욕구를 충족시켜줌으로써 개인의 심리적 안정감을 줄 뿐 아니라 건강한 사회의 일원으로 살아갈 수 있도록 한다는 차원에서 중요한 의미를 가진다고 할 수 있다(양혜진, 2018. 재인용).

이처럼 소속감과 정서적 유대감을 가지고 공동체에 소속되길 원하며 그 속에서 관계를 맺으며 살아간다. 공동체 속에서 살아가기 위해서는 다른 사람들과 더불어 살아가는 것과 상대방에 대한 배려와 존중의 기본적인 생각과 개념, 규범을 가져야 하며 이러한 이념적 틀이나 공동체 의식은 대물림의 중심원리를 갖고 성장해서 뿌리 깊게 퍼져나간다. 글로벌 시대에는 더불어 사는 공동체의식과 협동이 사회안정에 필수적인 요소가 되고 있다.

2) 공동체의식 함양을 위한 노력

우리나라의 공동체 의식은 혈연, 지연을 중심으로 문화적, 역사적 배경 속에 언어, 풍습, 생활습관 등이 범사회적 규범으로 정착되면서 공동체 의식의 정신적인 기초가 되었고, 더불어 가족과 지역주민간의 상호의존성을 바탕으로 한 연대의식에서 시작되었다고 할 수 있다. 즉, 한국의 공동체의식은 공공정신에 기초한 시민적 공동체의식이라고 할 수 있다.

공동체의식에는 이타주의와 사회적 책임성이 따르는데 이타주의는 이타성이 내재적으로 강화되어 습관된 것이라 할 수 있다.

사회적 책임성이란 위험이나 곤경에 처했거나 도움이 필요한 사람에게 도움을 주는 협의의 개념에서부터 사회복지의 적극적인 개입과 지향으로 보는 광의의 개념으로 정의할 수 있다.

리더십은 공동체의식에 영향을 미치며, 공동체의식은 대인관계 및 사회적 관계에서 친 사회적 행동이라 할 수 있다.

공동체의식은 봉사활동이나 지역사회 참여활동, 체험활동이 사회구성원으로서의 사회적 책임감, 공동체 의식을 높일 수 있으며 협동을 통한 청소년의 공동체 의식을 효과적으로 함양하기 위해 긍정적 상호의존성을 촉진하는 노력이 필요하다.

많은 선행연구에서 공통적으로 공동체 의식이 함양 될 수 있는 방법들로 반드시 협동의 형태를 통해 긍정적 상호작용과 창조적인 결과물을 도출해 낼 수 있는 활동이 필요하며(양혜진, 2018), 공동체의 활동을 통한 상호작용을 체험하고 이러한 상호작용의 기회가 필요하다고 주장하는데 팀별과제 활동을 통해 이러한 필요를 충족시키고 공동체의식을 함양할 수 있다

사회구성원 모두가 함께 상생하는 공동체를 위한 협력과 협업 개발이 필수적이며, 대학은 글로벌한 미래 지식인을 양성하고 건강한 사회인으로 육성하기 위해 다각적인 노력이 필요하다.

공동체의식을 갖춘 진취적인 미래 인재를 양성하기 위한 노력으로 팀별 UCC 동영상 과제는 학생들이 함께 하는 활동들을 통하여 구성원들 간 일체감을 높여줄 뿐만 아니라 집단에 정체감을 부여함으로써 자연스럽게 공동체의식(wefeeling consciousness)을 함양시킬 수 있다.

그러므로 팀별 UCC 동영상 과제를 통해 긍정적인 상호작용으로 자발성과 창조성을 향상시킬 수 있으며, 주제와 관련된 UCC 동영상을 만드는 전과정에서 계획, 실행제작, 평가하는 경험을 통해 성원들 간의 상호작용과 응집력으로 팀웍(teamwork)과 공동체 의식을 경험할 수 있을 것이다.

팀웍(teamwork)을 개발하기 위해 대학생들에게 UCC 동영상 과제를 부여함으로써 목표 성취를 위한 구성원들 간의 상호작용이 이루어지며 팀원들의 단결된 분위기로 팀의 응집력이 높아지는 것을 직접 경험할 수 있다.

생각해보기

- UCC 과제를 수행하면서 느낀 경험과 공동체의식에 대해 새롭게 느낀 부분을 공유해보자.

CHAPTER 13

시민교육과 글로벌 리더십

학 · 습 · 목 · 표

- 글로벌 시민의식을 갖기 위해 세계의 글로벌 이슈와 현안문제에 관심을 가지고 공유할 수 있다.
- 지역사회나 공동체에 봉사하기 위한 프로젝트를 기획할 수 있다.
- 교내 · 외 및 지역사회의 글로벌 활동에 적극 참여한다.
- 자신의 존재가 주변에 어떤 영향을 미치는지 알 수 있다.
- 리더십 이론을 이해하고 자신의 리더십 유형을 파악할 수 있다.

MEMO

1 글로벌 시민의식의 확대

세계화는 기술과 지식의 발전으로 인하여 시간과 공간이 압축되고, 세계의 상호연결성과 동질성이 증가됨으로써 지구촌이 하나의 운명공동체로 간주되고 있다.

Heater(1996)는 세계시민의 특징적 개념을 인류 공동체의 한 구성원으로서의 세계시민, 국가의 연합체인 세계 정부를 만들고 실천하는 세계시민, 개인이 속한 국가보다 더 높은 도덕성을 갖추어야 한다고 생각하는 세계시민, 세계 정부와 상관없이 세계 전체에 책임의식을 가진 세계시민으로 보았다.

오늘날 인류사회가 당면하고 있는 쟁점들은 상호 긴밀하게 연결되어 있으므로 국가경계에 갇힌 사고를 넘어 범세계적 차원에서 문제들을 이해하고 효과적으로 판단하는 능력, 즉 세계시민의식이 점차 강조되고 있고(송민경, 2014). 전 세계가 하나로 연결되어 있는 현 시대에 세계사회의 구성원이 가져야 할 바람직한 시민상이라 할 수 있다.

시민의식은 세계화의 물결에 따라, 보다 확장된 개념화가 필요하게 되었으며 지역, 국가 세계 수준의 시민의식을 총체적으로 융합하는 세계시민의식이 중요한 의미를 가지게 되었다(김용신, 2013).

21세기는 개인, 사회, 제도가 인류의 상호의존성을 인정하고 자신과 타자에 대한 윤리적 책임을 필요로 한다. 이를 위해 확장된 사고와 지혜 그리고 성숙한 인성계발이 필요하며, 인성교육은 자신과 타자의 상호의존성에 기반이 되는 태도와 행동을 계발하는 것이라 할 수 있다.

인성 함양은 사회적인 과정에서의 인간에 관한 것으로, 인성을 계발하기 위해 사회적인 인간으로 개인은 한 문화 안에서 성장할 필요가 있으며, 그 문화 안에 있는 삶의 정신문화를 포함한 인성교육이 이루어져야 한다.

인성이라는 개념은 개인의 정체성과 사회적 덕목들을 포함하고 있으며, 결과를 측정하기는 쉽지 않아도 교육을 통해 인성을 함양할 수 있고 특히 정신문화를 강조하는 특징이 드러난다.

양적인 경제성장과 더불어 대량소비사회가 이룬 물질만능주의를 배격하고 높은 수준의 물질문명과 공존하면서 정신적인 풍요와 생활의 질을 중시하는 풍요로운 사회로 사고방식과 습관이 바뀌어야 할 것이다.

정신문화가 풍요로운 사회는 자아발견과 성찰을 통하여 책임감과 연대감을 갖고 다 함께 잘 사는 성숙한 사회라고 할 수 있다.

따라서 세계시민의식을 가진 성숙한 사회가 되기 위해서는 글로벌 시민교육과 사회적 책임, 글로벌 리더십 역량 등이 필요하다고 보여진다.

2 글로벌 시민교육

시민교육은 사람들에게 자신이 속한 사회를 이해하고, 도전하고, 참여하는 지식과 스킬을 제공한다. 따라서 시민교육을 통해 사회공동체의 일원으로서 책임의식을 가진 시민을 길러내야 한다(함인석, 2012). 시민교육에서 지향하는 인재상이' 성숙한 사람'이라고 하면, 방법의 차이는 있을지라도 규정한 군자나 선비처럼 '좋은 사람'(고재석 외, 2015) 또는 도덕성과 책임감이 있는 '인성이 바른사람'이라고 할 수 있다.

세계시민의식은 지역 및 국가정체성을 넘어서 세계의 상호의존적 체제를 이해하고, 협력적 활동에 참여할 수 있는 스킬을 가지며, 세계적 수준에서 자신의 책임에 대한 태도를 인식하고 실천하는 것이며(Oxfam, 2015; 송민경, 2014), 세계적인 이슈와 공동목표, 목적을 위해 자발적으로 참여하여 지구공동체 발전에 기여하는 것이라 할 수 있다.

이러한 세계시민의식을 함양하기 위한 시민교육에서는 자신과 사회에 대한 책임감을 이해하고 실천하는 데 필요한 지식과 스킬을 다루어야 한다. 그리고 지역 사회와 더불어 글로벌 사회에서 더불어 살아가는 공동체의식을 인식해야 한다.

또한 시민교육은 인성을 형성하고 소통, 주도성, 사회적 상호작용, 팀워크 등의 기술을 개발하는데 중요한 역할을 하며 이를 위해 필요한 구체적인 기술로 연구, 토론, 논쟁, 다른사람의 관점에서 대변, 비평적 사고, 평가와 반성 등이 있다.

시민교육이란 사람들이 적극적이고 책임 있는 시민으로서 중대한 사회적인 사안을 공동으로 결정하고 자신의 생활과 공동체를 위해 책임지는 능력과 스킬을 계발하도록 도와주는 것과 관련 있다.

따라서 학생들이 어떤 사회문제에 대한 기술적인(technical) 해결책을 찾기보다는 타인의 삶을 공감할 수 있도록 현장활동을 통해 학생이 직접 경험하면서 스스로 깨닫는 기회를 마련하는 것이 중요하다.

책임(Responsibility)이라는 단어는 Response와 Ability의 합성어이며, 직장에서 자신의 역할을 인식하고 문제에 대응할 수 있는 능력과 관련된다. 조직생활을 하는 데 필요한 기본기는 자신이 할 일을 정하고 조직구성원으로서 해야 할 일을 찾아내기, 처한환경 내에서의 위치와 관계 조망, 역량 강화, 공동생활 적응, 주인의식과 자율성을 가지고 행동하기, 긍정적인 사고를 바탕으로 서로 신뢰하고 자신이 맡은 일에 열정을 가지고 적극적으로 대처하기, 지속적으로 자기개발을 하려는 의지를 습관화하기 등이다(양기훈, 2014). 따라서 대학에서는 직장생활을 준비하는 학생들에게 시민교육을 통해 이러한 자질을 학습할 기회를 제공해야 한다.

학생들이 사회적 책임의식을 함양할 수 있도록 토론 활동으로 실제 이슈와 사건에 관한 논제들을 제시하고 학생들이 토론을 통해 시민교육의 내용을 스스로 학습할 수 있도록 기회를 제공해야 한다. 이와 관련하여 지역사회의 개인이나 기관에서 공동체의식, 세계시민의식과 관련된 사례를 찾도록 과제를 부과하고 최종적으로 자신의 실생활에 기여할 수 있는 봉사활동으로 연결하여 실천하도록 한다.

타인에 대한 봉사는 봉사를 실천하는 자신의 기분을 좋게 만들며 행복하게 만드는 '헬퍼스 하이(Helper's High)' 또는 '마더테레사 효과' 가 있다. 즉 봉사는 자신의 신체적, 정신적 건강에도 긍정적인 영향을 미쳐 면역기능을 향상시킨다고 한다.

최근에는 봉사활동에 적극 참여하는 기업, 부서들이 늘어나고 있으며 취업, 고용에도 해외봉사, 자원봉사 등 봉사활동 경력을 높이 평가하고 있다.

시민교육을 위한 다양한 활동으로 사회, 정치, 경제, 환경과 관련된 글로벌 이슈들에 대처하는 프로젝트에 학생들이 적극적으로 참여할 수 있다. 이러한 글로벌 시민교육은 인간의 존엄성과 다양성의 가치를 존중하며 세계윤리를 적극적으로 이해하고 실천하는 자세의 글로벌 시민의식이 밑바탕을 이루어야 할 것이다.

시민의식 : 보는 사람 없어도 자발적으로 지켜지는 정지선. 사진출처: 저자촬영

■ 토론 실천 활동

1. 좋은 시민성을 위해 해야 할 것과 하지 말아야 할 것을 토론해보자

2. 좋은 시민의 행동은 우리 지역사회와 공동체에 어떤 영향을 미치는가? 어떤 방법으로 사회적 책임을 보여줄 수 있나?

3. 공동체에 긍정적인 기여를 한 개인이나 기관을 찾아보기
(개인이나 기관은 어떻게 시작하게 되었는지, 어떻게 해냈는지)

4. 지역사회나 공동체에 봉사하기 위한 프로젝트 기획, 진행하기

3 글로벌 리더십

1) 리더십의 정의

인성은 태어나면서 지니고 있는 성격이나 특질의 개념이 아니라, 의도적 교육이나 학습에 의해 습득하거나 변화가 가능한 인간의 성품으로 정의되기도 하며, 긍정적이고 건강한 개인의 삶과 사회구 성원으로서의 삶을 살아가기 위해 갖추어야 할 바람직한 특질과 역량으로 정의되기도 한다(현주, 2014).

리더십의 사전적 정의는 무리를 다스리거나 이끌어 가는 지도자로서의 능력으로 '지도력'으로 표현되기도 한다.

리더십(Leadership)은 집단의 사기를 고취시키고 단결을 도모하는 등 집단 내의 상호작용을 촉진시켜 단체생활의 일정한 목표를 달성하도록 방향성을 조성하는 것이라 할 수 있다. 전통적인 관점에서 리더십은 집단의 공동목표를 달성하기 위해 구성원들에게 동기를 부추기고 영향력을 행사하는 과정이다. 현대적 의미의 리더십은 좀 더 통합적 개념으로 리더와 구성원의 관계뿐만 아니라, 조직과 집단의 공동목표 당성을 위해 구성원들의 자발적 동기를 유발하고, 구성원으로서의 역할을 스스로 수행하도록 유도하는 과정이다(진종구 외, 2017).

집단의 활동을 하나의 공동목표를 향해 이끌어 나가는 한 개인의 행동이다. 즉, 리더십이란 사람을 이끄는 기술이며, 따르게 하는 기술, 또는 조직 구성원들에게 영향력을 행사해 탁월한 성과를 끝없이 창출해 나가는 과정이라 할 수 있다.

20C 산업화시대는 조직의 발전과 더불어 리더와 조직원과의 상호협력의 중요성이 강조되면서 조직을 효율적으로 이끌어갈 수 있는 리더와 리더십에 대한 연구와 관심이 늘면서 필요성이 가중 되었다.

사장이건 경비원이건 관계없이 독립성의 단계에서 벗어나 상호의존성의 단계로 올라가는 순간부터 우리는 하나의 리더 역할을 맡게 된다는 스티븐 코비(Stephen Covey) 박사의 말처럼 리더십이 필요치 않은 곳이 없다고 할 수 있다.

누구나 한 번쯤 조직의 구성원으로 소속되거나 조직을 이끌 어 본 경험이 있을 것이고 어떤 형태이든 리더의 역할이 중요한 것을 공감할 것이다. 그것은 리더의 역할에 따라 목표달성은 물론 구성원의 만족도가 달라지기 때문이다.

현재는 글로벌시대 이전에 요구되었던 일반적인 리더의 역량만으로는 문제를 해결할 수 없으며 새로운 환경에서의 성과창출을 위해 글로벌 리더십을 갖춘 새로운 리더의 육성이 요구된다(Jokinen, 2005).

글로벌 리더십은 조직의 지속적 성장과 성과창출을 위해 개방적 사고와 다양성을 바탕으로 국가적, 문화적, 인종적, 언어적 차이를 넘어 이해관계자의 사고, 태도, 행동에 긍정적인 영향력을 미치는 과정(송영수, 2010)을 의미한다.

즉, 리더십은 목표 달성을 위해 타인에게 긍정적인 상호작용으로 영향력을 미치는 과정이라고 정의할 수 있다.

리더십을 전통적인 관점에서는 집단의 목표를 달성하기 위해 리더가 구성원에게 동기를 부여하고 영향력을 행사하는 과정이라면 현대적인 리더십은 조직과 집단의 목표달성을 위해 각 구성원들이 다른 구성원들에게 영향을 미치며 동기부여하는 리더십이라 할 수 있다.

리더가 지녀야 할 올바른 인성을 바탕으로 조직의 성장과 목표달성, 과업창출을 위해 긍정적인 상호작용의 글로벌 리더십이 절실히 요구되며, 글로벌 리더십에 대한 정의는 학자마다 다양한데 글로벌 리더십의 정의를 살펴보면 〈표 13-1〉과 같다.

〈표 13-1〉 글로벌 리더십의 정의

학자	글로벌 리더십의 정의
송영수(2010)	조직의 지속적 성장과 성과창출을 위해 개방적 사고와 다양성을 바탕으로 국가적, 문화적, 인종적, 언어적 차이를 넘어 이해관계자의 사고, 태도, 행동에 긍정적인 영향력을 미치는 과정
차동옥(2007)	글로벌 기업에 근무하는 경영자와 관리자 또는 해외에 파견되어 근무 하는 관리자가 갖추어야 할 리더십
Pucik& Saba(1998)	국가적, 기능적, 사업적 영역을 넘어 정보, 지식, 경험을 공유하고 글로벌화 과정에서 발생하는 문제의 균형을 맞추는 태도의 집합
McCall& Hollenbeck(2002)	글로벌 업무를 수행하는데 필요한 역량의 집합
Mobley& Dorfman(2003)	국가적,문화적 영역을 넘어 미치는 영향력
Maznevski& Lane(2003)	단일한 국가, 문화, 맥락에서 형성되었던 개인 · 조직의 비즈니스 성과창출능력을 다양한 국가, 문화, 맥락에서 활용할 수 있는 능력
Lokkesmoe(2009)	목표를 달성하기 위해 지리적, 국가적, 경제적, 인종간, 언어적 영역을 넘어 다른 사람에게 미치는 긍정적인 영향력

출처: Dekker, W., Jansen, P. G. W., & Vinkenburg, C. J. (2005), 남기용(2011), 재인용.

가장 널리 알려진 Rhinesmith(1993)는 글로벌 리더십은 6가지 항목,즉 글로벌 경영관리 역량, 다양성 적응 역량, 유연한 조직적응 역량, 다문화 팀 관리 역량, 불확실성 관리 역량, 학습조직 조성 역량으로 구성된다(남기용, 2011. 재인용). 이중 학습조직 조성 역량은 글로벌 시대에는 새로운 지식과 기술이 끊임없이 생성되기 때문에 기업의 리더들은 개인이나 조직 차원에서 개방성을 가지고 새로운 지식과 기술 및 관점을 탐색하고 익히는 것이 무엇보다도 필요하다고 판단된다.

2) 글로벌 리더십의 역량

Rosen, et al.(2000)는 글로벌 리더가 갖추어야 할 공통된 특징으로 "글로벌 리터러시"를 제시하였다. 글로벌 리터러시란 세계 각국에 대한 이해, 세계 사회, 문화, 경제에 대한 기본 교양으로 개인적, 사회적, 문화적, 비즈니스 리터러시로 구성하였다.

첫번째 개인적 리터러시는 자기자신을 이해하고 평가하는 것으로, 자신의 장단점 분석과 타인으로부터의 피드백을 통해 자신을 평가하고, 실패로부터 배우는 기회를 끊임없이 추구하는 리더의 역량이다.

두 번째, 사회적 리터러시는 타인을 참여시키고 자극하는 것으로, 여러 사람들을 동원해서 의미 있는 일에 집중하게 하며, 그들의 지혜를 상호 연결하여 목표를 달성하는 역량이다. 이것은 강력한 팀을 조성하며, 팀 구성원의 과거, 현재, 미래를 지속적으로 경청하는 사람이라 할 수 있다.

세 번째 문화적 리터러시는 문화적 차이를 이해하고 이용하는 것으로 다문화 사회에서 리더는 다른 문화에 대한 예민한 이해와 학습을 통해서 문화적 가교를 구축하는 역량이 요구된다.

마지막 비즈니스 리터러시는 조직을 집중시키며 결집시키는 것으로, 조직구성원 각자가 능력을 최고로 발휘할 수 있도록 학습과 혁신의 문화를 구축하는 역량이다(남기용, 2011. 재인용).

송영수(2010)는 글로벌 기업의 임원급 리더를 대상으로 3차에 걸친 델파이 연구를 통해 글로벌 리더십 필요역량을 도출하였으며 글로벌 리더십 역량은 5개 핵심역량과 20개의 세부역량으로 구성되었다.

글로벌 환경 변화를 이해하고 미래 변화를 예측하여 적합한 대응전략을 수립하는 '글로벌 마인드 역량' 과 구성원간의 차이점을 이해하고 다름이 존중되는 조직문화를 형성하는 '다양성에 대한 개방적 태도', 조직 내 · 외부 고객을 파트너로 인식하고 지속적인 관리를 통해 중 · 장기적인 상생관계를 형성하는 '글로벌 네트워크 형성', 조직의

미션 비전을 팀의 목표와 전략적으로 일치시키고 필요한 자원을 확보하여 조직의 성과 창출을 극대화 하는 '성과개선 스킬', 조직의 핵심가치를 기준으로 행동하며 열정과 도전정신을 가지고 창의적으로 문제를 해결하는 '기본 태도 역량'으로 구분하였다.

글로벌 리더십의 필요역량과 세부역량은 〈표 13-2〉와 같다.

〈표 13-2〉 **글로벌 리더십 역량**

필요역량	세부역량	설명
1. 글로벌 마인드	1.1 경영환경 변화이해	글로벌 경제, 경영, 정치적 변화의 흐름을 조직의 현재 상황과 연계시켜 인식하는 능력
	1.2 경영환경 변화예측	글로벌 경영환경의 변화가 조직의 중 · 장기적인 성과에 미칠 영향을 분석하는 능력
	1.3 변화 대응전략 수립	급변하는 경영환경 속에서 조직의 지속가능한 성과창출을 위해 구체적인 해결방안을 제시하는 능력
2. 다양성에 대한 개방적 태도	2.1 개방적 의견 수용	국가,문화,인종적 차이에서 비롯되는 구성원의 다양한 의견을 폭 넓게 받아들이는 자세
	2.2 다양성 존중	구성원 간의 차이점과 다름이 조직의 목표달성에 기여할 수 있도록 조정하여 합의를 이끌어 내는 능력
	2.3 조직문화 구축	조직 내 다양성을 바탕으로 조직 고유의 문화를 조성하는 능력
	2.4 이문화 이해	보편성(global)과 특수성(local)의 균형을 바탕으로 다른 문화를 편견 없이 받아들이고 존중하는 자세
3. 글로벌 네트워크 형성	3.1 인적 네트워크	조직구성원 및 내 · 외부 고객을 경쟁자가 아닌 협력자로 인식하고 중 · 장기적인 상호협력관계를 유지하는 스킬
	3.2 글로벌 커뮤니케이션	문화적 차이를 극복하기 위한 의사소통 능력(경청, 질문, 동기부여, 피드백 등
	3.3 외국어 구사 능력	언어적 차이에서 비롯되는 소통의 문제를 해결하기 위한 외국어 구사 능력
	3.4 글로벌 매너 및 에티켓	다른 문화에서 형성된 행동양식을 이해하고 학습하여 국제예절을 지키는 소양 및 자세

필요역량	세부역량	설명
4. 성과개선 스킬	4.1 전략적 목표설정	조직의 미션과 비전을 수립하여 구성원과 공유하고 개인 및 팀의 목표와 연계시키는 능력
	4.2 지식과 기술의 확보	글로벌 환경변화 속에서 성과를 창출할 수 있는 새로운 정보와 경쟁력을 보유하는 능력
	4.3 글로벌 인재 육성	조직의 목표달성을 위해 필요한 글로벌 핵심인재를 확보하고 체계적으로 양성하는 능력
5. 기본 태도역량	5.1 정직성(Integrity)	윤리,도덕,원칙을 준수하여 신뢰를 형성하고 타협하지 않는 정직성을 행위의 기본으로 삼는 태도
	5.2 도전정신	현재 성과에 안주하지 않고 혁신을 추구하며 새로운 가능성을 적극적으로 모색하는 자세
	5.3 창의성	다양성을 기반으로 기존의 개념 · 방법 등을 새롭게 조명하거나 재조합하는 하는 능력
	5.4 글로벌 시민의식	인간의 존엄성과 다양성의 가치를 존중하며 세계윤리를 적극적으로 이해하고 실천하는 자세

출처: 송영수.(2010).국내 기업의 인적자원개발(HRD)을 위한 글로벌 리더십 역량 도출, 2010년 한국 HRD연합회 연합학술대회,71-88. 한국HRD연합회.

3) 리더십의 유형

1990년대에 들어오면서 다양한 상황과 관점을 반영하며 경로-목표이론, 리더-구성원 교환이론(LMX)이론, 변혁적 리더십, 팀 리더십, 서번트 리더십, 셀프 리더십, 윤리적 리더십, 글로벌 리더십 등 새로운 리더십 이론들이 쏟아져 나왔다(Northouse, 2009). 리더십이 다양하게 정의되고 다양한 유형으로 구분되는 이유는 리더십 현상을 바라보는 연구자의 초점이 다른 데서 기인하는데 리더십은 영향력의 주체, 대상, 장소 등의 맥락에 따라 달라지기 때문이다.

(1) 거래적 리더십

리더(Leader)가 구성원들과 상호작용하며 구성원의 능력, 기술, 동기수준에 따라 서로 다른 수준의 교환관계를 맺는 이론으로 업무수행의 대가로 보상을 해주는 양자 간의 상황적 보상과 예외적 관리의 리더십이다. 즉 리더가 구성원간에 맺은 교환관계를 기초로 영향력을 발휘하는 것으로 교환관계에 의해 성립되는 리더십이다.

(2) 변혁적 리더십

구성원들로 하여금 리더에 대한 신뢰를 갖도록 하는 카리스마는 물론 변화를 이끌어 낼수 있는 비젼을 제시함 수 있는 능력이 요구되는 리더십이다. 변혁적 리더십에서 리더는 구성원들이 가진 내면의 욕구체계와 가치관을 일상적 욕구에서 고차원적 수준으로 상승시키며 끊임없는 상호작용과 구성원의 행동변화를 통해 조직의 혁신을 촉진하는 리더십니다. 이러한 변화는 단순한 외형적 변화가 아닌 깊은 내면의 변화로써 변혁을 의미하므로 변혁적 리더십이란 팀의 성과 및 팀 잠재력에 긍정적인 영향을 주어 팀의 분위기와 문화를 변화시킬 수 있다.

(3) 긍정형 리더십

구성원을 긍정적인 접근방식으로 전환하여 창의성과 자율성을 최대한 발휘하게 하여 조직목표를 달성하게 하는 리더십이다.

반복적인 긍정적인 정서를 경험하면, 창의성과 공동체 의식이 증대되고, 배려와 봉사, 감사한 마음이 증가되어 궁극적으로 행복한 삶을 창조한다. 따라서 전통적인 통제/지시의 부정적 접근방식에서 자율/책임/소통의 긍정적 방식으로 전환함으로 조직의 성과달성이 가능하다.

(4) 서번트 리더십

그린리프(Greeleaf)에 의해 처음 제시되었으며 공동체에 대한 봉사와 나눔, 희생을 통해 영향력을 발휘하는 리더십이다.

도덕적 힘과 우월성은 겸손에서 나오며 리더가 봉사와 섬김의 정신으로 구성원들을 존중하며 기회를 제공하여 구성원들이 능력을 발휘하도록 유도하고 조직과 조직구성원들이 조직성과를 달성하고 성장하도록 돕는 리더십이다.

섬김이란 추상적이지 않고 지극히 현실적이며 상대가 처한 상황을 정확히 읽어무엇이 필요하고, 고민하는지 상대에 대한 세심한 관심과 배려가 요구된다.

(5) 셀프 리더십

타율에 의한 구성원의 변화는 생명력이 짧고 효과도 크지않아 구성원 각자의 자발적인 변화와 갱신이 요구되는 시대적 상황에 따라 셀프 리더십은 구성원 스스로 자기영향력을 극대화 하도록 돕는 리더십으로 자기개발을 위한 적극적인 동기와 실천이 따른다.

C. Manz는 셀프 리더십이란 개인이 자기 자신에게 영향을 미치는 지속적인 과정으로 정의하였으며, 인간의 자율적 규제와 자기관리를 통해서 진정한 자아실현을 경험할 수 있고 그것이 개인과 조직의 진정한 경쟁력이 된다고 한다. 만츠(Manz)는 셀프리더십의 내용을 자기관찰, 힌트전략, 자기목표설정, 자기보상, 자기벌칙, 연습 등으로 설명하였다.

4) 공동체를 위한 리더십

현대사회는 다양한 조직에 속해서 살아가고 있으며, 글로벌 사회에서는 한 사람의 역량으로 문제를 해결할 수 없는 복잡하고 다변화된 사회환경이 되었다. 자신의 역할과 임무에 대한 명확한 이해와 전문지식에 근거한 업무처리는 개인적 차원에서 요구되는 역량이지만, 관계적 차원에서 창의적으로 문제를 해결하기 위해서는 다른 구성원들과 협력을 원만하게 이끌어내는 능력과 기술이 요구된다.

효과적인 리더십은 조직 내 팀웍을 올리는데 가장 중요한 역할을 하며 리더의 역할에 따라 성취감 및 조직에 대한 신뢰를 가지게 하며, 필요에 따라 조직에 변화를 모색하면서 팀웍을 증가시킬 수 있다.

(1) 긍정형 리더가 되라.

리더가 먼저 긍정적인 패러다임으로 전환하여, 실현 가능한 구체적인 목표와 비젼을 제시하고 긍정적으로 헌신한다.

(2) 조직원을 소중하게 대하라.

조직원들을 존중하고 소중하게 대하며 조직원들의 입장에서 생각해야 조직원들의 긍정적인 에너지로 임무를 완수할 수 있다. 리더는 경청을 통해 조직원들의 마음을 얻는 것이 최고의 방법이다.

(3) 긍정적인 말과 행동으로 소통하라.

리더가 자기 하고 싶은 말만하고 듣지 않는 다면 소통이 이루어질수 없다. 긍정적인 말과 행동으로 의사소통을 활성화할 수 있도록 다양한 커뮤니케이션 기법을 활용하라.

(4) 긍정적인 변화를 주도하라.

조직 내외의 환경변화에 둔감하거나 회피하면 경직 될 수 있다. 리더는 항상 긍정적 변화가 필요하다는 마인드를 가지고 조직원들에게 긍정형 비전을 제시하고 확산시키며, 때론 과감한 결단과 실행이 필요하다. 습관화를 통해 리더십의 변화를 창조하라.

(5) 긍정형 팔로워가 되라.

리더십과 팔로워십은 조직이 성공하는데 상호보완적인 존재다(진종구 외, 2017, 재인용).

■ **콜린스의 리더십과 인적자원**

위대한 기업에는 천문학적 연봉의 스타 CEO보다는 인내와 열정을 가진 겸손한 CEO가 존재했다. 위대한 리더는 카이사르(Caesar)보다는 소크라테스에 가까운 리더였음을 알 수 있다. 위대한 기업은 기업이라는 버스에 적합한 사람을 먼저 태우고 나서 어디로 갈 것인지 정했다. 그리고 전략을 세우기 전에 먼저 적합한 인재들을 모았다. 위대한 리더는 영악하게 잔꾀를 쓰며 좋은 기회마다 기웃거리는 여우 전략보다는 일관성 있게 한 가지 일에 매달리는 고슴도치 전략으로 회사를 경영했다. 직원들에 대해서는 규율 있는 태도와 행동으로 성과를 만들도록 독려했다. 자유와 책임의 기업 문화를 퍼뜨리고 자율적인 사람들로 회사를 채웠다. 엄격하지만 비정하지는 않은 기업 문화를 만들었다.

- 콜린스의 『좋은 기업을 넘어 위대한 기업으로』에서 위대한 기업을 이끈 리더의 리더십과 인적자원 중에서-

생각해보기

1. 나는 어떤 유형의 사람인가 생각해보자.

• 시켜도 일 안하는 사람
• 시켜야 일 하는 사람
• 시키지 않아도 일하는 사람

나는 지구의 한 모퉁이를 책임지고 있는 환경전문가

– 어느 환경미화원의 말 –

참고 문헌

강준만(2015). 왜 우리 인간은 `인지적 구두쇠`인가?_한정적 합리성 외. 인물과사상, 통권 209호, 9, 37-68(32 pages)

고재석, 김혜령, 윤종희, 홍성기, 신미나(2015). “대학에서의 시민교육”, 특별기획 좌담회, 두루내 21, 한국교양기초교육원, 8-19.

곽정환(2003). 청소년 인성교육의 중요성. 통일세계, 4, 68-81.

교육과학기술부(2010). 창의와 배려의 조화를 통한 인재 육성. 창의 · 인성교육

교육부(2014). 인성덕목을 활용한 유합형 인성교육 프로그램 개발연구. 2014년 정책연구개발사. 교육부.

구인환(2006). 칭찬하기 (Basic 고교생을 위한 국어 용어사전, 2006. 11. 5., 구인환)

국립국어원(2020). 서로 존중하고 배려하는 호칭과 지칭. 보도자료

권미정(2008). 배려윤리를 통한 도덕과 교육 접근 방안에 관한 연구. 한국외국어대학교 교육대학원. 석사학위논문.

권석만(1995). 대학생의 대인관계 부적응에 대한 인지행동적 설명모형, 학생생활연구, 30(1)38-63.

권석만(2004). 인간관계의 심리학. 서울: 학지사.

권석만(2008). 긍정심리학:행복의 과학적 탐구. 서울: 학지사.

금한다(2008), 이미지와 국제매너, 한올출판사.

김경숙(2007). 문학을 통한 청소년 인성교육. 한국의 청소년 문화, 139-166.

김경호(2004). 이미지메이킹의 개념 정립과 프로그램 효과성 분석연구, 명지대학교 대학원박사학위 논문.

김경호(2012). 『이미지메이킹의 이론과 실제』. 서울: 도서출판 높은오름

김경호, 이미지메이킹의이론과실제, 서울: 높은오름, 2008, p.17.

김기인(2004). 직장생활과 예절. 형설출판사.

김득중(1997). 실천예절개론, 서울; 교문사.

김득중(2008). 실천생활예절. 중화서원, p. 100

김미경(2014), 여대생의 퍼스널이미지가 자기효능감에 미치는 영향. 패션비지니스, 18(1), 37-49.

김미라(2018), 조선의 밥상머리교육, 출판사:보아스.

김민성(2011). 대학생이 인식하는 배려하는 교수자의 특성 및 유형 분석. 교육심리연구, 25(1), 61-86

김상철(2008), 글로벌 교양과 리더십(글로벌 인재 교양론). 한국외국어 대학교 출판부.

김선주, 김우정(2019). 세계 시민이 알아야 할 글로벌 매너. 어가출판사.

김순종(2002). 배례에관한사례연구: 충청지방예문가를중심으로, 성신여자대학교정보산업대학원 2002, pp.11-12

김영화(2006). 세계화의 양극화: 흐름과 전망.『비판사회정책』(22), p. 7-27.

김옥인(2013). 창의, 인성교육으로서 소통에 기반 한 전통회화프로그램 연구. 조형교육, 48, 49-78.

김용숙(2005). 학교 예절 교육의 실태와 활성화 방안에 대한 연구, 성균관대학교 석사학위 청구논문.

김용신(2013). 글로벌시민교육론. 파주: 이담.

김용하(2016). 제101차 월례토론회(2016.3.24.), 김용하 교수 발제문. 정신적 풍요와 함께 하는 착한 선진화: 실천방안.

김율리(2018). 차문화 프로그램이 치매노인의 심리사회적 안정에 주는 효과, -정서·의사소통·사회성을 중심으로-, 성균관 대학교 생활과학대학원, 석사학위논문.

김은경(2002). 이미지마케팅으로 성공을 부른다. 한비미디어.

김은영(2016). 아동이 지각한 부모 양육행동과 창의적 인성에서 교사애착의 매개효과. 한국아동교육학회, 아동교육, 25(3), pp.5-24

김인숙(2005).「차문화치료 통한 치매노인의 정서기능의 변화」, 부산여자대학논문집, 제26집, p.275∼290.

김인숙(2007). 차문화치료를 통한 치매노인의 인지정서기능의 변화, 한국차학회지, 13(3), 207, p.25-4.

김인숙(2016) 차문화 집단상담 프로그램을 통한 노인의 사회성 향상. 한국차학회지 22(4): 36-43

김춘경 외(2016), 상담학 사전, 서울: 학지사.

김형재,김형숙,엄세진,윤정진,이순애,현혜정(2018). 인성교육의 이해화 실제. 창지사.

남기용(2011), 글로벌 리더십 역량에 대한 중요도 인식 및 수행수준 도출 -대기업 종사자와 대학생을 대상으로- 한양대학교 대학원, 석사학위논문.

넬 나딩스 외(2007). 윤현진, 황인표, 정창우, 정탁준 역. 정의와 배려, 인간사랑, 2007.

민혜련, 2014. 한번쯤, 파리지앵처럼(평범한 일상도 특별해지는 21가지 삶의 기술). 21세기북스(북이십일)| 2014.06.09.

박인선(2017). 대학 인성교육의 재고. 인성교육의 현황 및 인성실천도를 중심으로, 성신여자대학교 생활문화소비자학과 박사학위논문.

박지연(2008), 자아존중감이 청소년의 대인관계에 미치는 영향, 이화여자대학교 교육대학원 석사학위 논문.

박한표(2005). 글로벌 문화와 매너. 한올출판사.

생활문화연구회(2017). 새로쓰는 매너와 이미지메이킹. 신정출판사.

서경덕(2013). 누구나 알고 있지만 실천하기 어려운 것들. 포스텍 사람들편. 그때 이길을 알았더라면, P142-146. 서울: 행성잎새.

석용운(1987), 한국다례, 도서출판: 보림사, p. 19∼20.

성균관예절총서(1996). 生活禮節. 서울성균관출판부.

성열관(2010). 세계시민교육 교육과정의 보편적 핵심 요소와 한국적 특수성에 대한 고찰, 한국교육, 37(2), 109-130.

손승남, 임배(2015). 대학 인성교육으로서 삶의 치유(Lebenstherapie) 프로그램 개발과 적용 가능성 탐색", 교양교육연구 9(2), 한국교양교육학회, 117-144.

손일락(2009). 에티켓을 먹고 매너를 입어라, 서울: 웅진리빙하우스.

손일락(2010), 굿 매너 굿 라이프, 서울: 세창미디어.

송민경. 2014. Global Citizenship(지구시민성)에 관한 연구. 청소년학연구, 21(12), 483-512.

송영수.(2010). 국내 기업의 인적자원개발(HRD)을 위한 글로벌 리더십 역량 도출. 한국HRD연합회.(편.), 2010년 한국 HRD연합회 연합학술대회, 71-88. 한국HRD 연합회.

송은영(2009), 얼굴이미지메이킹 프로그램이 자아존중감, 긍정적 사고, 얼굴 이미지 효능감에 미치는 효과분석. 명지대학교 대학원 박사학위논문.

신광우(2000). 고등학교 농구선수의 포지션과 성격특성과의 관계. 단국대학교 교육대학원, 석사학위논문.

스티븐 코비(2017). 성공하는 사람들의 7가지 습관(The 7 Habits of Highly Effective People) 출판: 김영사.

안대희, 박종철(2011). 매너와 에티켓. 대왕사.

양기훈(2014).“ 기업이 원하는 인성교육?”, 두루내 15, 한국교양기초교육원, 13-15.

양기훈, 이윤선, 김애주, 고재석, 윤우섭, 조혜경(2014).“ 특별기획: 인성교육 어떻게 할 것인가 Ⅰ. 인성교육 관련 좌담회”, 두루내 16, 한국교양기초교육원.

양정운(2003).「지역사회 현장중심 인사하기 예법교수가 발달장애유아의 인사예절 행동에 미치는 영향」, 공주대학교 교육대학원, 2003, p. 23.

양혜진(2018), 사이코드라마의 자발성과 창조성 개념으로 바라본 기숙형 단과대학 신입생들의 공동체 의식 함양을 위한 제언, 한국사이코드라마, 소시오드라마 학회, 제21권, 2호, 27-38

염 숙(2001).『다도학 입문서』, 국학자료원.

유민임,『대학생을 위한 인성예절 교육』,창지사, 2013

유병열(2008). 도덕교육론. 경기:양서원

유홍준(2014).“ 대학 교양교육에서 인성교육의 중요성”, 두루내 12, 한국교양기초교육 기본방안.

윤소연 외(2004). 다면평가에서의 부정성 효과, 한국심리학회지: 산업 및 조직. 제17권 제3호, 485 - 507(23 pages), 2004.11.

윤정헌(2014). 리더-구성원 간 교환관계(LMX)가 팀웍, 직무만족, 조직몰입에 미치는 영향에 관한 연구, 서경대학교 대학원 박사학위논문.

이규호(1989). 현대인을 위한 10가지 덕성론. 서울: 문우사.

이병식, 최정윤,「다층모형을 활용한 대학생 핵심능력 개발의 영향요인 분석: 대학교육 과정과 대학특성 변인의 영향」,『한국교육』 제35집(한국교육개발원, 2008, 2), pp. 243-266.

이재혁(2013), 예절교육의 배려윤리적 접근 방안 연구, 한국교원대학교 교육대학원 석사학위 논문.

이정우 외(2016).『한-아세안 세계시민교육 국제 비교 연구』. 서울: 한국교육

이제행(2014). “특별기획: 체육 그리고 인성교육”, 두루내 13, 한국교양기초교육원, 13-19.

이종현(2016). 대학 신입생들의 인성교육 경험과 필요성에 대한 인식 연구. 교양교육연구, 10(2), 219-250.

이형득(1996).「대학의 인성교육과 교육관련 연구소의 역할」, 교육학연구, 제14집(한국교육학회)

임민지(2016), 글로벌 비즈니스 협상에서 문화 간 의사소통을 위한 매너, 전남대학교 석사학위논문.

장현정, 김성렬, 권춘숙(2014). 여성노인의 굽은 자세, 신체수행능력과 심리사회학적 요인 간의 상관성. 대한물리치료학회지, 26(5), 358-364.

장희선 · 손경원(2011). 예비교사들의 정직한 사람의 특성 인식 및 정직 정체성과의 관계분석, 도덕윤리과교육, 34호, 237-265.

정범모(2004). 한국의 내일을 묻는다.: 국력, 국격, 교육, 서울:나남출판.

정상구(2001). 한국 차문화학, 세종출판사

정영호 · 이경남 · 김인숙(2001).『차문화치료』, 양서원.

정영희(2008). 이미지메이킹을 위한 메이크업의 효과에 관한 연구. 숙명여자대학교 대학원 석사학위논문. 2008

정영선(2003). 한국차문화. 서울: 너럭바위.

정인호(2012). 협상의 심리학, 서울: 경향BP

정창우(2017). 인성교육의 이해와 실천. 교육과학사.

조은경(2007). 팀워크를 위한 10가지 성공전략. 가람문학사.

지 장(2012). 차생활과 불교수행의 만남, 중앙승가대학교. 석사학위논문.

진종구, 김예림, 박종섭, 최종호(2017). 인성지도 및 상담. 동문사.

차성란(2008). 글로벌 시대의 생활예절, 시그마프레스.

최우열(2016). 바른자세운동이 감정노동자의 심리적 건강에 미치는 영향: 체화인지적 접근, 국민대학교 일반대학원 박사학위논문. 2016

한국전문대학교 교육협의회(2010). 인성과 경력개발.

현주(2014). 2014년 한국교육개발원 초등교원 인성교육연수 자료집. 한국교육개발원.

현주, 최상근, 차성현, 류덕엽, 이혜경(2009). 학교 인성교육 실태분석 연구.

함인석(2012). "권두논설: 인성교육과 창의력 함양의 토대로서의 교양교육", 두루내 5, 한국교양기초교육원, 4-5.

홍종희(2017).

황정선(2010), 내 남자를 튜닝하라, 2010. 황금부엉이.

Allport, G. W. (1937). Personality: A psychological interpretation. New York: Holt.

Banks, J.(2015). Filed citizenship, civic engagement, and education. Kappa Delta Pi Record. 51. pp.151-154.

Brill(1976). Teamwork: working together in the human services. 미시간 대학교.

Cattell, R. B.(1946). Personality structure and measurement. British Journal of Psychology, General Section, 36(2), 88-103.

D. Gabor(1972). the mature society.

Eysenck, H. J. (1957). The effects of psychotherapy: An evaluation. Journal of Consulting

Psychology, 16. 319-324.

Hesley, J. W, and Hesley, J. G(2001). Rent Two films and let's talk in the morning: Using popular in psychotherapy. New York: Wiley.

Hett, E. J.(1993). "The Development of an Instrument to Measure Global-Mindedness." Doctoral Dissertation, University of SanDiego.

Jokinen,T.(2005). Global leadership competencies: a review anddiscussion. Journal of European Industrial Training, 29(3). 199-216.

Kendall, F., McCreary, E., Provance, P., Rodgers, M., & Romani, W. (2005). Muscles: testing and function with posture and pain (5th ed.). Baltimore, MD: Lippincott Williams & Wilkins.

Mcmillan & Chavis(1986). Sense of community: A Definition and Theory. Journal of community psychology, Volume 14.

Northhouse, P. G.(2009). 리더십.(김남현 역.). 서울: 경문사. (원저 2004출판)

Oxfam. (2015). Educaion for Global Citizenship: A Guide for Schools. Oxford, UK: Oxfam.

Rhinesmith,S.H.(1993). A manager'sguidetoglobalization:Six keysto success in a changing world. Alexandria, Va.; Homewood, Ill.: American Society for Training and Development; Business One Irwin.

Rosen, R. H., Digh, P., Phillips, C., & Singer, M.(2001). 글로벌 리더십의 조건 (이종인 역.). 서울: 세종서적.(원저 2000출판)

Rosenberg, M. (1965). *Society and the adolescent self-image*, Princeton, NJ: Princeton University Press.

S. E. Asch, 1946. Forming impressions of personality. The Journal of Abnormal and Social Psychology, 41(3), 258~290.

Seligman, M.E.P(2002).Authentichappiness:Using the new positive psychology to realize tour potentialfor lasting fulfillment. (김인자 역, 2006, 긍정심리학. 서울:물푸레).

Shonk, J. (1997). *Team Based Organizations*. Chicago: Irwin.

Sullivan, H. S.(1953). The Interpersonal theory of Psychiatry, 58. 283-305

인터넷 문서

교육부. http://www.moe.go.kr

국립국어원 표준대사전. http://stdweb2.korean.go.kr

국립국어원. https://www.korean.go.kr

내일신문. http://www.naeil.com/

네이버 지식백과 https://terms.naver.com

범국민 예의생활실천 운동본부. http://www.yejeol.or.kr

법률신문. https://www.lawtimes.co.kr/

위키백과. https://ko.wikipedia.org/wiki

인성교육진흥법: 법률시행. 2019.12.10

표준국어대사전. http://stdweb2.korean.go.kr

한경 경제용어사전. http://dic.hankyung.com

한국교양기초교육원. http://konige.kr

한국교육개발원. http://www.kedi.re.kr

한국교육학회. http://www.ekera.org/front

저 / 자 / 소 / 개

■ 간순옥

대전대학교 일반대학원 사회복지학 박사 취득, 현재 대전대학교 강의전담 교수, 대덕대학교 겸임교수로 활동하고 있으며 주요 관심분야는 사회복지정책, 아동 · 청소년복지, 상담분야 이다. 사회복지현장에서의 경험을 통해 인성이 미치는 영향과 존중하고 존중받아야 하는 인성교육의 중요성을 절감하였고 현재 대학생들에게 인성교육 강의를 하고 있다. 현재 사)한국피해자지원협회 수련감독자로 피해상담사 양성교육을 하고 있으며, 한국영상영화치료학회의 1급 전문가로 교육연수위원장을 역임하고 있다. 영화치료를 통한 심리상담과 영화를 활용한 인성프로그램을 다수 진행하였고, 대학에서 비교과 프로그램으로 영화를 통해 인성을 함양할 수 있는 교육, 연구를 진행하고 있다. 주요 논문으로 사회복지사의 심리적 안녕감에 영향을 미치는 생태체계적 요인, 사회복지기관의 조직요인이 사회복지사의 자아존중감에 미치는 영향, 노인 일자리사업 참여노인의 삶의 질 영향요인 연구, 영화 매체를 통한 프로그램이 자존감, 자기효능감 및 낙관성에 미치는 효과, 영화치료가 청년사회서비스사업단 참여자들의 대인관계기술과 정신건강에 미치는 영향 등이 있으며 저서로는 '사회복지 사례관리론(2017)', '지역사회복지론(2018)' 등이 있다.

■ 박인선

성신여자대학교에서 박사학위를 취득하였다. 현재 사단법인 한국생활문화진흥회 이사 및 연구소장, 성신여자대학교 비전임 교수, 병무청 사회복무연수센터 전임강사로 활동하고 있다.

20년 가까이 유치원생부터 초 · 중고, 대학생 및 직장인들에게 예절과 인성에 관련된 강의를 하고 있으며, 수강생들에게 바른 예절과 인성을 갖추기 위한 작은 노력들이 그 어떤 것보다 소중한 스펙임을 느끼고 실감하게 해주고자 노력하고 있다. 논문으로는 '대학인성교육의 재고', '남녀대학생의 1인가구 선택의향에 관한 연구' 외 등이 있고 저서로는 '새로 쓰는 매너와 이미지메이킹(2017)', '한국생활문화연구 총서 I (2018)'가 있다.

글로벌매너와 인성

1판 1쇄 인쇄 — 2020년 8월 24일
1판 1쇄 발행 — 2020년 8월 28일

저　　자 - 간순옥 박인선
발 행 인 - 강철원
발 행 처 - 양성원
주　　소 - 경기도 파주시 검산로 173번길 29-20
전　　화 - 031-946-3861(代)
팩　　스 - 031-946-3864
이 메 일 - tnwpub@naver.com
홈페이지 - tnwpub.co.kr
출판등록 - 2015년 8월 31일 제 2015-000211 호

ISBN 979-11-6126-307-6

정가 19,000원

※ 저자와 협의하여 인지는 생략합니다.